English-Albanian
Albanian-English

Word to Word® Bilingual Dictionary

Compiled by:
C. Sesma, M.A.

Translated by:
Sadat Limani

SCHOOL DISTRICT OF CUDAHY
INSTRUCTIONAL SERVICES OFFICE
2915 E. Ramsey Avenue
Cudahy, WI 53110

Bilingual Dictionaries, Inc.

Albanian Word to Word® Bilingual Dictionary
2nd Edition © Copyright 2011

All rights reserved. No part of this book may be reproduced or transmitted in any form or by any means.

Published in the United States by:

Bilingual Dictionaries, Inc.
PO Box 1154
Murrieta, CA 92562
T: (951) 461-6893 • F: (951) 461-3092
www.BilingualDictionaries.com

ISBN13: 978-0-933146-49-5
ISBN: 0-933146-49-3

Preface

Bilingual Dictionaries, Inc. is committed to providing schools, libraries and educators with a great selection of bilingual materials for students. Along with bilingual dictionaries we also provide ESL materials, children's bilingual stories and children's bilingual picture dictionaries.

Sesma's Albanian Word to Word® Bilingual Dictionary was created specifically with students in mind to be used for reference and testing. This dictionary contains approximately 18,000 entries targeting common words used in the English language.

List of Irregular Verbs

present - past - past participle

arise - arose - arisen
awake - awoke - awoken, awaked
be - was - been
bear - bore - borne
beat - beat - beaten
become - became - become
begin - began - begun
behold - beheld - beheld
bend - bent - bent
beseech - besought - besought
bet - bet - betted
bid - bade (bid) - bidden (bid)
bind - bound - bound
bite - bit - bitten
bleed - bled - bled
blow - blew - blown
break - broke - broken
breed - bred - bred
bring - brought - brought
build - built - built
burn - burnt - burnt *
burst - burst - burst
buy - bought - bought
cast - cast - cast
catch - caught - caught
choose - chose - chosen
cling - clung - clung

come - came - come
cost - cost - cost
creep - crept - crept
cut - cut - cut
deal - dealt - dealt
dig - dug - dug
do - did - done
draw - drew - drawn
dream - dreamt - dreamed
drink - drank - drunk
drive - drove - driven
dwell - dwelt - dwelt
eat - ate - eaten
fall - fell - fallen
feed - fed - fed
feel - felt - felt
fight - fought - fought
find - found - found
flee - fled - fled
fling - flung - flung
fly - flew - flown
forebear - forbore - forborne
forbid - forbade - forbidden
forecast - forecast - forecast
forget - forgot - forgotten
forgive - forgave - forgiven
forego - forewent - foregone
foresee - foresaw - foreseen
foretell - foretold - foretold

forget - forgot - forgotten
forsake - forsook - forsaken
freeze - froze - frozen
get - got - gotten
give - gave - given
go - went - gone
grind - ground - ground
grow - grew - grown
hang - hung * - hung *
have - had - had
hear - heard - heard
hide - hid - hidden
hit - hit - hit
hold - held - held
hurt - hurt - hurt
hit - hit - hit
hold - held - held
keep - kept - kept
kneel - knelt * - knelt *
know - knew - known
lay - laid - laid
lead - led - led
lean - leant * - leant *
leap - lept * - lept *
learn - learnt * - learnt *
leave - left - left
lend - lent - lent
let - let - let
lie - lay - lain

light - lit * - lit *
lose - lost - lost
make - made - made
mean - meant - meant
meet - met - met
mistake - mistook - mistaken
must - had to - had to
pay - paid - paid
plead - pleaded - pled
prove - proved - proven
put - put - put
quit - quit * - quit *
read - read - read
rid - rid - rid
ride - rode - ridden
ring - rang - rung
rise - rose - risen
run - ran - run
saw - sawed - sawn
say - said - said
see - saw - seen
seek - sought - sought
sell - sold - sold
send - sent - sent
set - set - set
sew - sewed - sewn
shake - shook - shaken
shear - sheared - shorn
shed - shed - shed

shine - shone - shone
shoot - shot - shot
show - showed - shown
shrink - shrank - shrunk
shut - shut - shut
sing - sang - sung
sink - sank - sunk
sit - sat - sat
slay - slew - slain
sleep - sleep - slept
slide - slid - slid
sling - slung - slung
smell - smelt * - smelt *
sow - sowed - sown *
speak - spoke - spoken
speed - sped * - sped *
spell - spelt * - spelt *
spend - spent - spent
spill - spilt * - spilt *
spin - spun - spun
spit - spat - spat
split - split - split
spread - spread - spread
spring - sprang - sprung
stand - stood - stood
steal - stole - stolen
stick - stuck - stuck
sting - stung - stung
stink - stank - stunk

stride - strode - stridden
strike - struck - struck (stricken)
strive - strove - striven
swear - swore - sworn
sweep - swept - swept
swell - swelled - swollen *
swim - swam - swum
take - took - taken
teach - taught - taught
tear - tore - torn
tell - told - told
think - thought - thought
throw - threw - thrown
thrust - thrust - thrust
tread - trod - trodden
wake - woke - woken
wear - wore - worn
weave - wove * - woven *
wed - wed * - wed *
weep - wept - wept
win - won - won
wind - wound - wound
wring - wrung - wrung
write - wrote - written

Those tenses with an * also have regular forms.

English-Albanian

Bilingual Dictionaries, Inc.

Abbreviations

a - article
n - noun
e - exclamation
pro - pronoun
adj - adjective
adv - adverb
v - verb
iv - irregular verb
pre - preposition
c - conjunction

accessible

A

a *a* një
abandon *v* braktisë, lë
abandonment *n* braktisje
abbey *n* abaci, kishë
abbot *n* abot
abbreviate *v* shkurtoj
abbreviation *n* shkurtim
abdicate *v* abdikoj
abdication *n* abdikim
abdomen *n* abdomen
abduct *v* rrëmbej
abduction *n* rrëmbim
aberration *n* shmangie
abhor *v* neveris
abide by *v* aderoj
ability *n* aftësi
ablaze *adj* në flakë
able *adj* i zoti
abnormal *adj* jo normal
abnormality *n* anomali
aboard *adv* mbi
abolish *v* shfuqizoj
abort *v* abortoj
abortion *n* abort
abound *v* gëlon
about *pre* me, afër
about *adv* gati
above *pre* mbi, jashtë
abreast *adv* krah për krah

abridge *v* shkurtoj
abroad *adv* jashtë vendit
abrogate *v* shfuqizoj
abruptly *adv* befas
absence *n* mungesë
absent *adj* mungoj
absolute *adj* absolut
absolution *n* falje
absolve *v* shfajësoj
absorb *v* gëlltis
absorbent *adj* thithës
abstain *v* përmbahem
abstinence *n* maturi
abstract *adj* abstrakt
absurd *adj* absurd
abundance *n* bollëk
abundant *adj* i pasur me
abuse *v* abuzoj
abuse *n* abuzim
abusive *adj* fyes
abysmal *adj* i pafund
abyss *n* humnerë
academic *adj* akademik
academy *n* akademi
accelerate *v* përshpejtoj
accelerator *n* përshpejtues
accent *n* theks
accept *v* pranoj
acceptable *adj* i pranueshëm
acceptance *n* pranim
access *n* hyrje
accessible *adj* i arritshëm

accident

accident *n* aksident
accidental *adj* i rastësishëm
acclaim *v* brohorit
acclimatize *v* aklimatizoj
accommodate *v* ujdis
accompany *v* shoqëroj
accomplice *n* bashkëfajtor
accomplish *v* kryej
accomplishment *n* arritje
accord *n* pëlqim, akord
according to *pre* sipas
accordion *n* fizarmonikë
account *n* llogari
account for *v* shpjegoj
accountable *adj* i llogaritshëm
accountant *n* llogaritar
accumulate *v* mbledh
accuracy *n* saktësi
accurate *adj* i kujdesshëm
accusation *n* akuzë
accuse *v* paditë, akuzoj
accustom *v* mësoj me
ace *n* njësh, as
ache *n* dhimbje
achieve *v* arrij
achievement *n* arritje
acid *n* acid
acidity *n* aciditet
acknowledge *v* pranoj
acorn *n* gogël
acoustic *adj* akustikë
acquaint *v* njoh

acquaintance *n* njohje
acquire *v* marr
acquisition *n* përvetësim
acquit *v* shfajësoj
acquittal *n* shfajësim
acre *n* akër
acrobat *n* akrobat
across *pre* mbi, nëpër
act *v* bëj
action *n* akt
activate *v* aktivizoj
activation *n* aktivizim
active *adj* aktiv
activity *n* aktivitet
actor *n* aktor
actress *n* aktore
actual *adj* ekzistues
actually *adv* në të vërtetë
acute *adj* i mbrehtë
adamant *adj* i fortë
adapt *v* adaptoj
adaptable *adj* i adaptueshëm
adaptation *n* përshtatje
adapter *n* përshtatës
add *v* shtoj
addicted *adj* i dhënë pas
addiction *n* dhënie pas
addition *n* shtim
additional *adj* shtesë
address *n* adresë
address *v* adresoj
addressee *n* i adresuar

affirmative

adequate *adj* i mjaftueshëm
adhere *v* aderoj
adhesive *adj* ngjitës
adjacent *adj* i afërm
adjective *n* mbiemër
adjoin *v* prek
adjoining *adj* fqinj
adjourn *v* shtyj
adjust *v* ndreq
adjustable *adj* i rregullueshëm
adjustment *n* ndreqje
administer *v* drejtoj
admirable *adj* i shkëlqyer
admiral *n* admiral
admiration *n* admirim
admire *v* admiroj
admirer *n* admirues
admissible *adj* i lejueshëm
admission *n* lejim, pranim
admit *v* pranoj
admittance *n* pranim
admonish *v* këshilloj
admonition *n* këshillim
adolescence *n* adoleshencë
adolescent *n* djaloshar
adopt *v* birësoj
adoption *n* birësim
adoptive *adj* birësues
adorable *adj* i adhurueshëm
adoration *n* adhurim
adore *v* adhuroj
adorn *v* zbukuroj

adrift *adv* e paankoruar
adulation *n* lajkatim
adult *n* i rritur
adulterate *v* falsifikoj
adultery *n* shkelje kurore
advance *v* avancoj
advance *n* avancim
advantage *n* avantazh
adventure *n* aventurë
adverb *n* ndajfolje
adversary *n* kundërshtar
adverse *adj* armiqësor
adversity *n* fatkeqësi
advertise *v* reklamoj
advertising *n* reklam
advice *n* këshillë
advise *v* këshilloj
adviser *n* këshilltar
advocate *v* mbrojtës
aeroplane *n* aeroplan
aesthetic *adj* estetik
afar *adv* larg
affable *adj* i dashur
affair *n* çështje
affect *v* afekt
affection *n* dhembshuri
affectionate *adj* i dhembshur
affiliate *v* bashkohem
affiliation *n* bashkim
affinity *n* gjasim, lidhje
affirm *v* pohoj
affirmative *adj* pohues

affix *v* fiksoj
afflict *v* hidhëroj
affliction *n* hidhërim
affluence *n* begati
affluent *adj* i bollshëm
afford *v* jam në gjendje
affordable *adj* i lirë
affront *v* fyej
affront *n* fyerje
afloat *adv* mbi ujë
afraid *adj* i frikësuar
afresh *adv* përsëri
after *pre* pastaj
afternoon *n* pasdite
afterwards *adv* pastaj
again *adv* përsëri
against *pre* kundër
age *n* mosha
agency *n* agjenci
agenda *n* agjendë
agent *n* agjent
agglomerate *v* aglomerat
aggravate *v* rëndoj
aggravation *n* rrëmbim
aggregate *v* shtoj
aggression *n* sulm
aggressive *adj* agresor
aggressor *n* sulmues
aghast *adj* i prekur
agile *adj* i shpejtë
agitator *n* agjitator
agnostic *n* agnostik

agonize *v* mundoj
agonizing *adj* pikëllues
agony *n* agoni
agree *v* bie dakord
agreeable *adj* i këndshëm
agreement *n* marrëveshje
agricultural *adj* bujqësor
agriculture *n* bujqësi
ahead *pre* para
aid *n* ndihmë
aid *v* ndihmoj
aide *n* ndihmës
ailing *adj* i sëmurë
ailment *n* sëmundje
aim *v* qëllim
aimless *adj* i paqëllim
air *n* ajër
air *v* ajros
aircraft *n* aeroplan
airfare *n* biletë aeroplani
airline *n* linjë ajrore
airmail *n* milje ajrore
airplane *n* aeroplan
airport *n* aeroport
airspace *n* hapsirë ajrore
airstrip *n* pistë zbritjeje
aisle *n* pjesë
ajar *adj* i hapur
akin *adj* ngjashëm
alarm *n* alarm
alarm clock *n* orë me zile
alarming *adj* alarmues

alcoholic *adj* alkoolik
alcoholism *n* alkoolizëm
alert *n* alarm
alert *v* vigjilent
algebra *n* algjebër
alien *n* i huaj
alight *adv* i ndezur
align *v* radhit
alignment *n* radhitje
alike *adj* i ngjashëm
alive *adj* gjallë
all *adj* krejtësisht
allegation *n* deklaratë
allege *v* pretendoj
allegedly *adv* gjoja
allegiance *n* besnikëri
allegory *n* alegori
allergic *adj* alergjik
allergy *n* alergji
alleviate *v* lehtësoj
alley *n* rrugicë
alliance *n* bashkim
allied *adj* aleat
alligator *n* aligator
allocate *v* caktoj
allot *v* ndaj
allotment *n* caktim
allow *v* lejoj, jep
allowance *n* lejim
alloy *n* aliazh
allure *n* joshë
alluring *adj* joshës

allusion *n* aluzion
ally *n* aleat
ally *v* bashkoj
almanac *n* kalendar
almighty *adj* i fuqishëm
almond *n* bajame
almost *adv* pothuajse
alms *n* lëmoshë
alone *adj* i vetëm
along *pre* gjatë
alongside *pre* pranë
aloof *adj* i përmbajtur
aloud *adv* me zë të lartë
alphabet *n* alfabet
already *adv* tashmë
alright *adv* dakord
also *adv* gjithashtu
altar *n* altar
alter *v* ndryshoj
alteration *n* ndryshim
altercation *n* alternim
alternate *v* alternoj
alternate *adj* alternativ
alternative *n* alternativë
although *c* megjithëse
altitude *n* lartësi
altogether *adj* gjithsej
aluminum *n* alumin
always *adv* gjithmonë
amass *v* grumbulloj
amateur *adj* amator
amaze *v* çudis

amazement *n* habitje
amazing *adj* i habitshëm
ambassador *n* ambasador
ambiguous *adj* i dykuptueshëm
ambition *n* ambicie
ambitious *adj* ambicioz
ambivalent *adj* ambivalent
ambulance *n* ambulancë
ambush *v* i zë pritën
amenable *adj* i përgjegjshëm
amend *v* përmirësoj
amendment *n* amendament
amenities *n* pajisje
American *adj* amerikan
amiable *adj* i sjellshëm
amicable *adj* miqësor
amid *pre* midis
ammonia *n* amoniak
ammunition *n* municion
amnesia *n* amnezi
amnesty *n* amnesti
among *pre* midis
amoral *adj* amoral
amorphous *adj* amorf
amortize *v* amortizoj
amount *n* shumë
amount to *v* përmblidhem
amphibious *adj* amfib
amphitheater *n* amfiteatër
ample *adj* i gjerë
amplifier *n* përforcues
amplify *v* amplifikoj

amputate *v* amputoj
amputation *n* amputim
amuse *v* dëfrej
amusement *n* dëfrim
amusing *adj* dëfryes
an *a* një
analogy *n* analogji
analysis *n* analizë
analyze *v* analizoj
anarchist *n* anarkist
anarchy *n* anarki
anatomy *n* anatomi
ancestor *n* stërgjysh
ancestry *n* të parët
anchor *n* spirancë
anchovy *n* lloj sardeleje
ancient *adj* antik
and *c* dhe
anecdote *n* anekdotë
anemia *n* anemi
anemic *adj* anemik
anesthesia *n* anestezi
anew *adv* përsëri
angel *n* engjëll
angelic *adj* engjëllor
anger *v* inatos
anger *n* inat
angina *n* angjinë
angle *n* kënd
Anglican *adj* anglikan
angry *adj* i zemëruar
anguish *n* dhimbje

apparent

animal *n* kafshë
animate *v* gjallëroj
animation *n* gjallërim
animosity *n* armiqësi
ankle *n* nyje e këmbës
annex *n* shtojcë
annexation *n* aneksim
annihilate *v* asgjësoj
annihilation *n* asgjësim
anniversary *n* përvjetor
annotation *n* shënim
announce *v* njoftoj
announcement *n* njoftim
announcer *n* lajmëtar
annoy *v* mërzit
annoying *adj* mërzitshëm
annual *adj* vjetor
annul *v* anuloj
annulment *n* anulim
anoint *v* lyej
anonymity *n* anonimitet
anonymous *adj* anonim
another *adj* tjetër
answer *v* përgjigjem
answer *n* përgjigje
ant *n* milingonë
antagonize *v* armiqësoj
antecedents *n* të parë
antelope *n* antilopë
antenna *n* antenë
anthem *n* hymni
antibiotic *n* antibiotik

anticipate *v* parashikoj
anticipation *n* parashikim
antidote *n* kundërhelm
antipathy *n* antipati
antiquated *adj* i vjetëruar
antiquity *n* lashtësi
anvil *n* kudhër
anxiety *n* shqetësim
anxious *adj* i shqetësuar
any *adj* cilido
anybody *pro* kushdo
anyhow *pro* dosido
anyone *pro* ndokush
anything *pro* çfarëdoqoftë
apart *adv* veçmas, veç
apartment *n* apartament
apathy *n* apati
ape *n* majmun
aperitif *n* aperitiv
apex *n* majë, kulm
aphrodisiac *adj* nxitës
apiece *adv* copë-copë
apocalypse *n* apokalips
apologize *v* kërkoj ndjesë
apology *n* apologji
apostle *n* anëtar
apostolic *adj* apostolik
apostrophe *n* apostrofë
appall *v* trondita
appalling *adj* i tmerrshëm
apparel *n* veshje
apparent *adj* i dukshëm

apparently

apparently *adv* me sa duket
apparition *n* shfaqje, hije
appeal *n* apelim
appeal *v* apeloj
appealing *adj* që lutet
appear *v* dukem, shfaqem
appearance *n* shfaqje, dukje
appease *v* paqësoj
appeasement *n* paqësim
appendicitis *n* apendicit
appendix *n* shtojcë, shtesë
appetite *n* apetit
appetizer *n* antipastë
applaud *v* duartrokas
applause *n* duartrokitje
apple *n* mollë
appliance *n* pajisje shtëpiake
applicable *adj* i/e zbatueshme
applicant *n* aplikues
application *n* aplikacion
apply *v* zbatoj
apply for *v* bëj kërkesë për
appoint *v* caktoj
appointment *n* termin kohor
appraisal *n* vlerësim
appraise *v* vlerësoj
appreciate *v* çmoj
appreciation *n* vlerësim
apprehend *v* kuptoj
apprehensive *adj* i paqetë
apprentice *n* shegert
approach *v* çasje

approach *n* afrim, ardhje
approachable *adj* i afruar
approbation *n* aprovim
appropriate *adj* i përshtatshëm
approval *n* miratim
approve *v* miratoj
approximate *adj* përafërsisht
apricot *n* kajsi
April *n* Prill
apron *n* paraskenë
aptitude *n* zotësia, aftësia
aquarium *n* akuarium
aquatic *adj* ujor
aqueduct *n* kanal
Arabic *adj* arab
arable *adj* i lirueshëm
arbiter *n* arbitër
arbitrary *adj* arbitrim
arbitrate *v* arbitroj
arbitration *n* arbitrim
arc *n* hark
arch *n* i djallëzuar
archaeology *n* arkeologji
archaic *adj* arkaik
archbishop *n* kryepeshkop
architect *n* arkitetk
architecture *n* arkitekturë
archive *n* arkivë
arctic *adj* arktik
ardent *adj* entiziast
ardor *n* zjarr
arduous *adj* ngrohtësi

asphalt

area *n* sipërfaqe
arena *n* arenë
argue *v* argumentoj
argument *n* argument
arid *adj* pa interes
arise *iv* nritë, lartësoj
aristocracy *n* aristokraci
aristocrat *n* aristoktrat
arithmetic *n* aritmetik
arm *n* krah
arm *v* armatos
armaments *n* armatim
armchair *n* kolltuk
armed *adj* i armatosur
armistice *n* armëpushim
armor *n* parzmore
armpit *n* sqetull
army *n* ushtri
aromatic *adj* aromatike
around *pro* rreth
arouse *v* zgjoj
arrange *v* aranzhoj
arrangement *n* aranzhim
array *n* grup
arrest *v* arrestoj
arrest *n* arrestim
arrival *n* arrdhje
arrive *v* të arrij
arrogance *n* arrogancë
arrogant *adj* arrogant
arrow *n* shigjetë
arsenal *n* arsenal

arsenic *n* arsenik
arson *n* zjarrëvënës
arsonist *n* arsonist
art *n* art
artery *n* arterie
arthritis *n* artrit
artichoke *n* karçof
article *n* artikull, gjë
articulate *v* arikuloj
articulation *n* artikulim
artificial *adj* artificial
artillery *n* artileri
artisan *n* mjeshtër
artist *n* artist
artistic *adj* artistike
artwork *n* punë arti
as *c* si
as *adv* aq sa
ascend *v* ngjitem
ascendancy *n* epërsi
ascertain *v* përcaktoj
ascetic *adj* asketik
ash *n* hi
ashamed *adj* i turpëruar
ashtray *n* taketuke
aside *adv* mënjanë
aside from *adv* përveç
ask *v* pyet
asleep *adj* i përgjumur
asparagus *n* shparg
aspect *n* aspekt
asphalt *n* asfalt

asphyxiate v mbyt
asphyxiation n mbytje
aspiration n aspirim
aspire v aspiroj
aspirin n aspirin
assail v sulmoj
assailant n sulmues
assassin n vrasës
assassinate v vras
assassination n vrasje
assault n agresion
assault v sulmoj
assemble v mbledh
assembly n mbledhje
assent v aprovoj
assert v pohoj
assertion n pohim
assess v vlerësoj
assessment n vlerësim
asset n pasuri
assets n pronë
assign v caktoj, jap
assignment n detyrë, funksion
assimilate v asimiloj
assimilation n asimilim
assist v ndihmoj
assistance n ndihmë
associate v lidh, lidhem
association n asociacion
assorted adj i klasifikuar
assortment n asortiment
assume v supozoj

assumption n supozim
assurance n siguri
assure v siguroj
asterisk n yll
asteroid n asteroid
asthma n astma
asthmatic adj astmatike
astonish v çudis, habis
astonishing adj çuditshme
astound v habis
astounding adj mahnitës
astray v humb
astrologer n astrolog
astrology n astrologji
astronaut n astronaut
astronomer n astronom
astronomic adj astronomik
astronomy n astronomi
astute adj i mbrehtë
asunder adv veçmas
asylum n azil
at pre në
atheism n ateizëm
atheist n ateist
athlete n atlet
athletic adj atletik
atmosphere n atmosferë
atmospheric adj atmosferike
atom n atom
atomic adj atomike
atone v shlyej fajin
atonement n sklyerje faji

avalanche

atrocious *adj* i egër
atrocity *n* ligësi
atrophy *v* atrofi
attach *v* bashkangjes
attached *adj* bashkangjitur
attachment *n* shtojcë
attack *n* sulm
attack *v* sulmoj
attacker *n* sulmues
attain *v* arrij
attainable *adj* i arritshëm
attainment *n* arritje
attempt *v* përpiqem
attempt *n* përpjekje
attend *v* ndjek
attendance *n* ndjekje
attendant *n* shërbëtor
attention *n* vëmendje
attentive *adj* i kujdesshëm
attenuate *v* zbusë, dobësoj
attenuating *adj* rralluar
attest *v* provoj
attic *n* papafingo
attitude *n* qëndrim
attorney *n* avokat populli
attract *v* tërheq, josh
attraction *n* joshje
attractive *adj* tërheqës
attribute *v* vesh, ngarkoj
auction *n* ankand
auction *v* shes në ankand
auctioneer *n* drejtues ankandi

audacious *adj* guximtar
audacity *n* guxim
audible *adj* i dëgjueshëm
audience *n* audiencë
audit *v* revizion financiar
auditorium *n* auditor
augment *v* shtoj
August *n* Gusht
aunt *n* teze, hallë
auspicious *adj* i/e mbarë
austere *adj* i/e ashpër
austerity *n* ashpërsi
authentic *adj* i/e mirëfilltë
authenticate *v* vërtetoj
authenticity *n* autencitet
author *n* autor
authoritarian *adj* autoritativ
authority *n* autoritet
authorization *n* autorizim
authorize *v* autorizoj
auto *n* auto
autograph *n* autograf
automatic *adj* automatik
automobile *n* automobil
autonomous *adj* autonom
autonomy *n* autonomi
autopsy *n* autopsi
autumn *n* vjeshtë
auxiliary *adj* ndihmës
avail *v* shërbej
available *adj* dispozicion
avalanche *n* ortek

avarice *n* koprraci
avaricious *adj* koprrac
avenge *v* marr hakun
avenue *n* rrugë
average *n* mesatar
averse *adj* kundërshtues
aversion *n* mospëlqim
avert *v* heq, largoj
aviation *n* aviacion
aviator *n* pilot
avid *adj* i/e dëshiruar
avoid *v* shmang
avoidable *adj* i shmangshëm
avoidance *n* shmangie
avowed *adj* i/e pranuar
await *v* pres
awake *iv* zgjoj
awake *adj* i/e zgjuar
awakening *n* zgjim
award *v* jap
award *n* vendim, çmim
aware *adj* vetëdijshëm
awareness *n* vetëdije
away *adv* larg
awesome *adj* mbresëlënës
awful *adj* tmerrshëm
awkward *adj* i pakëndshëm
awning *n* tendë
ax *n* sëpatë
axiom *n* aksiomë
axis *n* aks
axle *n* bosht

B

babble *v* murmurit
baby *n* foshnjë
babysitter *n* dado
bachelor *n* beqar
back *n* i pasëm
back *adv* prapa
back *v* mbështet
back down *v* zbrez mbrapsht
back up *v* mbështet
backbone *n* shtyllë kurrizore
backdoor *n* dorë e fshehtë
backfire *v* dështoj
background *n* sfond
backing *n* përkrahje
backlash *n* kundërpërplasje
backpack *n* çantë shpine
backup *n* mbështetje
backward *adj* prapambetur
backwards *adv* mbrapsht
bacon *n* proshutë
bacteria *n* baktere
bad *adj* i keq
badge *n* distinktiv
badly *adv* keq
baffle *v* hutoj
bag *n* çantë
baggage *n* bagazh
baggy *adj* i varur
bail *n* garant

bartender

bait *n* karrem, joshje
bake *v* pjek
baker *n* furrtar
bakery *n* furrë
balance *v* balancoj
balance *n* ekuilibër
balcony *n* ballkon
bald *adj* tullac
bale *n* deng
ball *n* top
balloon *n* balonë
ballot *n* fletë votimi
ballroom *n* sallë vallëzimi
balm *n* balsam
balmy *adj* qetësues
bamboo *n* bambu
ban *n* ndalim
ban *v* ndaloj
banality *n* banalitet
banana *n* banane
band *n* shirit, fashë
bandage *n* bandazh
bandage *v* fashoj
bandit *n* bandit
bang *v* goditje
banish *v* dëboj
banishment *n* syrgjynosje
bank *n* bank
bankrupt *v* falimentoj
bankrupt *adj* falimentuar
bankruptcy *n* falimentim
banner *n* flamur

banquet *n* banket
baptism *n* baptizëm
baptize *v* baptizoj
bar *n* kallëp
bar *v* bllokoj
barbarian *n* barbar
barbaric *adj* i prapambetur
barbarism *n* barbarizëm
barbecue *n* skarë
barber *n* berber
bare *adj* lakuriq
barefoot *adj* zbathur
barely *adv* mezi
bargain *n* shitblerje
bargain *v* bëj pazar
bargaining *n* pazarllëk
barge *n* lundër
bark *v* lëvore
bark *n* heq lëvoren
barley *n* elb
barmaid *n* banakjere
barman *n* banakjer
barn *n* grunar
barometer *n* barometër
barracks *n* barakë
barrage *n* pendë
barrel *n* fuçi, barel
barren *adj* shterp
barricade *n* barrikadë
barrier *n* gardh
barring *pre* veç
bartender *n* bufetier

barter

barter *v* shkëmbej
base *n* bazë, fund
base *v* bazoj
baseball *n* bejsbol
baseless *adj* i pabazuar
basement *n* bodrum
bashful *adj* i turpshëm
basic *adj* themelor
basics *n* themelore
basin *n* lavaman, legen
basis *n* bazë, bazament
bask *v* ngrohem, prehem
basket *n* shportë
basketball *n* basketboll
bastard *n* bastard
bat *n* lakuriq nate
batch *n* porcion, pjesë
bath *n* vaskë
bathe *v* lahem, laj
bathrobe *n* rrobë banjo
bathroom *n* banjo
bathtub *n* vaskë
baton *n* shkop policie
battalion *n* batalion
batter *v* dëmtoj, qëlloj
battery *n* bateri
battle *n* luftë
battle *v* luftoj
battleship *n* luftanije
bay *n* gji
bayonet *n* bajonetë
bazaar *n* Pazar

be *iv* ekzistoj, jam
be born *v* lind
beach *n* plazh
beacon *n* sinjalizim, fener
beak *n* sqep
beam *n* rreze
bean *n* bathë, fasule
bear *n* ari
bear *iv* lind, jap
bearable *adj* i durueshëm
beard *n* mjekërr
bearded *adj* me mjekërr
bearer *n* bartës
beast *n* bishë
beat *iv* rrah, godas
beat *n* rrahje, goditje
beaten *adj* i rradhur
beating *n* rrahje
beautiful *adj* i bukur
beautify *v* zbukuroj
beauty *n* bukuri
beaver *n* kastor
because *c* sepse
because of *pre* për arsye të
beckon *v* bëj me shenjë
become *iv* bëhem, ndodh
bed *n* shtrat
bedroom *n* dhomë gjumi
bedspread *n* mbulesë krevati
bee *n* bletë
beef *n* mish lope
beef up *v* ankohem

besides

beehive *n* zgjua
beer *n* birrë
beet *n* rrepë
beetle *n* tokmak, brumbull
before *adv* përpara
before *pre* para
beforehand *adv* më përpara
befriend *v* bëhem shok
beg *v* lyp, lus
beggar *n* lypës
begin *iv* filloj
beginner *n* fillestar
beginning *n* fillimi
beguile *v* mashtroj
behalf (on) *adv* në emër të
behave *v* sillem, veproj
behavior *n* sjellje
behead *v* pres
behind *pre* prapa
behold *iv* shoh
being *n* qenie, krijesë
belated *adj* i vonuar
belch *v* gromësij
belch *n* shkulm
belfry *n* kullë
Belgian *adj* belgjian
Belgium *n* Belgjikë
belief *n* besim
believable *adj* i besueshëm
believe *v* besoj
believer *n* besimtar
belittle *v* zvogëloj

bell *n* zile, kambanë
belligerent *adj* ndërluftues
belly *n* bark, stomak
belly button *n* buton stomaku
belong *v* takoj
beloved *adj* i dashur
below *adv* poshtë
below *pre* matanë
belt *n* brez, rrip
bench *n* stol
bend *iv* kthesë
bend down *v* kërrusem
beneath *pre* nën
benediction *n* uratë
benefactor *n* mirëbërës
beneficial *adj* i dobishëm
beneficiary *n* ai që fiton
benefit *n* përfitim
benefit *v* përfitoj
benevolence *n* mirëdashje
benevolent *adj* mirëdashës
benign *adj* dashamirë
bequeath *v* lë trashëgim
bereaved *adj* në zi
bereavement *n* zi
beret *n* beretë
berserk *adv* i tërbuar
berth *n* shtrat, palmetë
beseech *iv* lus
beset *iv* rrethoj
beside *pre* pranë
besides *pre* veç kësaj

besiege

besiege *iv* rrethoj
best *adj* më i mirë
best man *n* vëllam, nun
bestial *adj* shtazarak
bestiality *n* shtazëri
bestow *v* jap, dhuroj
bet *iv* vë bast
bet *n* bast
betray *v* tradhëtoj
betrayal *n* tradhëti
better *adj* më i mirë
between *pre* midis, mes
beverage *n* pije
beware *v* ruhem, hap sytë
bewilder *v* hutoj
bewitch *v* magjeps
beyond *adv* përtej, tutje
bias *n* anësi
bible *n* bibël
biblical *adj* biblik
bibliography *n* bibliografi
bicycle *n* biçikletë
bid *n* ofertë
bid *iv* ofroj
big *adj* i madh
bigamy *n* bigami
bigot *adj* fanatik
bigotry *n* fanatizëm
bike *n* biçikletë
bilingual *adj* dygjuhësh
bill *n* faturë
billiards *n* miljarda

billion *n* miljardë
billionaire *n* miljarderë
bimonthly *adj* dy mujësh
bin *n* kovë
bind *iv* lidh
binding *adj* lidhës
binoculars *n* dylbi
biography *n* biografi
biological *adj* biologjik
biology *n* biologji
bird *n* zog
birth *n* lindje
birthday *n* ditëlindje
biscuit *n* galetë, biskotë
bishop *n* peshkop
bison *n* bizon
bit *n* copëz
bite *iv* kafshoj
bite *n* kafshim
bitter *adj* i hidhur
bitterly *adv* hidhur
bitterness *n* zemërim
bizarre *adj* i çuditshëm
black *adj* i zi, i errët
blackberry *n* manaferrë
blackboard *n* dërrasë e zezë
blackmail *n* kërcënim
blackmail *v* kërcënoj
blackness *n* errësirë
blackout *n* errësim i plotë
blacksmith *n* farkëtar
bladder *n* fshikëz

blurred

blade *n* brisk rroje
blame *n* faj
blame *v* fajësoj
blameless *adj* i pafajshëm
bland *adj* i sjellshëm
blank *adj* bosh
blanket *n* batanije
blaspheme *v* shaj zotin
blasphemy *n* sharje e zotit
blast *n* shkulm ere
blaze *v* flakë
bleach *v* zbardh
bleach *n* zbardhues
bleak *adj* i zhveshur
bleed *iv* rrjedh gjak
bleeding *n* gjakosje
blemish *n* e metë, njollë
blemish *v* njolloj
blend *n* përzierje
blend *v* përziej
blender *n* që përzien
bless *v* bekoj
blessed *adj* i bekuar
blessing *n* bekim
blind *v* verboj
blind *adj* i verbër
blindfold *v* verbëroj
blindly *adv* verbazi
blindness *n* verbëri
blink *v* vezulloj
bliss *n* hare
blissful *adj* i hareshëm

blister *n* fshikë
blizzard *n* stuhi dëbore
bloat *v* fryhem
bloated *adj* i fryrë
block *n* bllok
block *v* bllokoj
blockade *v* bllokoj
blockade *n* bllokadë
blockage *n* bllokim
blond *adj* flokëverdhë
blood *n* gjak
bloodthirsty *adj* gjakatar
bloody *adj* i përgjakshëm
bloom *v* lule
blossom *v* lulëzoj
blot *n* njollë
blot *v* njolloj
blouse *n* bluzë
blow *n* fryerje
blow *iv* fryj
blow out *iv* shuaj
blow up *iv* shpërthej
blowout *n* shpërthim
bludgeon *v* çomange
blue *adj* i kaltër, blu
blueprint *n* kopje vizatimi
bluff *v* breg i rrëpirë
blunder *n* gafë
blunt *adj* i pamprehur
bluntness *n* i pamprehtë
blur *v* fëlliq
blurred *adj* i fëlliqur

blush

blush *v* skuqem
blush *n* turpërim
boar *n* derr
board *n* dërrasë, tabelë
board *v* shtroj
boast *v* lëvdohem
boat *n* barkë
bodily *adj* trupor
body *n* trup
bog *n* moçal
bog down *v* kryej nevojën
boil *v* avulloj, ziej
boil down to *v* avulloj
boil over *v* valoj
boiler *n* bojler
boisterous *adj* i trazuar
bold *adj* guximtar
boldness *n* guxim
bolster *v* përkrah
bolt *n* bulon
bomb *n* bombë
bomb *v* bombardoj
bombing *n* bombardim
bond *n* lidhje, marrëveshje
bondage *n* skllavëri
bone *n* kockë, eshtër
bone marrow *n* palcë ashti
bonfire *n* zjarr i madh
bonus *n* shtesë
book *n* libër
bookcase *n* raft librash
bookkeeper *n* llogaritar

bookkeeping *n* llogarimbajtje
booklet *n* broshurë
bookseller *n* librashitës
bookstore *n* librari
boom *n* buçitje
boom *v* buçet
boost *v* ngre
boost *n* ngjitje
boot *n* çizme
booth *n* kabinë
booty *n* pre
booze *n* pije aloolike
border *n* kufi
border on *v* kufizohem
borderline *adj* vijë kufitare
bore *v* bëj vrimë
bored *adj* i lodhur, i mërzitur
boredom *n* mërzi
boring *adj* mërzitshëm
born *adj* i lindur
borough *n* qytet i vogël
borrow *v* huazoj
bosom *n* kraharor
boss *n* pronar, bos
boss around *v* sillem si bos
bossy *adj* urdhëronjës
botany *n* botanikë
botch *v* prish
both *adj* të dy
bother *v* mërzit
bothersome *adj* i mërzitshëm
bottle *n* shishe

breath

bottle *v* fus në shishe
bottleneck *n* grykë shisheje
bottom *n* fund
bottomless *adj* i pafund
bough *n* degë
boulder *n* popël, gur
boulevard *n* bulevard
bounce *v* hidhem, kërcej
bounce *n* kërcim, mburrje
bound *adj* i lidhur
boundary *n* kufi
boundless *adj* i pakufishëm
bounty *n* bujari, dhuratë
bourgeois *adj* borgjez
bow *n* kthesë, përkulje
bow *v* përshëndes
bow out *v* përkulem
bowels *n* të brendshme
bowl *n* vazo, sahan
box *n* kuti
box office *n* biletari
boxer *n* bokser
boxing *n* boksim
boy *n* djalë
boycott *v* bojkotoj
boyfriend *n* mik, i dashur
boyhood *n* djalëri
bra *n* sytjena
brace for *v* mbërthej
bracelet *n* byzylyk
bracket *n* mbajtëse
brag *v* mburrem

braid *n* kordon
brain *n* tru
brake *n* frena
brake *v* frenoj
branch *n* degë
branch out *v* zgjerohet
brand *n* markë
brand-new *adj* i ri fringo
brandy *n* brendi, konjak
brat *adj* kopil, shejtan
brave *adj* trim
bravely *adv* trimërisht
bravery *n* trimëri
brawl *n* grindje
breach *n* grindje, prishje
bread *n* bukë
breadth *n* gjerësi
break *n* pushim
break *iv* pushoj
break away *v* ik befas
break down *v* ndaloj
break free *v* arrati, ikje
break in *v* futem, grabis
break off *v* ndalem, lë
break out *v* plas, shpërthej
break up *v* shpërndahem
breakable *adj* i thyeshëm
breakdown *n* dobësim
breakfast *n* mëngjes
breakthrough *n* depërtim
breast *n* kraharor, gjoks
breath *n* frymë

breathe

breathe *v* marrë frymë
breathing *n* frymëmarrje
breathtaking *adj* befasues
breed *iv* mbaj, rrit
breed *n* ngjallur
breeze *n* fllad, puhi
brethren *n* vëllezër
brevity *n* shkurtësi
brew *v* bëj birrë
brewery *n* fabrikë birre
bribe *v* korruptoj
bribe *n* ryshfet, mito
bribery *n* mitosje
brick *n* tullë
bricklayer *n* murator
bridal *adj* martesor
bride *n* nuse
bridegroom *n* dhëndrri
bridge *n* urë
bridle *n* fre
brief *adj* i shkurtë
brief *v* përmbledh
briefcase *n* valixhe e vogël
briefing *n* udhëzim
briefly *adv* shkurtë
brigade *n* brigadë
bright *adj* i ndritshëm
brighten *v* ndrit, shndrit
brightness *n* shkëlqim
brilliant *adj* madhështor
brim *n* buzë, rreth
bring *iv* sjell, bie

bring back *v* kthej, rikujtoj
bring down *v* zbres
bring up *v* rrit, edukoj
brink *n* anë
brisk *adj* i gjallë, levend
Britain *n* Britania
British *adj* britanik
brittle *adj* i brishtë
broad *adj* i gjerë
broadcast *v* transmetoj
broadcast *n* transmetim
broadcaster *n* transmetues
broaden *v* zgjeroj
broadly *adv* gjërësisht
broadminded *adj* i gjerë
brochure *n* broshurë
broil *v* zihem
broiler *n* skarë, zog pule
broke *adj* trokë, kripë
broken *adj* i prishur, i thyer
bronchitis *n* bronkit
bronze *n* bronz
broom *n* gjineshtër
broth *n* lëng mishi, supë
brothel *n* bordell
brother *n* vëlla
brotherhood *n* vëllazëri
brother-in-law *n* kunat, dhëndër
brotherly *adj* vëllazëror
brow *n* vetull
brown *adj* bojë kafe
browse *v* shfletoj

burglarize

browser *n* shfletues
bruise *n* vend i mavijosur
bruise *v* mavijos, nxij
brunch *n* mëngjes i vonë
brunette *adj* zeshkane
brush *n* furçë
brush *v* fshij
brush aside *v* largoj
brush up *v* mbledh, rivihem
brusque *adj* i ashpër
brutal *adj* i vrazhdë
brutality *n* vrazhdësi
brutalize *v* vrazhdësoj
brute *adj* kafshë, shtazë
bubble *n* flluskë
bubble gum *n* çamçakëz
buck *n* dollar, faj
bucket *n* kovë
buckle *n* tokëz
buckle up *v* mbërthej
bud *n* syth, burbuqe
buddy *n* mik, shok
budge *v* lëviz
budget *n* buxhet
buffalo *n* buall
bug *n* insekt
bug *v* nuk të lë rehat
build *iv* ndërtoj
builder *n* ndërtues
building *n* ndërtesë
buildup *n* formim
built-in *adj* i integruar

bulb *n* poç
bulge *n* fryerje
bulk *n* korpus, trup
bulky *adj* kaba, masiv
bull *n* dem
bull fighter *n* toreador
bulldoze *v* kërcënoj
bullet *n* plumb
bulletin *n* buletin
bully *adj* detyroj
bulwark *n* mburojë
bum *n* lypës, endacak
bump *n* goditje
bump into *v* përplasem
bumper *n* parakolp
bumpy *adj* me gunga
bun *n* kulaç, simite
bunch *n* tufë, grumbull
bundle *n* lidh
bundle *v* vandak
bunk bed *n* krevat marinari
bunker *n* bunker
buoy *n* bovë
burden *n* ngarkesë, barrë
burden *v* ngarkoj
burdensome *adj* i rëndë
bureau *n* byro
bureaucracy *n* burokraci
bureaucrat *n* burokrat
burger *n* mish
burglar *n* vjedhës, hajdut
burglarize *v* vjedhë

burglary n vjedhje
burial n varrim
burly adj trupmadh
burn iv digjem
burn n djegje
burp v gromësoj
burp n gromësim
burrow n strofull
burst iv shpërthim
burst into v ia plas
bury v varros
bus n autobus
bus v çoj me autobus
bush n shkurre
busily adv energjik
business n biznes
businessman n biznesmen
bust n dështim
bustling adj aktiv
busy adj i zënë
but c por
butcher n kasap
butchery n therrje, thertore
butler n shërbëtor
butt n but, vozë
butter n tëlyen, gjalpë
butterfly n flutur
button n buton
buttonhole n vrimë e kopsës
buy iv blej
buy off v mos blej
buyer n blerës

buzz n zukatje
buzz v gumëzhij
buzzard n tarrallak
buzzer n zile
by pre me
bye e mirupafshim
bypass n kalim anësor
bypass v bie rrotull
by-product n nënpridukt
bystander n soditës, spektator

C

cab n karrocë, taksi
cabbage n lakër
cabin n kabinë
cabinet n kabinet
cable n kabllo
cafeteria n kafiteri
caffeine n kofeinë
cage n kafaz
cake n tortë
calamity n fatëkeqësi
calculate v kalkuloj
calculation n kalkulim
calculator n kalkulator
calendar n kalendar
calf n viç

caliber *n* kalibër
calibrate *v* kalibroj
call *n* thirrje
call *v* thërras
call off *v* lexoj me zë
call on *v* drejtohem, shkoj
call out *v* thërres
calling *n* thirrje, zanat
callous *adj* me kallo
calm *adj* i qetë
calm *n* qetësi
calm down *v* qetësohem
calorie *n* kalori
calumny *n* shpifje, përplasje
camel *n* deve
camera *n* aparat fotografik
camouflage *v* maskoj
camouflage *n* maskim
camp *n* kamp
camp *v* kampoj
campaign *v* bëj fushatë
campaign *n* fushatë
campfire *n* zjarr kampi
can *iv* mund
can *v* jam në gjendje
can *n* kanaçe
canal *n* kanal
canary *n* kanarinë
cancel *v* mbyllë
cancellation *n* anulim
cancer *n* kancer
cancerous *adj* kanceroz

candid *adj* i dëlirë
candidacy *n* kandidim
candidate *n* kandidatë
candle *n* qiri
candlestick *n* qirimbajtëse
candor *n* çiltërsi
candy *n* sheqerkë
cane *n* kallam sheqeri
canister *n* kuti, bombë
canned *adj* i konzervuar
cannibal *n* kanibal
cannon *n* top, cilindër
canoe *n* lundër, kaike
canonize *v* kanonizoj
cantaloupe *n* pjepër
canteen *n* mensë, bufe
canvas *n* velë
canvas *v* veloj
canyon *n* kanion
cap *n* kapak, kasketë
capability *n* aftësi, mundësi
capable *adj* i aftë, i zoti
capacity *n* kapacitet
cape *n* pelerinë
capital *n* kapital, kryesor
capitalism *n* kapitalizëm
capitalize *v* kapitalizoj
capitulate *v* kapitulloj
capsize *v* përmbys
capsule *n* kapsullë
captain *n* kapiten
captivate *v* magjeps

captive n rob
captivity n robëri
capture v zënë
capture n zënie
car n veturë, makinë
carat n karat
caravan n karavan
carburetor n karburator
carcass n kërmë
card n kartolinë, kartë
cardboard n karton
cardiac adj kardiak
cardiac arrest n sulm kardiak
cardiology n kardiologji
care n kujdes
care v kujdesem
care about v kujdesem
care for v më pëlqen
career n karierë
carefree adj i shkujdesur
careful adj i kujdesshëm
careless adj i pakujdesshëm
carelessness n pakujdesi
caress n përkdhelje
caress v ledhatoj
caretaker n kujdestar
cargo n kargo
caricature n karikaturë
caring adj i dashur
carnage n kërdi, masakër
carnal adj fizik, sensual
carnation n karafil

carol n cicërimë
carpenter n karpentier
carpentry n karpentieri
carpet n dysheme
carriage n karrocë
carrot n karotë
carry v mbart
carry on v eci më tej
carry out v kryej, zbatoj
cart n qerre
cart v bartë
cartoon n film vizatimor
cartridge n fishek, gëzhojë
carve v pres në copa
cascade n ujëvarë
case n rast, shembull
cash n qindarkë
cashier n arkëtar
casino n kazino
casket n kuti, arkivol
casserole n tavë
cassock n rasë, veladon
cast iv hedh, flak
castaway n i hedhur, i flakur
caste n kastë
castle n kështjellë
casual adj rastësor
casualty n aksident
cat n macë
cataclysm n kataklizëm
catacomb n katakomb
catalog n katalog

cataract *n* ujëvarë, katarakt
catastrophe *n* katastrofë
catch *iv* zë
catch up *v* arrij
catching *adj* ngjitës
catchword *n* moto, parullë
catechism *n* libër katekizmi
category *n* kategori
cater to *v* kujdesem për
caterpillar *n* zinxhir
cathedral *n* katedrake
catholic *adj* katolik
Catholicism *n* katolicizëm
cattle *n* bagëti
cauliflower *n* lulelakër
cause *n* arësye, shkak
cause *v* bëj, shkaktoj
caution *n* kujdes
cautious *adj* i kujdesshëm
cavalry *n* kalorësi
cave *n* shpellë
cave in *v* lëshohem
cavern *n* uxhë, shpellë
cavity *n* gropë, zgavër
cease *v* mbaroj, pushoj
cease-fire *n* pushim zjarri
ceaselessly *adv* vazhdimisht
ceiling *n* tavan
celebrate *v* festoj
celebration *n* festim
celebrity *n* njeri i famshëm
celery *n* selino

celestial *adj* qiellor, hyjnor
celibacy *n* beqari
celibate *adj* beqar
cellar *n* qilar
cellphone *n* celularë
cement *n* cement
cemetery *n* varrezë
censorship *n* censurium
censure *v* kundërshtoj
cent *n* cent
center *n* qendër
center *v* përqendroj
centimeter *n* centimetër
central *adj* qëndror
centralize *v* centralizoj
century *n* shekull
ceramic *n* qeramik
cereal *n* drithë
cerebral *adj* cerebrale
ceremony *n* ceremoni
certain *adj* i caktuar, njëfarë
certainty *n* siguri
certificate *n* çartifikatë
certify *v* çartifikoj
chagrin *n* zhgënjim
chain *n* zinxhir
chain *v* gozhdoj
chair *n* karrigë
chair *v* drejtoj
chairman *n* kryetar
chalet *n* shtëpi
chalice *n* kupë

chalk *n* shkumës
chalkboard *n* tabelë
challenge *v* sfidoj
challenge *n* sfidë
challenging *adj* sfiduese
chamber *n* odë
champ *n* kampion
champion *n* kampion
champion *v* mbroj
chance *n* rast, shans
chancellor *n* kancelar
chandelier *n* llambadar
change *v* ndryshoj
change *n* ndryshim
channel *n* kanal
chant *n* psalm, himn
chaos *n* kaos
chaotic *adj* kaotik
chapel *n* kishëz, faltore
chaplain *n* kapelan
chapter *n* kapitull
char *v* djeg
character *n* karakterë
characteristic *adj* karakteristik
charcoal *n* qymyr druri
charge *v* ngarkoj, porosis
charge *n* çmim, pagesë
charisma *n* karizmë
charismatic *adj* karizmatik
charitable *adj* bamirës
charity *n* bamirësi
charm *v* magjeps

charm *n* joshë, magjepsje
charming *adj* joshës, i hijshëm
chart *n* hartë, skicë
charter *n* kartë
charter *v* i jep të drejta
chase *n* ndjekje
chase *v* ndjek
chase away *v* shkoj pas
chasm *n* çarje toke
chaste *adj* i dëlirë
chastise *v* ndëshkoj, shaj
chastisement *n* ndëshkim, sharje
chastity *n* dëlirësi, pastërti
chat *v* bisedoj
chauffeur *n* shofer
cheap *adj* i lirë
cheat *v* mashtroj
cheater *n* mashtrues
check *n* kontrollim
check *v* kontrolloj
check in *v* regjistroj
check up *n* interesohem
checkbook *n* bllok çeqesh
cheek *n* faqe
cheekbone *n* mollëz
cheeky *adj* i paturp
cheer *v* gëzoj
cheerful *adj* i gëzuar
cheers *n* gëzuar
cheese *n* djath
chef *n* shef kuzhine
chemical *adj* kemikale

circulate

chemist *n* kimist
chemistry *n* kimi
cherish *v* ushqej, dua fort
cherry *n* qershi
chess *n* shah
chest *n* gjoks
chestnut *n* gështenjë
chew *v* përtyp
chick *n* zogë
chicken *n* pulë, zog pule
chicken pox *n* li e dhenve
chide *v* qortoj, shaj
chief *n* përgjegjës, kryetar
chiefly *adv* kryesisht
child *n* fëmijë
childhood *n* fëmijëri
childish *adj* fëmijëror
childless *adj* pa fëmijë
children *n* fëmijë
chill *n* i akullt, acartë
chill *v* to ftohtë therës
chill out *v* qetësohuni
chilly *adj* i freskët
chimney *n* oxhak
chimpanzee *n* shimpanzë
chin *n* mjekër
chip *n* çip
chisel *n* daltë
chocolate *n* çokollatë
choice *n* zgjedhje
choir *n* kor
choke *v* mbytem

cholera *n* kolera
cholesterol *n* kolesterol
choose *iv* zgjedh
choosy *adj* nazeqar, nazik
chop *v* copëtoj
chop *n* goditje
chopper *n* helikopterë
chorus *n* kor
christen *v* pakëzoj
christening *n* pakëzim
christian *adj* krishterë
Christianity *n* krishterizëm
Christmas *n* krishtlindje
chronic *adj* kronike
chronicle *n* kronik
chronology *n* kronologjike
chubby *adj* topolak
chuckle *v* turfulloj
chunk *n* copë
church *n* kishë
chute *n* rrëpirë, govatë
cider *n* sidër
cigar *n* puro
cigarette *n* cigare
cinder *n* shkrumb
cinema *n* kinema
cinnamon *n* kanellë
circle *n* rreth
circle *v* rrotullohem
circuit *n* qark
circular *adj* rrethor
circulate *v* qarkoj

circulation

circulation *n* qarkullim
circumcise *v* bëj synet
circumcision *n* synet
circumstance *n* rrethana
circus *n* cirkus
cistern *n* cisternë
citizen *n* qytetarë
citizenship *n* shtetësi
city *n* qytet
city hall *n* komunë
civic *adj* qytetas
civil *adj* qytetar
civilization *n* civilizim
civilize *v* civilizoj
claim *v* kërkoj, deklaroj
claim *n* lutje, kërkesë
clam *n* koprrac, gojë
clamor *v* bërtas
clamp *n* mengene
clan *n* klan
clandestine *adj* i fshehtë
clap *v* duartrokas
clarification *n* sqarim
clarify *v* sqaroj
clarinet *n* klarinet
clarity *n* qartësi
clash *v* koincidoj, përplas
clash *n* ndeshje, përplasje
class *n* klasë
classic *adj* klasik
classify *v* klasifikoj
classmate *n* shok klase

classroom *n* mësonjëtore
classy *adj* i klasës
clause *n* nen, artikull
claw *n* thua, kthetër
claw *v* gërvisht
clay *n* argjilë, baltë
clean *adj* pastër
clean *v* pastroj
cleaner *n* pastrues
cleanliness *n* pastërti
cleanse *v* pastroj, purifikoj
cleanser *n* purifikues
clear *adj* qartë
clear *v* happen, spastroj
clearance *n* pastrim
clear-cut *adj* i qartë, i saktë
clearly *adv* qartë
clearness *n* kthjelltësi
cleft *n* çarje, plasaritje
clemency *n* mëshirë
clench *v* mbledh
clergy *n* kler
clergyman *n* klerik
clerical *adj* klerikal, priftëror
clerk *n* nënpunës
clever *adj* i mençur
click *v* klik
client *n* klient
clientele *n* klientelë
cliff *n* shkëmb
climate *n* klimë
climatic *adj* klimatik

coefficient

climax *n* kulm
climb *v* ngjitem
climbing *n* ngjitje
clinch *v* përçinoj
cling *iv* kapem, qepem
clinic *n* klinikë
clip *v* mbërthej
clipping *n* qethje, shkurtim
cloak *n* matel, pelerinë
clock *n* orë
clog *v* bllokoj
cloister *n* manastir
clone *v* riprodhoj
cloning *n* klonim
close *v* mbyll, mbaroj
close *adj* i afërt
close to *pre* pranë
closed *adj* i mbyllur
closely *adv* nga afër
closet *n* depo
closure *n* mbyllje
clot *n* mbiksje
cloth *n* pëlhurë
clothe *v* vesh, mbuloj
clothes *n* rroba, veshje
clothing *n* veshje, mbulesë
cloud *n* re
cloudless *adj* pa re, i kthjellët
cloudy *adj* i vrenjtur
clown *n* gaztor, klloun
club *n* klub
clue *n* çelës, e dhënë

clumsiness *n* ngathtësi
clumsy *adj* i ngathët
cluster *n* vile, tufëz
cluster *v* mblidhem
clutch *n* friksion
coach *v* mësoj
coach *n* trajner
coaching *n* trajnim
coagulate *v* mbiks
coagulation *n* mbiksje
coal *n* qymyrguri
coalition *n* koalicion
coarse *adj* i ashpër
coast *n* breg, bregdet
coastal *adj* bregdetar
coastline *n* vijë e bregdetit
coat *n* pallto
coax *v* lajkatoj
cob *n* kalli
cobblestone *n* gur kalldrëmi
cocaine *n* kokainë
cock *n* gjel
cockpit *n* kabinë
cockroach *n* kacabu
cocktail *n* koktej
cocky *adj* kryelartë
cocoa *n* kakao
coconut *n* arrë kokosi
cod *n* merluc
code *n* kod
codify *v* kodifikoj
coefficient *n* koeficient

coerce *v* shtrëngoj
coercion *n* shtrëngim
coexist *v* bashkëjetoj
coffee *n* kafe
coffin *n* tabut, arkivol
cohabit *v* bashkëjetoj
coherent *adj* koherent
cohesion *n* kohezion
coin *n* monedhë
coincide *v* përkoj
coincidence *n* koincidencë
coincidental *adj* i rastësishëm
cold *adj* ftohët
coldness *n* të ftohtë
colic *n* dhimbje barku
collaborate *v* bashkëpunoj
collaboration *n* bashkëpunim
collaborator *n* bashkëpunëtor
collapse *v* shemb, rrënoj
collapse *n* rrëzim, shembje
collar *n* jak, kular
collarbone *n* heqës
collateral *adj* paralel, anësor
colleague *n* kolegë
collect *v* mbledh
collection *n* koleksion
collector *n* koleksionues
college *n* kolegj
collide *v* përplasem
collision *n* përplasje
colon *n* kolon francez
colonel *n* kolonel

colonial *adj* kolonial
colonization *n* kolonizim
colonize *v* kolonizoj
colony *n* koloni
color *n* ngjyrë
color *v* ngjyros
colorful *adj* gjithë ngjyra
colossal *adj* kolosal
colt *n* kolt, mëz
column *n* kolonë
coma *n* komë
comb *n* krahër
comb *v* kreh
combat *n* luftim, betejë
combat *v* luftoj
combatant *n* luftues
combination *n* kombinim
combine *v* kombinoj
combustible *n* i djegshëm
combustion *n* djegje
come *iv* vij
come about *v* ndodh
come across *v* has, takoj
come apart *v* bëhet pjesë
come back *v* kthehem
come down *v* bie, pësoj rënie
come forward *v* ofrohem
come from *v* rrjedh
come in *v* hyj
come out *v* bëhet publik
come up *v* dal, ngjitem
comeback *n* ridalje në skenë

complement

comedian *n* komedian
comedy *n* komedi
comet *n* kometë
comfort *n* komoditet
comfortable *adj* i rehatshëm
comforter *n* ngushëllues
comical *adj* komik, qesharak
coming *n* ardhje
coming *adj* i ardhshëm
comma *n* presje
command *v* komandoj
commander *n* komandant
commandment *n* urdhër
commemorate *v* përkujtoj
commence *v* filloj
commend *v* lëvdoj
commendation *n* lëvdatë
comment *v* komentoj
comment *n* koment
commerce *n* trëgëti
commercial *adj* tregëtar
commission *n* komercial
commit *v* bëj, merr përsipër
commitment *n* përkushtim
committed *adj* i përkushtuar
committee *n* komitet
common *adj* i zakonshëm
commotion *n* trazim, turbullirë
communicate *v* komunikoj
communication *n* komunikim
communion *n* bashkësi
communism *n* komunizëm

communist *adj* komunist
community *n* komunitet
commute *v* zëvëndësoj, ndërroj
compact *adj* kompakt
compact *v* shtyp, ngjesh
companionship *n* shoqëri
company *n* kompani
comparative *adj* krahasues
compare *v* krahasoj
comparison *n* krahasim
compartment *n* ndarje, kupe
compass *n* busull, kompas
compassion *n* dhembshuri
compassionate *adj* i dhembshëm
compatibility *n* pajtueshmëri
compatible *adj* i pajtueshëm
compatriot *n* bashkatdhetar
compel *v* detyroj
compelling *adj* detyrues
compendium *n* konspekt
compensate *v* kompenzoj
compensation *n* kompenzim
compete *v* garoj
competence *n* kompetencë
competent *adj* kompetent
competition *n* konkurrencë
competitive *adj* me konkurrim
competitor *n* konkurrent
compile *v* mbledh
complain *v* ankohem
complaint *n* ankim
complement *n* plotësues

complete *adj* i plotë
complete *v* kompletoj
completely *adv* plotësisht
completion *n* përfundim
complex *adj* i ndërlikuar
complexion *n* aspekt
complexity *n* kompleksitet
compliance *n* pëlqim
compliant *adj* i urtë
complicate *v* ndërlikoj
complication *n* ngatërresë
complicity *n* pjesëmarrje
compliment *n* kompliment
complimentary *adj* miklues
comply *v* pajtohem
component *n* komponent
compose *v* përbëj, hartoj
composed *adj* i qetë, i përmbajtur
composer *n* kompozitor
composition *n* përbërje
compost *n* përzierje plehrash
composure *n* qetësi
compound *n* bashkim, përzierje
compound *v* bashkoj, kombinoj
comprehend *v* kuptoj, përfshij
compress *v* mbledh, ngjesh
compression *n* ngjeshje
comprise *v* përfshij, përmbaj
compromise *n* kompromis
compromise *v* kompromentoj
compulsion *n* zor, detyrim
compulsive *adj* detyrues

compulsory *adj* detyrueshëm
compute *v* llogaris
computer *n* kompjuter
comrade *n* shok, partner
con man *n* mashtrues
conceal *v* zhduk, fsheh
concede *v* pranoj
conceited *adj* kryelartë
conceive *v* konceptoj
concentrate *v* përqëndroj
concentration *n* përqëndrim
concentric *adj* koncentrik
concept *n* koncept
conception *n* konceptim
concern *v* brengosem
concern *n* brengë
concerning *pre* në lidhje me
concert *n* koncert
concession *n* koncesion
conciliate *v* bëj për vete
conciliatory *adj* pajtues
conciousness *n* vetëdijë
concise *adj* konciz
conclude *v* konkludoj
conclusion *n* konkludim
conclusive *adj* përfundimtar
concoct *v* përgatit
concoction *n* gatim, shpikje
concrete *n* beton
concrete *adj* konkret
concur *v* pajtohem
concurrent *adj* i njëkohshëm

connote

concussion *n* tronditje
condemn *v* ndëshkoj
condemnation *n* ndëshkim
condensation *n* kondensim
condense *v* kondensoj
condescend *v* denjoj
condiment *n* erëza, piper
condition *n* gjendje, kusht
conditional *adj* i kushtëzuar
conditioner *n* balsam për flokë
condo *n* kondo
condolences *n* ngushëllim
condone *v* fal, harroj
conducive *adj* ndihmues
conduct *n* sjellje, drejtim
conduct *v* drejtoj, udhëheq
conductor *n* udhëheqës
cone *n* kon
confer *v* akordoj
conference *n* konferencë
confess *v* pranoj, rrëfehem
confession *n* pranim, rrëfim
confessional *n* rrëfyesor
confessor *n* rrëfyes
confidant *n* njeri i besuar
confide *v* besoj
confidence *n* besim, siguri
confident *adj* sigurt, i sigurt
confidential *adj* i fshehtë, sekret
confine *v* kufizoj, mbyll
confinement *n* mbyllje, izolim
confirm *v* konfirmoj, pohoj

confirmation *n* pohim, vërtetim
confiscate *v* konfiskoj
confiscation *n* konfiskim
conflict *n* përleshje, konflikt
conflict *v* ndesh, bie ndesh
conflicting *adj* kontradiktor
conform *v* përshtatem
conformist *adj* konformist
conformity *n* pajtim, përshtatje
confound *v* turbulloj, ngatërroj
confront *v* përballoj
confrontation *n* kundërvenie
confuse *v* ngatërroj, hutoj
confusing *adj* ngatërruese
confusion *n* ngatërrim
congenial *adj* të ngjashëm
congested *adj* mbushur, dyndur
congestion *n* nyndje, ngjeshje
congratulate *v* uroj, përgëzoj
congratulations *n* përgëzime
congregate *v* mledh
congregation *n* grumbullim
congress *n* kongres
conjecture *n* hamendje
conjugal *adj* bashkëshortor
conjugate *v* bashkoj
conjunction *n* lidhje, bashkim
conjure up *v* thërras, ndjell
connect *v* lidh, bashkoj
connection *n* lidhje
connive *v* komplotoj
connote *v* tregoj

conquer

conquer *v* zaptoj, pushtoj
conqueror *n* pushtues
conquest *n* pushtim
conscience *n* vetëdijë
conscious *adj* i vetëdijshem
conscript *n* rekrut
consecrate *v* kushtoj, dedikoj
consecration *n* kushtim
consecutive *adj* i njëpasnjëshëm
consensus *n* konsensus
consent *v* miratoj
consent *n* miratim
consequence *n* rrjedhim
consequent *adj* konsekuent
conservation *n* ruajtje
conservative *adj* konservator
conserve *v* konservoj
conserve *n* komposto
consider *v* mendoj, di
considerable *adj* i shumtë
considerate *adj* i kujdesshëm
consideration *n* vëmendje
consignment *n* ngarkese
consist *v* konsiston
consistency *n* konsekuencë
consistent *adj* i qëndrueshëm
consolation *n* ngushëllim
console *v* ngushëlloj
consolidate *v* konsolidoj
consonant *n* bashkëtingëllore
conspicuous *adj* i dukshëm
conspiracy *n* komlot

conspirator *n* konspirator
conspire *v* konspiroj
constancy *n* qëndrueshmëri
constant *adj* i përhershëm
constellation *n* yllësi, plejadë
consternation *n* shtangje, tmerr
constipate *v* kaps, bëj kaps
constipated *adj* kaps
constipation *n* kapsllëk
constitute *v* formoj, zgjedh
constitution *n* shtat
constrain *v* detyroj
constraint *n* detyrim
construct *v* formoj, ndërtoj
construction *n* ndërtim
constructive *adj* konstruktin
consul *n* konsull
consulate *n* konsullatë
consult *v* konsulltoj
consultation *n* konsulltë
consume *v* ha, gëlltit
consumer *n* konsumator
consumption *n* konsum
contact *v* kontaktoj
contact *n* takim, lidhje
contagious *adj* infektues
contain *v* përmbaj, përfshij
container *n* enë, konteiner
contaminate *v* infektoj
contamination *n* ndotje, infektim
contemplate *v* sodis, mendoj

cooling

contemporary *adj* bashkohës
contempt *n* përbuzje, neveri
contend *v* luftoj, konkurroj
contender *n* konkurrent
content *adj* i kënaqur
content *v* kënaqësi
contentious *adj* grindavec
contents *n* përmbajtje
contest *n* zënkë, garë
context *n* kontekst
continent *n* kontinent
continental *adj* i përmbajtur
contingency *n* rastisje
contingent *adj* i rastit
continuation *n* vazhdim, vijim
continue *v* vazhdoj
continuity *n* vijueshmëri
continuous *adj* i vazhdueshëm
contour *n* kontu, vijë niveli
contraband *n* kontrabandë
contract *v* kontaktoj
contract *n* kontratë
contraction *n* ngushtim
contradict *v* kontradiktoj
contradiction *n* kontradiktë
contrary *adj* i kundërt
contrast *v* krahasoj
contrast *n* kontrast
contribute *v* kontribuoj
contribution *n* kontribut
contributor *n* kontribues
contrition *n* pendim

control *n* kontroll
control *v* kontrolloj
controversy *n* polemikë
convene *v* thërras, mbledh
convenience *n* komoditet
convenient *adj* i volitshëm
convent *n* kuvend
convention *n* marrëveshje
conventional *adj* konvenciale
converge *v* takohem
conversation *n* bashkëbisedë
converse *v* bisedoj
conversely *adv* anasjelltas
conversion *n* shëndrrim, kthim
convert *v* kthej, këmbej
convey *v* bartë, shpie
convict *v* fajësoj
conviction *n* dënim, bindje
convince *v* bind
convincing *adj* bindëse
convoluted *adj* i ndërlikuar
convoy *n* vargan
convulse *v* tund
convulsion *n* konvulsion
cook *v* gatuaj
cook *n* kuzhinier
cookie *n* biskotë
cooking *n* gatim
cool *adj* i freskët
cool *v* ftoh, freskoj
cool down *v* qetësohem
cooling *adj* freskues

coolness

coolness *n* ftohtësi, freski
cooperate *v* bashkëpunoj
cooperation *n* bashkëpunim
cooperative *adj* bashkëpunuese
coordinate *v* kordinoj
coordination *n* kordinim
coordinator *n* kordinator
cop *n* polic
cope *v* përballoj
copier *n* fotokopjues
copper *n* bakër
copy *v* fotokopjoj
copy *n* fotokopje
copyright *n* e drejtë e autorit
cord *n* kordë
cordial *adj* i përzemërt
cordless *adj* pa tela
cordon *n* kordon njerëzish
cordon off *v* kordon pa njerëz
core *n* bërthamë
cork *n* tapë, mbiujëse
corn *n* drithë, grurë
corner *n* kënd, qoshe
cornerstone *n* gur i qoshes
cornet *n* kornetë, kaush
corollary *n* konkluzion
coronation *n* kurorëzim
corporal *adj* trupor
corporal *n* tetar
corporation *n* korporatë
corpse *n* kufomë
corpulent *adj* i ngjallur

corpuscle *n* grimcë
correct *v* korrigjoj
correct *adj* i drejtë
correction *n* ndreqje
correlate *v* lidhem
correspond *v* korrespondoj
correspondent *n* korrespondent
corresponding *adj* përgjegjës
corridor *n* koridor
corroborate *v* kofirmoj
corrode *v* brej, gërryej
corrupt *v* korruptoj
corrupt *adj* i korruptuar
corruption *n* korrupsion
cosmetic *n* kozmetikë
cosmic *adj* kozmik
cosmonaut *n* kozmonaut
cost *iv* kushtoj
cost *n* çmim, kosto
costly *adj* i kushtueshëm
costume *n* kostum
cottage *n* shtëpi verimi
cotton *n* pambuk
couch *n* divan
cough *n* kollë
cough *v* kollitem
council *n* këshill
counsel *v* këshilloj
counsel *n* këshillim
counselor *n* këshilltar
count *v* llogaris
count *n* njehsim, padi

crazy

countenance *n* nxitje, miratim
counter *n* njehsor
counter *v* kundërshtoj
counteract *v* kundërveproj
counterfeit *v* falsifikoj
counterfeit *adj* i falsifikuar
countess *n* konteshë
countless *adj* i panumërt
country *n* vend, shtet
countryman *n* fshatar
countryside *n* fshat
county *n* qark
couple *n* çift, dyshe
coupon *n* kupon
courage *n* kurajë
courageous *adj* trim, guximtar
courier *n* korier
course *n* rrjedhë, kurs
court *n* gjykatë
court *v* bëj kortezh
courteous *adj* i sjellshëm
courtesy *n* njerëzi
courthouse *n* godinë e gjyqit
courtship *n* të ardhur rrotull
courtyard *n* oborr
cousin *n* kushëri
cove *n* liman, gji i vogël
covenant *n* marrëveshje
cover *n* vel, mbulesë
cover *v* mbuloj, fsheh
cover up *v* vesh
coverage *n* reportazh, mbulim
covert *adj* i mbuluar
coverup *n* mbulim
covet *v* lakmoj
cow *n* lopë
coward *n* frikacak
cowardice *n* frikë
cowardly *adv* fikacak
cowboy *n* lopar, kauboj
cozy *adj* komod
crab *n* gaforre
crack *n* kërcitje, krismë
crack *v* kris, kërcas
cradle *n* djep
craft *n* zanat, zeje
craftsman *n* zejtar
cram *v* mbush
cramp *n* ngërç
cramped *adj* i imët
crane *n* lejlek
crank *n* manivelë
cranky *adj* i çuditshëm
crap *n* gjepura, mut
crappy *adj* i ndyrë, i mutit
crash *n* krismë, kërcitje
crash *v* kris
crass *adj* i trashë
crater *n* krater
crave *v* dëshiroj
craving *n* dëshirë
crawl *v* zvarritje
craziness *n* çmenduri
crazy *adj* i çmendur

creak v kërcas
creak n kërcitje
cream n ajkë, mazë
creamy adj i majmë, i butë
crease n zhubër, rrudhë
crease v zhubros, rrudhos
create v krijoj
creation n krijesë, krijim
creative adj krijues
creativity n kreativitet
creator n krijues
creature n krijesë
credibility n besueshmëri
credible adj i besuar
credit n kredi, besim
creditor n kreditor
creed n besim, kredo
creek n mëngë
creep v kacavirrem
creepy adj kacavjerrës
cremate v djeg (kufomën)
crematorium n krematorium
crest n lafshë, jele
crevice n plasë, e çarë
crew n ekuipazh
crib n krevat fëmijësh
cricket n kriket
crime n krim
criminal adj kriminel
cripple adj sakat
cripple v gjymtoj, sakatoj
crisis n krizë, kulm

crisp adj i thyeshëm
crispy adj i freskën, i acartë
criss-cross v kryqas, kryq
criterion n kriter
critical adj kritik
criticism n kriticizëm
criticize v kritikoj
critique n kritikë
crockery n poçeri, fajancë
crocodile n krokodil
crony n mik
crook n kërrabë, bisht
crooked adj i përkulur
crop n prodhim, të korra
cross n kryq, kryqëzim
cross adj inatçi, zemërak
cross v kapërcej, kryqëzoj
cross out v kaloj
crossing n udhëkryq
crossroads n udhëkryq
crossword n fjalëkryq
crouch v kruspullohem
crow n kikiriki, levë
crow v këndoj, gugas
crowbar n levë
crowd n turmë, grup
crowd v mblidhem
crowded adj i mbushur
crown n kurorë mbretërore
crown v kurorëzoj
crowning n që kurorëzon
crucial adj vendimtar, kritik

cushion

crucifix *n* kryqëzatë
crucifixion *n* kryqëzim
crucify *v* kryqëzoj
crude *adj* i papërpunuar
cruel *adj* i egër, mizor
cruelty *n* mizori, egërsi
cruise *v* lundrim
crumb *n* thërrime
crumble *v* thërrmohet
crunchy *adj* brejtje
crusade *n* kryqëzatë
crusader *n* kryqëzues
crush *v* tërheqje
crushing *adj* shkatërrimtar
crust *n* kore
crutch *n* parericë
cry *n* qarje
cry *v* qaj
cry out *v* qaj me zë
crying *n* të qarë
crystal *n* kristal
cub *n* këlysh
cube *n* kub
cubic *adj* kubik
cubicle *n* kubik
cucumber *n* trangull
cuddle *v* përqafoj
cuff *n* pranga
cuisine *n* kuzhinë
culminate *v* arrij kulmin
culpability *n* fajësi
culprit *n* fajtor

cult *n* kult
cultivate *v* kultivoj
cultivation *n* kultivim
cultural *adj* kulturor
culture *n* kulturë
cumbersome *adj* i rëndë
cunning *adj* i shkathët
cup *n* filxhan, kupë
cupboard *n* dollap rrobash
curable *adj* i mjekueshëm
curator *n* përgjegjës
curb *v* mbaj nën fre
curb *n* buzë trotuari
curdle *v* pritem
cure *v* mjekoj, shëroj
cure *n* mjekim, shërim
curfew *n* orë policore
curiosity *n* kureshtje
curious *adj* kureshtar
curl *v* dredh
curl *n* kaçurrel
curly *adj* kaçurrel
currency *n* monedhë, para
current *adj* aktual
currently *adv* aktualisht
curse *v* mallkoj, shaj
curtail *v* shkurtoj
curtain *n* perde, mbulesë
curve *n* kthesë
curve *v* lakoj, përkul
cushion *n* jastëk
cushion *v* mbroj

cuss *v* mallkim
custard *n* krem karamel
custodian *n* rojtar, kujdestar
custody *n* ruajtje, kujdestari
custom *n* adet, zakon
customary *adj* i bërë zakon
customer *n* klient
custom-made *adj* me porosi
customs *n* doganë
cut *n* e prerë
cut *iv* prej
cut back *v* shkurtoj
cut down *v* pakësoj
cut off *v* heq, ndërpres
cut out *v* heq, qëroj
cute *adj* tërheqës
cutlery *n* takëm
cutter *n* prestar
cycle *n* cikël, epokë
cyclist *n* çiklist
cyclone *n* ciklon
cylinder *n* cilindër
cynic *adj* cinik
cynicism *n* cinizëm
cypress *n* selvi
cyst *n* cist
czar *n* car

D

dad *n* baba
dagger *n* kamë, kryq
daily *adv* ditor
dairy farm *n* ferëm bulmeti
daisy *n* margaritë
dam *n* pendë, mol
damage *n* dëm
damage *v* dëmtoj
damaging *adj* dëmtuese
damn *v* mallkim, sharje
damnation *n* ofshamë
damp *adj* i lagët, i lagur
dampen *v* lag, spërkat
dance *n* vallëzim
dance *v* vallëzoj
dancing *n* vallëzime
dandruff *n* zbokth
danger *n* rrezik
dangerous *adj* i rrezikshëm
dangle *v* var, lëkundem
dare *v* guxoj
dare *n* guxim
daring *adj* guximtar
dark *adj* i errët
darken *v* errësoj
darkness *n* errësi
darling *adj* i dashur
darn *v* mallkoj
dart *n* shigjetë

deciding

dash *v* hedh, hutoj
dashing *adj* i vrullshëm
data *n* të dhëna
database *n* bazë të dhënash
date *n* datë
date *v* datoj, vë datë
daughter *n* bijë, vajzë
daughter-in-law *n* nuse, kunatë
daunt *v* zbut, tmerroj
daunting *adj* izbutur, i tmerruar
dawn *n* agim, lindje
day *n* ditë
daydream *v* ëndërroj
daze *v* habis
dazed *adj* i habitshëm
dazzle *v* habis, verboj
dazzling *adj* verbues
de luxe *adj* luksoz
deacon *n* dhjak
dead *adj* i vdekur
dead end *n* rrugë qorre
deaden *v* humb energji
deadline *n* afat i fundit
deadlock *adj* bllokim
deadly *adj* vdekjeprurës
deaf *adj* i shurdhër
deafen *v* shurdhoj
deafening *adj* shurdhues
deafness *n* shurdhësi
deal *iv* godit, bëj tregti
deal *n* marrëveshje
dealer *n* tregtar

dealings *n* marrëveshje
dean *n* dekan
dear *adj* i dashur
dearly *adv* shtrenjtë
death *n* vdekje
debase *v* përul, prish
debatable *adj* i diskutueshëm
debate *v* debatoj, diskutoj
debate *n* diskutim, debat
debit *n* debit
debris *n* copëra
debt *n* borxh
debtor *n* borxhli
debunk *v* denaskoj
debut *n* debutim
decade *n* dekadë
decadence *n* dekadentizëm
decaff *adj* dekafeinato
decapitate *v* i pres kokën
decay *v* kalbem
decay *n* kalbje
deceased *adj* i vdekur
deceit *n* mashtrim
deceitful *adj* mashtrues
deceive *v* gënjej, mashtroj
December *n* Dhjetor
decency *n* mirësjellje
decent *adj* i hijshëm
deception *n* mashtrim
deceptive *adj* zhgënjyes
decide *v* vendos
deciding *adj* po vendos

decimal

decimal *adj* decimal
decimate *v* ekzekutoj
decipher *v* deshifroj
decision *n* vendim
decisive *adj* vendimtar
deck *n* kuvertë (e anijes)
declaration *n* deklaratë
declare *v* shpall, deklaroj
decline *v* mbaroj, përkul
decline *n* rënie, keqësim
decompose *v* zbërthej
décor *n* zbukurim
decorate *v* zbukuroj
decorative *adj* zbukuruese
decorum *n* etiketë
decrease *v* zvogëloj
decrease *n* zvogëlim
decree *n* dekret
decree *v* dekretoj
decrepit *adj* i vjetruar, i plakur
dedicate *v* kushtoj, dedikoj
dedication *n* dedikim
deduce *v* vë prejardhje
deduct *v* zbres, mbaj
deductible *adj* deduktiv
deduction *n* zbritje
deed *n* veprim
deem *v* mendoj
deep *adj* i thellë
deepen *v* thelloj
deer *n* dre
deface *v* prish

defame *v* diskreditoj
defeat *v* godas
defeat *n* disfatë
defect *n* e metë, defekt
defect *v* dëmtoj
defection *n* shkelje e detyrës
defective *adj* i mangët
defend *v* mbroj, justifikoj
defendant *n* i pandehur
defender *n* mbrojtës
defense *n* mbrojtje
defenseless *adj* i pambrojtur
defer *v* shtyj afatin
defiance *n* sfidë
defiant *adj* provokues
deficiency *n* mungesë
deficit *n* mungesë
defile *v* fëlliq
define *v* përcaktoj
definite *adj* i caktuar
definition *n* përcaktim
definitive *adj* përfundimtar
deflate *v* luftoj inflacionin
deform *v* deformoj
deformity *n* shformim
defraud *v* gënjej
defray *v* paguaj
defrost *v* heq akullin
deft *adj* i shkathët
defy *v* i hedh sfidë
degenerate *v* degjeneroj
degenerate *adj* i degjeneruar

depend

degeneration *n* degjenerim
degradation *n* degradim
degrade *v* degradoj
degrading *adj* degradim
degree *n* gradë, shkallë
dehydrate *v* dehidroj
deign *v* denjoj, begenis
deity *n* hyjni
dejected *adj* i brengosur
delay *v* vonoj
delay *n* vonesë
delegate *v* delegoj
delegate *n* delegatë
delegation *n* delegacion
delete *v* fshij
deliberate *v* mendoj
deliberate *adj* i paramenduar
delicacy *n* hijeshi, lezet
delicate *adj* i hijshëm
delicious *adj* i shijshëm
delight *n* kënaqësi
delight *v* kënaqem
delightful *adj* i lezetshëm
delinquency *n* faj, gabim
delinquent *adj* fajtor
deliver *v* shpërndaj
delivery *n* dërgesë
delude *v* zhgënjej
deluge *n* përmbytje
delusion *n* iluzion
demand *v* kërkoj, pyes
demand *n* kërkesë, nevojë

demean *v* sillem, përulem
demeaning *adj* i përulur
demented *adj* i çmendur
demise *n* abdikim
democracy *n* demokraci
democratic *adj* demokratik
demolish *v* shkatërroj
demolition *n* shkatërrim
demon *n* demon, djallë
demonstrate *v* demonstroj
demonstrative *adj* demonstrativ
demoralize *v* demoralizoj
demote *v* ul në pozitë
den *n* strofull
denial *n* mohim, refuzim
denigrate *v* shpif, nxij
Denmak *n* Danimarkë
denominator *n* emërtues
denote *v* paraqes
denounce *v* denoncoj
dense *adj* i dendur
density *n* dendësi
dent *v* bëj gropë
dent *n* dëm, dhëmbëz
dental *adj* dentar
dentist *n* dentist
deny *v* mohoj
deodorant *n* deodorant
depart *v* ik, largohem
department *n* departament
departure *n* ikje, nisje
depend *v* varem

dependable *adj* i besueshëm
dependence *n* varësi
dependent *adj* i varur
depict *v* vizatoj
deplete *v* shteroj, zbraz
deplorable *adj* i mjeruar
deplore *v* qaj, vajtoj
deploy *v* pozicionoj
deployment *n* shpërndarje
deport *v* dëboj
deportation *n* dëbim
depose *v* shkarkoj, rrëzoj
deposit *n* depozitë
depot *n* depo, magazinë
deprave *adj* prish, josh
depravity *n* shthurje, prishje
depreciate *v* zhvlerësoj
depreciation *n* zhvlerësim
depress *v* mposht, shtyp
depressing *adj* i dëshpëruar
depression *n* depresion
deprivation *n* humbje, heqje
deprive *v* i heq, grabit
deprived *adj* i hequr, i grabitur
depth *n* thellësi
derail *v* del nga binarët
deranged *adj* i çrregulluar
derelict *adj* i braktisur
deride *v* përqesh, tall
derivative *adj* i prejardhur
derive *v* nxjerr, përftoj
derogatory *adj* prishës, përulës

descend *v* bie, zbres
descendant *n* pasardhës
descent *n* zbritje, ulje
describe *v* përshkruaj
description *n* përshkrim
descriptive *adj* përshkrueshëm
desecrate *v* fyej, përdhos
desegregate *v* heq dallimin
desert *n* meritë, shpërblim
desert *v* dezertoj, braktis
deserted *adj* e braktisur
deserter *n* dezertor
deserve *v* meritoj
deserving *adj* me meritë
design *n* dizajn
designate *v* caktoj
desirable *adj* i dëshirueshëm
desire *n* dëshirë
desire *v* dëshiroj
desist *v* pushoj
desk *n* tavolinë
desolate *adj* i braktisur
desolation *n* rrënim
despair *n* dëshpërim
desperate *adj* i dëshpëruar
despicable *adj* i përbuzshëm
despise *v* i përbuzë
despite *c* pavarësisht nga
despondent *adj* i dëshpëruar
despot *n* tiran, despot
despotic *adj* despotik
dessert *n* ëmbëlsirë

diarrhea

destination *n* destinacion
destiny *n* fat
destitute *adj* varfanjak
destroy *v* shkatërroj
destroyer *n* shkatërrues
destruction *n* shkatërrim
destructive *adj* shkatërrues
detach *v* shqit, ndaj
detachable *adj* i ndashëm
detail *n* detaj
detail *v* detajizoj
detain *v* burgos
detect *v* detektoj
detective *n* detektiv
detector *n* detektor
detention *n* burg
deter *v* frenoj
detergent *n* detexhent
deteriorate *v* degjenerohem
deterioration *n* keqësim
determination *n* përcaktim
determine *v* përcaktoj
deterrence *n* mbajtje
detest *v* urrej
detestable *adj* i neveritshëm
detonate *v* shpërthej
detonation *n* shpërthim
detonator *n* lëndë plaëse
detour *n* rrugë e tërthortë
detriment *n* dëm
detrimental *adj* i dëmshshëm
devaluation *n* zhvlerësim

devalue *v* zhvleftësoj
devastate *v* shkretoj
devastating *adj* shkretues
devastation *n* shkretim
develop *v* zhvilloj
development *n* zhvillim
deviation *n* devijim
device *n* pajisje
devil *n* dreq, shejtan
devious *adj* devijues
devise *v* lë me testament
devoid *adj* që i mungon
devote *v* kushtoj
devotion *n* besnikëri
devour *v* gëlltis
devout *adj* i devotshëm
dew *n* vesë, lot
diabetes *n* diabetik
diabetic *adj* diabetik
diabolical *adj* djallëzor
diagnose *v* bëj diagnozë
diagnosis *n* diagnozë
diagonal *adj* diagonal
diagram *n* diagram
dial *n* disk telefoni
dial *v* formoj numrin
dialect *n* dialekt
dialogue *n* dialog
diameter *n* diametër
diamond *n* diamant
diaper *n* pelenë
diarrhea *n* diarre, bark

diary

diary *n* ditar
dice *n* zar
dictate *v* diktoj
dictator *n* diktator
dictatorial *adj* diktarial
dictatorship *n* diktatur
dictionary *n* fjalor
die *v* vdes
diet *n* dietë
differ *v* ndryshoj
difference *n* ndryshim
different *adj* ndryshe
difficult *adj* vështirë
difficulty *n* vështirësi
diffuse *v* shpërndaj
dig *iv* nxitje, ngacmim
digest *v* bluaj
digestion *n* tretje
digestive *adj* tretje
digit *n* shifër
dignify *v* denjoj
dignity *n* dinjitet
digress *v* devijoj
dilemma *n* dilemë
diligence *n* zell, kujdes
diligent *adj* i zellshëm
dilute *v* holloj, dobësoj
dim *adj* i zbehtë
dim *v* zbeh
dime *n* dhjetëcenëshe
dimension *n* dimension
diminish *v* zvogëloj

dine *v* ha darkë
diner *n* darkues
dining room *n* dhoma ushqimi
dinner *n* darkë
dinosaur *n* dinosaur
diocese *n* dioqezë
diphthong *n* diftongë
diploma *n* diplomë
diplomacy *n* diplomaci
diplomat *n* diplomat
diplomatic *adj* diplomatik
dire *adj* i llahtarshëm
direct *adj* i drejtëpërdrejtë
direct *v* drejtoj, dërgoj
direction *n* drejtim
director *n* drejtor
directory *n* doracak
dirt *n* fëlliqësi
dirty *adj* i fëlliqur
disability *n* paaftësi
disabled *adj* i paaftë
disadvantage *n* palevërdi
disagree *v* nuk pajtohem
disagreeable *adj* i papëlqyeshëm
disagreement *n* mospajtim
disappear *v* zhdukem
disappearance *n* zhdukje
disappoint *v* zhgënjej
disappointing *adj* zhgënjyese
disappointment *n* zhgënjim
disapproval *n* mosmiratim
disapprove *v* mosmiratoj

disk

disarm *v* çarmatos
disarmament *n* çarmatosje
disaster *n* fatëkeqësi
disastrous *adj* katastrofik
disband *v* shkrij
disbelief *n* mosbesim
disburse *v* paguaj
discard *v* hedh
discern *v* shquaj
discharge *v* lëshoj, shkarkoj
discharge *n* lëshim, shkarkim
disciple *n* ndjekës, pasues
discipline *n* diciplinë
disclaim *v* abdikoj, mohoj
disclose *v* zbuloj
discomfort *n* parehati, siklet
disconnect *v* shqit
discontent *adj* i pakënaqur
discontinue *v* pushoj, ndal
discord *n* stonim
discordant *adj* i papajtueshëm
discount *n* zbritje, ulje
discount *v* zbres
discourage *v* dekurajoj
discouragement *n* dekurajim
discouraging *adj* dekurajuese
discourtesy *n* panjerëzi
discover *v* zbuloj
discovery *n* zbulim
discredit *v* deskriditoj
discreet *adj* i matur
discrepancy *n* diskrepancë

discretion *n* maturi, mençuri
discriminate *v* diskriminoj
discrimination *n* diskriminim
discuss *v* diskutoj
discussion *n* diskutim
disdain *n* përçmim
disease *n* smundje
disembark *v* zbarkoj
disenchanted *adj* i çmagjepsur
disentangle *v* çliroj
disfigure *v* shfytyroj
disgrace *n* turpërim
disgrace *v* turpëroj
disgraceful *adj* turpërues
disgruntled *adj* jam i inatosur
disguise *v* maskoj, fsheh
disguise *n* maskim, fshehje
disgust *n* krupë, neveri
disgusting *adj* i neveritshëm
dish *n* pjatë, enë
dishearten *v* dëshpëroj
dishonest *adj* i pandershëm
dishonesty *n* pandershmëri
dishonor *n* turpërim
dishonorable *adj* i turpshëm
disillusion *n* diziluzion
disinfect *v* dezinfektoj
disinfectant *v* dezinfektues
disintegrate *v* copëtohem
disintegration *n* shpërbërje
disinterested *adj* pa interes
disk *n* disk

dislike

dislike *v* nuk pëlqej
dislike *n* mospëlqim
dislocate *v* ndrydh, çrregulloj
dislodge *v* zhvendos, largoj
disloyal *adj* i pabesë, tradhtar
disloyalty *n* pabesi
dismal *adj* i vrenjtur
dismantle *v* zhvesh
dismay *n* druajtje
dismay *v* frikësoj
dismiss *v* liroj
dismissal *n* lirim, heqje
dismount *v* çmontoj
disobedience *n* mosbindje
disobedient *adj* i pabindur
disobey *v* nuk i bindem
disorder *n* parregullsi
disorganized *adj* i çrregulluar
disoriented *adj* i çorientuar
disown *v* mohoj
disparity *n* pabarazi
dispatch *v* dërgim
dispel *v* shpërndaj
dispensation *n* sundim
dispense *v* jap (lëmoshë)
dispersal *n* shpërndarje
disperse *v* hallakas
displace *v* zhvendos
display *n* ekspozitë
display *v* ekspozoj
displease *v* fyej
displeasure *n* pakënaqësi

disposable *adj* i disponueshëm
disposal *n* heqje
dispose *v* rregulloj
disprove *v* hedh poshtë
dispute *n* grindje, konflikt
dispute *v* polemizoj
disqualify *v* shkualifikoj
disregard *v* shpërfill
disrepair *n* gjendje e keqe
disrespect *n* mungesë respekti
disrespectful *adj* mosrespektues
disrupt *v* përçaj
disruption *n* përçarje
dissatisfied *adj* i pakënaqur
disseminate *v* shpërnda
dissent *v* nuk pajtohem
dissident *adj* disident
dissimilar *adj* i pangjashëm
dissipate *v* zhdukem
dissolute *adj* i shthurrur
dissolution *n* prishje
dissolve *v* tret
dissonant *adj* joharmonik
dissuade *v* zhbind
distance *n* distancë
distant *adj* i largët, larg
distaste *n* mospëlqim
distasteful *adj* i pakëndshëm
distill *v* distiloj
distinct *adj* I dallueshëm
distinction *n* dallim, ndryshim
distinctive *adj* dallues

dominion

distinguish *v* dalloj
distort *v* shtrembëroj
distortion *n* shtrembërim
distract *v* shkëput
distraction *n* hutim, shushatje
distraught *adj* i trallisur
distress *n* shqetësim
distress *v* hidhëroj
distressing *adj* i hidhur
distribute *v* hap, përndaj
distribution *n* shpërndarje
district *n* qark
distrust *n* mosbesim
distrust *v* nuk besoj
distrustful *adj* mosbesues
disturb *v* shqetësoj
disturbance *n* shqetësim
disturbing *adj* shqetësuese
disunity *n* mungesë uniteti
disuse *n* mospërdorim
ditch *n* hendek, kanal
dive *v* zhytje
diver *n* zhytës
diverse *adj* i ndryshëm
diversify *v* ndryshoj
diversity *n* diversitet
divert *v* ndërroj drejtimin
divide *v* ndaj
dividend *n* i pjesëtueshëm
divine *adj* i perëndishëm
diving *n* zhytje
divinity *n* hyjni, perëndi

divisible *adj* i ndashëm
division *n* ndarje
divorce *n* divorc
divorce *v* divorcoj
divorcee *n* burrë i ndarë
divulge *v* zbuloj, shpall
dizziness *n* marramendje
dizzy *adj* marramendës
do *iv* bëj
docile *adj* i bindur
docility *n* urtësi
dock *n* dok
dock *v* futet (anija në dok)
doctor *n* mjek
doctrine *n* doktrinë
document *n* dokument
documentary *n* dokumentar
documentation *n* dokumentim
dodge *v* shmangie e shpejtë
dog *n* qen
dogmatic *adj* dogmatik
dole out *v* jap me pikatore
doll *n* kukull
dollar *n* dollarë
dolphin *n* delfin
dome *n* kube
domestic *adj* shtëpiake
domesticate *v* zbus (kafshë)
dominate *v* dominoj
domination *n* dominim
domineering *adj* autoritar
dominion *n* sundim

donate

donate *v* jap donacion
donation *n* donacion
donkey *n* gomarë
donor *n* donatorë
doom *n* fat, fatkeqësi
doomed *adj* i denuar
door *n* derë
doorbell *n* zile dere
doorstep *n* prag dere
doorway *n* hapësirë dere
dope *n* drogë
dope *v* drogohem
dormitory *n* konvikt
dosage *n* dozim
dossier *n* dosje
dot *n* pikë
double *adj* i dyfishtë
double *v* dyfishoj
double-check *v* riverifikim
double-cross *v* tradhtoj
doubt *n* dyshim
doubt *v* dyshoj
doubtful *adj* i dyshimtë
dough *n* brumë
dove *n*
down *adv* poshtë
downcast *adj* i dëshpëruar
downfall *n* rënie, shkatërrim
downhill *adv* i tatëpjetë
downpour *n* rrebesh
downstairs *adv* poshtë
down-to-earth *adj* pragmatik

downtown *n* qendër qyteti
downtrodden *adj* i shtypur
dowry *n* prikë, dhunti
doze *n* dremitje
doze *v* dremis
dozen *n* dymbëdhjetë
draft *n* draft
draft *v* përpiloj
draftsman *n* përpilues
drag *v* zvarrit
dragon *n* dragua
drain *v* tubacion
drainage *n* drenazh
dramatic *adj* dramatike
dramatize *v* dramatizoj
drape *n* perde
drastic *adj* drastike
draw *n* vizatim
draw *iv* vizatoj
drawback *n* pengesë, disfavor
drawer *n* desinjator
drawing *n* vizatim
dread *v* frikë
dreaded *adj* i frikësuar
dreadful *adj* i frikshëm
dream *iv* ëndërroj
dream *n* ëndërr
dress *n* fustan
dress *v* vesh
dresser *n* gardërobist
dressing *n* veshje
dried *adj* i thatë

dust

drift *v* drejtim
drift apart *v* ndaj në drejtime
drifter *n* drejtues
drill *v* ushtroj
drill *n* ushtrim
drink *iv* pij
drink *n* pije
drinkable *adj* i pijshëm
drinker *n* pijanec
drip *v* pikoj
drip *n* pikim
drive *n* vozitje
drive *iv* vozis
drive at *v* nënkuptoj
drive away *v* i qepem keq
driver *n* vozitës
driveway *n* rruginë
drizzle *v* veson
drizzle *n* ves
drop *n* grimë, pikë
drop *v* bie, pikoj
drop in *v* ndalem
drop off *v* ndalem, zbres
drop out *v* braktis
drought *n* thatësi
drown *v* përmbytje
drowsy *adj* i përgjumur
drug *n* ilaç
drug *v* drogohem
drugstore *n* barnatore
drum *n* daulle
drunk *adj* i dehur

drunkenness *n* i dehur
dry *v* thaj, thahem
dry *adj* i thatë
dryclean *v* pastrim i thatë
dryer *n* makinë tharëse
dual *adj* dyfishtë
dubious *adj* i dyshimtë
duchess *n* dukeshë
duck *n* rosë
duck *v* mblidhem, ulem
duct *n* kanal, tub
due *adj* i pritur
duel *n* dyluftim
dues *n* tarifë, taksë
duke *n* dukë
dull *adj* teveqel, i ngathët
duly *adv* siç duhet
dumb *adj* memec
dummy *n* manekin
dummy *adj* fals, i imituar
dump *v* lë, derdh
dump *n* pirg plehrash
dung *n* bajgë
dungeon *n* birucë
dupe *v* dede, leshko
duplicate *v* kopjoj
duplication *n* duplifikim
durable *adj* i qëndrueshëm
duration *n* qëndrueshmëri
during *pre* gjatë
dusk *n* muzg
dust *n* pluhur

dusty *adj* me pluhur
Dutch *adj* holandez
duty *n* detyrë
dwarf *n* xhuxh
dwell *iv* rroj, jetoj, banoj
dwelling *n* banesë, strehë
dwindle *v* pakësohem
dye *v* lyej
dye *n* bojë
dying *adj* ngjyrosje
dynamic *adj* dinamikë
dynamite *n* dinamit
dynasty *n* dinasti

E

each *adj* çdo, secili
each other *adj* njeri-tjetri
eager *adj* i etur, i paduruar
eagerness *n* etje, lakmi
eagle *n* shqiponjë
ear *n* vesh
earache *n* dhimbje veshi
eardrum *n* daulle e veshit
early *adv* herët, në fillim
earmark *v* damkoj, shënoj
earn *v* fitoj, meritoj
earnestly *adv* seriozisht

earnings *n* rrogë, pagë
earphones *n* kufje
earring *n* vëth, vathë
earth *n* tokë, botë
earthquake *n* tërmet
earwax *n* dyll veshi
ease *v* liroj, qetësoj
ease *n* lehtësi, qetësi
easily *adv* lehtësisht
east *n* lindje
Easter *n* pashkë
eastern *adj* lindor
easy *adj* i lehtë
eat *iv* ha, ushqej
eat away *v* ha, brej
eavesdrop *v* përgjoj
ebb *v* dobësohem
eccentric *adj* ekscentrik
echo *n* jehonë
eclipse *n* eklips
ecology *n* ekologji
economical *adj* ekonomik
economize *v* ekonomizoj
economy *n* ekonomi
ecstasy *n* ekstazë
ecstatic *adj* në ekstazë
edge *n* buzë, anë
edgy *adj* i mbrehtë
edible *adj* ushqimor
edifice *n* ndërtesë
edit *v* redaktoj
edition *n* botim, tirazh

emblem

educate *v* edukoj
educational *adj* mësimor
eerie *adj* i zymtë
effect *n* efekt, influencë
effective *adj* i efektshëm
effectiveness *n* efektshëmri
efficiency *n* efikasitet
efficient *adj* efikas
effigy *n* shëmbëlltyrë
effort *n* mundim
effusive *adj* i shfrenuar
egg *n* vezë, farë
egg white *n* e bardha e vazës
egoism *n* egoizëm
egoist *n* egoist
eight *adj* tetë
eighteen *adj* tetëmbëdhjetë
eighth *adj* i teti
eighty *adj* tetëdhjetë
either *adj* njëri, njëra
either *adv* gjithashtu jo
eject *v* nxjerr, heq
elapse *v* kaloj, shkoj
elastic *adj* elastik
elated *adj* i ngazëllyer
elbow *n* bërryl, kthesë
elder *n* më i/e vjetër
elderly *adj* i/e moshuar
elect *v* zgjedh
election *n* zgjedhje
electric *adj* elektrik
electrician *n* teknik elektrik

electricity *n* elektricitet
electrify *v* elektrifikoj
electronic *adj* elektronik
elegance *n* elegancë
elegant *adj* i hijshëm
element *n* element
elementary *adj* i thjeshtë
elephant *n* elefant
elevate *v* ngre, gradoj
elevation *n* lartësim
elevator *n* ashensor
eleven *adj* njëmbëdhjetë
eleventh *adj* i njëmbëdhjetë
eligible *adj* i zgjidhshëm
eliminate *v* heq, largoj
eloquence *n* gojëtari
else *adv* akoma, ende
elsewhere *adv* tjetërkund
elude *v* shmang
elusive *adj* i pakapshëm
emaciated *adj* i dobësuar
emanate *v* buron
emancipate *v* çliroj
embalm *v* balsamoj
embark *v* rrethoj me ledh
embarrass *v* shqetësoj
embassy *n* ambasadë
embellish *v* zbukuroj
embers *n* thëngjill, prush
embezzle *v* përvetësoj
embitter *v* hidhëroj
emblem *n* simbol, stemë

embody v personifikoj
emboss v stampoj
embrace v kap, përqafoj
embrace n përqafim
embroider v qëndis
embroidery n qëndisje
embroil v ngatërroj, fus
embryo n embrion, farë
emerald n smerald
emerge v dukem, shfaqem
emergency n urgjencë
emigrant n emigrant
emigrate v emigroj, migroj
emission n lëshim, emetim
emit v lëshoj, emetoj
emotion n tronditje
emotional adj i tronditur
emperor n perandor
emphasis n theks, theksim
emphasize v theksoj
empire n perandori
employ v punoj
employee n punonjës
employer n punëdhënës
employment n nëpunësi
empress n perandoreshë
emptiness n zbrazësi
empty adj bosh, i zbrazët
empty v zbraz, boshatis
enable v mundësoj
enchant v kënaq, magjeps
enchanting adj mahnitës

encircle v rrethoj, vij përqark
enclave n enklavë
enclose v rrethoj, shtoj
enclosure n mbullje, shtojcë
encompass v gardhoj, rrethoj
encounter v takim
encounter n takoj, ndesh
encourage v nxis, inkurajoj
encroach v shkel
encyclopedia n enciklopedi
end n fund, mbarim
end v mbaroj, mbyll
end up v përfundoj
endanger v rrezikoj
endeavor v mundohem
endeavor n përpjekje
ending n fund, mbarim
endless adj i pafund
endorse v nënshkruaj
endorsement n nënshkrim
endure v duroj, pësoj
enemy n armik
energetic adj energjik
energy n energji, forcë
enforce v detyroj
engage v angazhoj
engaged adj i zënë, i fejuar
engagement n angazhim
engine n motor, makinë
engineer n inxhinier
England n Angli
English adj anglez

equilibrium

engrave *v* gdhend
engraving *n* gdhendje
engrossed *adj* pushtuar
engulf *v* gëlltit, gllabëroj
enhance *v* zmadhoj, rrit
enjoy *v* gëzoj, shijoj
enjoyable *adj* i shijshëm
enjoyment *n* gëzim, shijim
enlarge *v* zmadhoj
enlargement *n* zmadhim
enlighten *v* ndriçoj
enlist *v* rekrutoj
enormous *adj* vigan
enough *adv* mjaft
enrage *v* tërboj, inatos
enrich *v* pasuroj, zgjeroj
enroll *v* regjistroj
enrollment *n* regjistrim
ensure *v* siguroj, garantoj
entail *v* detyroj, bie
entangle *v* ngatërroj
enter *v* hyj, filloj
enterprise *n* ndërmarrje
entertain *v* gostit, pres
entertaining *adj* zbavitës
entertainment *n* gosti
enthrall *v* skllavëzoj
enthralling *adj* intereant
enthuse *v* tregoj entuziazëm
enthusiasm *n* entuziazëm
entice *v* tërheq, ndjell
enticement *n* tërheqje

enticing *adj* joshës
entire *adj* i tërë, i plotë
entirely *adv* plotësisht
entrance *n* hyrje, futje
entreat *v* anëtar
entree *n* raport
entrenched *adj* i ngulitur
entrepreneur *n* sipërmarrës
entrust *v* besoj
entry *n* hyrje, futje
enumerate *v* rendit, rendis
envelop *v* mbështjell
envelope *n* mbështjellëse
envious *adj* ziliqar
environment *n* mjedis, ambient
envisage *v* përballoj
envoy *n* lajmëtar
envy *n* zili, lakmi
envy *v* kam zili
epidemic *n* epidemi
epilepsy *n* epilepsi
episode *n* episod, ngjarje
epistle *n* letër
epitaph *n* epitaf
epitomize *v* shkurtoj, mishëroj
epoch *n* epokë
equal *adj* i barabartë
equality *n* barazi
equate *v* barazoj
equation *n* ekuacion
equator *n* ekuator
equilibrium *n* ekuilibër

equip

equip *v* pajis, furnizoj
equipment *n* pajisje, aparaturë
equivalent *adj* ekuivalent
era *n* erë, epokë
eradicate *v* çrrënjos, zhduk
erase *v* fshij, shuaj
eraser *n* gomë, fshirëse
erect *v* krijoj, ngre
erect *adj* i drejtë, i ngritur
err *v* gaboj, lajthis
errand *n* porosi
erroneous *adj* i gabuar
error *n* gabim
erupt *v* shpërthej
eruption *n* shpërthim
escalate *v* shkallëzohem
escalator *n* shkallë lëvizëse
escapade *n* aventurë
escape *v* arrati, ikje
escort *n* eskortë
esophagus *n* ezofag
especially *adv* posaçërisht
espionage *n* spiunazh
essay *n* ese
essence *n* esencë
essential *adj* thelbësor
establish *v* themeloj
estate *n* pronë
esteem *v* vlerësoj
estimate *v* vlerësoj
estimation *n* vlerësim
estranged *adj* i ndarë, i larguar

eternity *n* përjetësi
ethical *adj* etik, moral
ethics *n* etikë, moral
etiquette *n* etiketë
euphoria *n* eufori
Europe *n* Evropë
European *adj* evropian
evacuate *v* evakuoj
evade *v* dredhoj
evaluate *v* vlerësoj, çmoj
evaporate *v* avullon
evasion *n* shmangie
evasive *adj* bishtnues
eve *n* vigjilje, prag
even *adj* i rrafshët
even if *c* edhe sikur
even more *c* edhe më tepër
evening *n* mbrëmje
event *n* ngjarje, ndodhi
eventuality *n* mundësi
eventually *adv* përfundimisht
ever *adv* ndonjëherë
everlasting *adj* i përhershëm
every *adj* cilido
everybody *pro* të gjithë
everyday *adj* i përditshëm
everyone *pro* kushdo
everything *pro* gjithçka
evict *v* dëboj
evidence *n* evidencë
evil *n* mëkat, fatkeqësi
evil *adj* i lig, i keq

expedient

evoke *v* ndjell, shkaktoj
evolution *n* zhvillim
evolve *v* zhvilloj, evoluoj
exact *adj* i saktë
exaggerate *v* zmadhoj
exalt *v* lartësoj
examination *n* ekzaminim
examine *v* ekzaminoj
example *n* shembull
exasperate *v* irritoj
excavate *v* gërmoj
exceed *v* kaloj, kapërcej
exceedingly *adv* tej mase
excel *v* dallohem
excellence *n* përsosmëri
excellent *adj* i shkëlqyer
except *pre* veç, përveç
exception *n* përjashtim
exceptional *adj* i veçantë
excerpt *n* ekstrakt
excess *n* çrregullim
excessive *adj* i tepërt
exchange *v* këmbej, ndërroj
excitement *n* eksitim
exciting *adj* ngacmues
exclaim *v* bërtas, thërras
exclude *v* përjashtoj
excruciating *adj* torturues
excursion *n* ekskursion
excuse *v* fal, justifikoj
excuse *n* falje, justifikim
execute *v* ekzekutoj

executive *n* ekzekutues
exemplary *adj* shembullor
exempt *adj* i përjashtuar
exemption *n* përjashtim
exercise *n* ushtrim
exercise *v* ushtrohem
exert *v* tendos
exertion *n* tendosje
exhaust *v* heq, këpus
exhausting *adj* lodhës
exhaustion *n* dobësim
exhibit *v* ekspozoj
exhibition *n* ekspozitë
exhilarating *adj* gazmor
exhort *v* nxis, këshilloj
exile *v* dëboj
exile *n* dëbim, azil
exist *v* ekzistoj
existence *n* ekzistencë
exit *n* dalje, portë
exodus *n* ekzodus
exonerate *v* shkarkoj
exorbitant *adj* i tepruar
exorcist *n* ekzorcist
exotic *adj* i huaj, ekzotik
expand *v* zgjeroj, rrit
expansion *n* ekspansion
expect *v* pres, shpresoj
expectancy *n* pritje, shpresë
expectation *n* pritje, shpresë
expediency *n* dobi
expedient *adj* i përshtatshëm

expedition *n* ekspeditë
expel *v* dëboj
expenditure *n* shpenzim
expense *n* shpenzim
expensive *adj* i shtrenjtë
experience *n* eksperiencë
experiment *n* eksperiment
expert *adj* ekspert
expiate *v* shlyej
expiation *n* shlyerje
expiration *n* frymënxjerrje
expire *v* mbaron afati
explain *v* shpjegoj, sqaroj
explicit *adj* i qartë, i saktë
explode *v* shpërthej, pëlcas
exploit *v* shfytëzoj, përdor
exploit *n* akt heroik
explore *v* eksploroj
explorer *n* ekspolorues
explosion *n* eksplodim
explosive *adj* eksploziv
explotation *n* eksploatim
export *v* eksportoj
expose *v* nënshtrohem
exposed *adj* i pambrojtur
express *adj* urgjent
expression *n* shprehje, frazë
expressly *adv* me qëllim, qartë
expropriate *v* konfiskoj
expulsion *n* dëbim
exquisite *adj* i hollë
extend *v* zgjas, zmadhoj

extension *n* zgjatje, linjë
extent *n* hapësirë
extenuating *adj* zbutës
exterior *adj* eksterior
exterminate *v* faros, asgjësoj
external *adj* i jashtëm
extinct *adj* i shuar
extinguish *v* shuaj, fik
extort *v* zhvat, shkul
extortion *n* zhvatje
extra *adv* suplementar
extract *v* heq, nxjerr
extradite *v* ekstradoj
extradition *n* ekstradim
extraneous *adj* pa lidhje
extravagant *adj* i dorëshpuar
extreme *adj* i skajshëm
extremist *adj* ekstremist
extremities *n* gjymtyrë
extricate *v* çliroj, nxjerr
extroverted *adj* i hapur
exude *v* kulloj
exult *v* ngazëlloj
eye *n* sy, shikim
eyebrow *n* vetull
eyeglasses *n* syze
eyelash *n* qerpik
eyelid *n* kapak i syrit
eyesight *n* shikim
eyewitness *n* dëshmitar

F

fable *n* fabulë
fabric *n* pëlhurë, stof
fabricate *v* fabrikoj
fabulous *adj* shkëlqyer
face *n* fytyrë, pamje
face up to *v* ballafaqohem
facet *n* tipar, aspekt
facilitate *v* lehtësoj
facing *pre* ballafaqim
fact *n* fakt, realitet
factor *n* faktor, element
factory *n* fabrikë
factual *adj* faktik
faculty *n* fakultet
fad *n* trill, modë
fade *v* zbehet, venitet
faded *adj* i venitur
fail *v* dështoj, ngel
failure *n* dështim
faint *v* ligështohem
faint *n* të fikët, zali
faint *adj* i dobët, i zbetë
fair *n* ekspozitë
fair *adj* i drejtë, i paanshëm
fairness *n* drejtësi, paanësi
fairy *n* zanë
faith *n* besim, fe
faithful *adj* besnik
fake *v* mashtrim
fake *adj* falso
fall *n* rënie, vjeshtë
fall *iv* bie, rrëzohem
fall back *v* tërhiqem
fall behind *v* mbetem pas
fall down *v* gremisem
fall through *v* dështoj
fallacy *n* gabim, falsitet
falsehood *n* falsitet
falsify *v* falsifikoj
falter *v* lëkundem
fame *n* famë
familiar *adj* i familjarizuar
family *n* familje
famine *n* uri, krizë
famous *adj* famëmadh
fan *n* ventilator, tifoz
fanatic *adj* fanatik
fancy *adj* ekstravagant
fang *n* dhëmb, çatall
fantastic *adj* fantastik
fantasy *n* fantazi
far *adv* larg, tej
faraway *adj* i largët
farce *n* farsë
fare *n* tarifë, pagesë
farewell *n* lamtumirë
farm *n* fermë
farmer *n* bujk, fermerë
farming *n* bujqësi, blegtori
farmyard *n* oborr ferme
farther *adv* më largë

fascinate

fascinate *v* magjeps
fashion *n* modë
fashionable *adj* i modës
fast *adj* i shpejtë
fasten *v* lidh, fiksoj
fat *n* dhjamë, yndyrë
fat *adj* i majmë, i trashë
fatal *adj* fatal
fate *n* fat
fateful *adj* fatal
father *n* baba, atë
fatherhood *n* atësi
father-in-law *n* vjehërr
fatherly *adj* atëror
fathom out *v* kuptoj
fatigue *n* lodhje
fatten *v* majm
fatty *adj* dhjamor
faucet *n* rubinet
fault *n* faj, defekt
faulty *adj* i gabuar
favor *n* miratim
favorable *adj* favorizues
favorite *adj* i preferuar
fear *n* frikë, rrezik
fearful *adj* i frikshëm
feasible *adj* i realizueshëm
feast *n* aheng, gosti
feat *n* akt heroik
feather *n* pendë, pupël
feature *n* tipar, veçori
February *n* Shkurt

fed up *adj* i ngopur
federal *adj* federal
fee *n* honorar, tarifë
feeble *adj* i dobët, i pafuqi
feed *iv* furnizoj, ushqej
feedback *n* reagim
feel *iv* ndiej, prek
feeling *n* ndjesi, emocion
feelings *n* ndjenja
feet *n* shputa
feign *v* shtirem, trilloj
fellow *n* shok
fellowship *n* shoqëri
felon *n* kriminel
felony *n* krim
female *n* femër, grua
feminine *adj* femëror
fence *n* gardh, skermë
fencing *n* thurrje, gardhim
fend *v* mbroj, rezistoj
fend off *v* shmang
fender *n* parafango
ferment *v* fermentoj
ferment *n* ferment
ferocious *adj* i egër, mizor
ferocity *n* egërsi
ferry *n* ferribot
fertile *adj* pjellor
fertility *n* pjellori
fertilize *v* fekondoj
fervent *adj* i zjarrtë
fester *v* acarohet

fireworks

festive *adj* festiv
festivity *n* kremtim
fetid *adj* i qelbur
fetus *n* fetus, embrion
feud *n* armiqësi
fever *n* ethe, nxehtë
feverish *adj* i eksistuar
few *adj* pak, i pakët
fewer *adj* më pak
fiancé *n* dhëndërr
fiber *n* fibër, karakter
fickle *adj* i ndryshueshëm
fictitious *adj* fiktiv
fiddle *n* violinë
fidelity *n* besnikëri
field *n* fushë, arë
fierce *adj* i egër, i fortë
fiery *adj* i nxehtë
fifteen *adj* pesëmbëdhjetë
fifth *adj* i pestë
fifty *adj* pesëdhjetë
fifty-fifty *adv* gjysmë-gjysmë
fig *n* fik, vogëlsirë
fight *iv* luftoj, grindem
fight *n* luftim, betejë
fighter *n* luftëtarë
figure *n* figurë, formë
figure out *v* gjej, kuptoj
file *v* regjistroj
file *n* dosje, fishë
fill *v* mbush, kryej
filling *n* mbushje

film *n* film
filter *n* kullorë, filtrues
filter *v* filtroj, kulloj
filth *n* pisllëk, ndyrësi
filthy *adj* i pistë, i ndyrë
fin *n* pendë, fletë
final *adj* i fundit
finalize *v* përfundoj
finance *v* financoj
financial *adj* financiar
find *iv* gjej
find out *v* zbuloj, gjej
fine *n* gjobë, mirë
fine *v* gjobis
fine *adv* shumë mirë
fine *adj* i shkëlqyer, i mirë
finger *n* gisht
fingernail *n* thua
fingerprint *n* gjurmë gishtash
fingertip *n* majë e gishtit
finish *v* mbaroj
Finland *n* Finlandë
Finnish *adj* finlandez
fire *v* ndez, lëshoj
fire *n* zjarr
firearm *n* armë zjarri
firecracker *n* fishekzjarr
firefighter *n* zjarrfikës
fireman *n* zjarrfikës
fireplace *n* oxhak, vatër
firewood *n* dru zjarri
fireworks *n* fishekzjarr

firm

firm *adj* i fortë
firm *n* firmë, kompani
firmness *n* fortësi
first *adj* i parë, i lartë
fish *n* peshk
fisherman *n* peshkatar
fishy *adj* i dyshimt
fist *n* grusht, dorë
fit *n* përshtatje
fit *v* përshtat
fitness *n* fitnes
fitting *adj* i duhur
five *adj* pesë
fix *v* rregulloj, fiksoj
fjord *n* fiord
flag *n* flamur
flagpole *n* shtizë flamuri
flamboyant *adj* i shkëlqyer
flame *n* flakë, flakërim
flammable *adj* i ndezshëm
flank *n* ijë, anë, krah
flare *n* flakërim
flare-up *v* nis befas
flash *n* blic, flakërim
flashy *adj* flakërues
flat *n* apartament
flat *adj* i rrafshët
flatten *v* rrafshoj, dystoj
flatter *v* lajkatoj, lëvdoj
flattery *n* lajkatim, lajka
flaunt *v* valëvitem
flavor *n* shije, erë
flaw *n* krisje, plasaritje
flawless *adj* i pacen
flea *n* plesht
flee *iv* vrapoj, shpëtoj
fleece *n* qedhje
fleet *n* flotë
fleeting *adj* i shpejtë
flesh *n* mish, trup
flex *v* përkul
flexible *adj* i lakueshëm
flicker *v* dridhem, rrah
flier *n* pilot, aviator
flight *n* fluturim
flimsy *adj* i hollë, i lehtë
flip *v* hedh, shtyj
flirt *v* flirtoj
float *v* tapë, pluskues
flock *n* tufë, turmë
flog *v* fshikulloj
flood *v* përmbyt
floodgate *n* shluzë
flooding *n* përmbytje
floodlight *n* tufë drite
floor *n* dysheme, kat
flop *n* rënie, plandosje
flour *n* miell, pluhur
flourish *v* lulëzoj, përparoj
flow *v* rrjedh, derdhet
flow *n* rrjedhë, rrjedhje
flower *n* lule, lulëzim
flowerpot *n* vazo, saksi
flu *n* grip

forgive

fluctuate *v* luhatet
fluently *adv* rrjedhshëm
fluid *n* i lëngshëm
flunk *v* shërbëtor
flush *v* laj, barazoj
flute *n* flautë
flutter *v* valëvitje
fly *iv* fluturoj
fly *n* mizë
foam *n* shkumë
focus *n* vatër, fokus
focus on *v* pëqëndrohem
foe *n* armik
fog *n* mjegull
foggy *adj* i mjegulluar
foil *v* foli
fold *v* mbledh, palos
folder *n* dosje
folks *n* popull, njerëz
folksy *adj* miqësor
follow *v* ndjek, pasoj
follower *n* ndjekës
folly *n* budallallëk
fond *adj* i dashur
fondle *v* përkëdhel
fondness *n* dashuri, prirje
food *n* ushqim
fool *n* budalla, idiot
fool *v* gënjej
fool *adj* i trashë
foolproof *adj* i sigurt
foot *n* shputë, këmbë

football *n* futboll
footprint *n* gjurmë
footstep *n* hap
footwear *n* këpucë
for *pre* për, si
forbid *iv* pengoj
force *n* forcë
force *v* forcoj
forceful *adj* i fortë
forcibly *adv* fuqishëm
forecast *iv* parathem
forefront *n* ballë
foreground *n* plan i parë
forehead *n* avantazh
foreign *adj* i jashtëm
foreigner *n* i huaj
foreman *n* kryepuntor
foremost *adj* i parë, kryesor
foresee *iv* tejshikoj
foreshadow *v* kumtoj
foresight *n* parashikim
forest *n* drurë, pyll
foretell *v* profetizoj
forever *adv* përgjithmonë
forewarn *v* paralajmëroj
foreword *n* parathënie libri
forfeit *v* humb
forge *v* farkëtoj, krijoj
forgery *n* falsifikim
forget *v* harroj
forgivable *adj* i falshëm
forgive *v* fal**

forgiveness n falje, ndjesë
fork n thikë
form n formular
formal adj formal
formality n formalitet
formalize v formalizoj
formally adv zyrtarisht
format n format, formë
formation n formim
former adj i mëparshëm
formerly adv me parë
formidable adj i frikshëm
formula n formulë
forsake iv braktis
fort n kala, fortesë
forthcoming adj i ardhshëm
forthright adj i çiltër
fortify v fortifikoj
fortitude n guxim
fortress n kala, fortesë
fortunate adj fatlum
fortune n fat, pasuri
forty adj dyzetë
forward adv i përparëm
fossil n fosil
foster v edukoj, ushqej
foul adj i pistë, i ndyrë
foundation n themel
founder n themelues
foundry n fondëri
fountain n fontanë
four adj katër

fourteen adj katërmbëdhjetë
fourth adj i katërt
fox n dhelpër
foxy adj dhelparak
fraction n thyesë, pjesëz
fracture n thyerje, çarje
fragile adj delikat
fragment n copë
fragrance n aromë
fragrant adj erëmirë
frail adj i brishtë
frailty n brishtësi
frame n kornizë,
frame v modeloj
framework n strukturë
France n Francë
frank adj i sinqertë
frankly adv sinqerisht
frankness n sinqeritet
frantic adj i tërbuar
fraternal adj vëllazëror
fraternity n vëllazëri
fraud n mashtrim
fraudulent adj mashtrues
freckle n prenkë, pikël
freckled adj pikalosh
free v liroj
free adj i lirë
freedom n liri
freeway n autostratë
freeze iv bën ngricë
freezer n ngrirës

fur

freezing *adj* i ngrire
freight *n* ngarkesë mallrash
French *adj* frëngjisht
frenetic *adj* i harbuar
frenzied *adj* i tërbuar
frenzy *n* valë, furi
frequency *n* frekuencë
frequent *adj* i dendur
frequent *v* frekuentoj
fresh *adj* i freskët
freshen *v* freskoj
freshness *n* freski
friar *n* murg, frat
friction *n* grindje
Friday *n* E Premte
fried *adj* i skuqur
friend *n* shok, mik
friendship *n* miqësi
frigate *n* fregatë
fright *n* frikë, lugat
frighten *v* frikësoj, tremb
frightening *adj* frikësues
frigid *adj* i akullt, i ftohtë
fringe *n* flokë, thek
frivolous *adj* mendjelehtë
frog *n* bretkocë
from *pre* prej, nga
front *n* ballë
front *adj* i përparmë, i parë
frontage *n* fasadë, vitrinë
frontier *n* kufi
frost *n* acar, ngricë

frostbite *n* morth
frosty *adj* i ftohët
frown *v* rrudh vetullat
frozen *adj* i akullt, i ngrirë
frugal *adj* i lirë, i kursyer
frugality *n* kursim, përkore
fruit *n* fruta, pemë
fruitful *adj* pjellor
fruity *adj* me shije frute
frustrate *v* asgjësoj
frustration *n* mërzitje, irritim
fry *v* fërgoj
frying pan *n* tigan
fuel *n* karburant
fuel *v* mbush
fugitive *n* i arratisur
fulfill *v* përmbush
fulfillment *n* përmbushje
full *adj* i mbushur, i gjithë
fully *adv* plotësisht
fumes *n* tym, gaz
fumigate *v* tymoj
fun *n* argëtim, kënaqësi
function *n* funksion, punë
fund *n* fond, rezervë
fund *v* financoj
fundamental *adj* themelor
funds *n* fonde, rezerva
funeral *n* funeral
fungus *n* këpurdhë
funny *adj* komik, qesharak
fur *n* gëzof, lesh

furious *adj* i tërbuar
furiously *adv* me tërbim
furnace *n* stufë, kaldajë
furnish *v* mobiloj, pajis
furniture *n* orendi, mobilje
furor *n* bujë, skandal
furrow *n* vrazhdë
furry *adj* prej gëzofi
further *adv* më tej
furthermore *adv* veç kësaj
fury *n* tërbim, furi
fuse *n* fitil, kapsollë
fusion *n* shkrirje
fuss *n* bujë, ankth
fussy *adj* i bezdisshëm
futile *adj* i pavlerë, i kotë
futility *n* kotësi
future *n* nesër
fuzzy *adj* jo i qartë

G

gadget *n* pajisje, vegël
gag *n* tapë, shaka
gag *v* mbyll gojën
gage *v* garantoj
gain *v* fitoj, arrij
gain *n* fitim, hair
gal *n* vajzë
galaxy *n* garantoj
gale *n* galaktikë
gall bladder *n* fshikëz
gallant *adj* fisnik, trim
gallery *n* galeri
gallon *n* gallon
gallop *v* eci me galop
galvanize *v* galvanizoj
gamble *v* rrezikoj
game *n* lodër, lojë
gang *n* grup, brigadë
gangrene *n* gangrenë
gangster *n* gangster, bandit
gap *n* boshllëk, zbrazëti
garage *n* garazh
garbage *n* mbeturinë
garden *n* kopsht
gardener *n* kopshtar
gargle *v* gargaris
garland *n* kurorë
garlic *n* hudhër
garment *n* veshje
garnish *v* zbukuroj
garnish *n* zbukurim
garrison *n* garnizon
garrulous *adj* llafazan
gas *n* gaz, benzinë
gash *n* plagë, prerje
gasoline *n* gazolinë
gasp *v* gulçoj, hap gojën
gastric *adj* i stomakut
gate *n* portë, hyrje

give away

gather *v* grumbulloj
gathering *n* grumbullim
gauge *v* njehsoj
gauze *n* fashë
gaze *v* vështroj ngultas
gear *n* ingranazh
geese *n* pata
gem *n* perlë
gender *n* gjini, seks
gene *n* gjen
general *n* gjeneral
generalize *v* përgjithësoj
generate *v* prodhoj, lind
generation *n* gjeneratë
generator *n* gjenerator
generic *adj* gjinisor
generosity *n* zemërgjërë
genetic *adj* gjenetik
genial *adj* gazmor
genius *n* gjeni
genocide *n* gjenocid
genteel *adj* elegant
gentle *adj* i butë
gentleman *n* zotëri, fisnik
gentleness *n* butësi, mirësi
genuflect *v* gjunjëzohem
genuine *adj* i vërtetë
geography *n* gjeografi
geology *n* gjeologji
geometry *n* gjeometri
germ *n* mikrob
German *adj* gjerman

Germany *n* Gjermani
germinate *v* mbin, buis
gerund *n* emër foljor
gestation *n* shtatëzënësi
gesticulate *v* bërje gjestesh
gesture *n* gjest
get *iv* marr, merr
get along *v* përparoj
get away *v* shpëtoj
get back *v* kthehem
get by *v* kaloj
get down *v* ligështoj
get in *v* hyj, vë,
get off *v* zbres, heq
get out *v* dal, nxjerr
get over *v* përmirësohem
get together *v* mbledh
get up *v* ngrihem
geyser *n* geizer
ghastly *adj* i kobshëm
ghost *n* fantazmë
giant *n* gjigant
gift *n* dhuratë
gifted *adj* i talentuar
gigantic *adj* gjigant
giggle *v* qesh nën hundë
gimmick *n* marifet
giraffe *n* gjirafë
girl *n* vajzë
girlfriend *n* e dashur, mike
give *iv* jap
give away *v* dhuroj, fal

give back

give back *v* kthej
give in *v* dorëzohem
give out *v* lëshoj
give up *v* jepem
glacier *n* akullnajë
glad *adj* i gëzuar
gladiator *n* gladiator
glamorous *adj* magjepsës
glance *v* shikoj, vezullon
glance *n* vezullim, shkrepje
gland *n* gjëndër
glare *n* shkëlqim verbues
glass *n* qelq, gotë
glasses *n* syze
glassware *n* qelqe
gleam *n* dritë e dobët, refleks
gleam *v* shkëlqej
glide *v* kaloj, rrëshqas
glimmer *n* dritëz
glimpse *n* shikim i shpejtë
glimpse *v* shikoj shpejtë
glitter *v* shkëlqej
globe *n* rruzull, sferë
globule *n* sferë, pikë
gloom *n* errësirë, mërzi
gloomy *adj* i errët, i trishtuar
glorify *v* lavdëroj, lartësoj
glorious *adj* lavdiplotë
glory *n* lavdi
gloss *n* shkëlqim, lustër
glossary *n* fjalor
glossy *adj* shkëlqyer

glove *n* dorezë
glow *v* vesh dorezë
glucose *n* glukozë
glue *n* ngjitës
glue *v* ngjis, ngjit
glut *n* tepri, ngopje
glutton *n* llupës, hamës
gnaw *v* gërmis, brej
go *iv* shkoj, eci
go ahead *v* përparoj
go away *v* ik, largohem
go back *v* kthehem, shkel
go down *v* zbres, ulem
go in *v* hyj, futem
go on *v* vazhdoj
go out *v* dal, ik
go over *v* rishikoj
go through *v* kontrolloj
go under *v* zhytem, mbytem
go up *v* ngjitem
goad *v* shtyj, nxis
goal *n* qëllim, synim
goalkeeper *n* portier
goat *n* dhi, bricjap
gobble *v* llup, gëlltis
God *n* Zot
goddess *n* perëndeshë
godless *adj* i pafe, i lig
goggles *n* syze
gold *n* flori, ar
golden *adj* i artë, i florinjtë
good *adj* i mirë, i sjellshëm

gravity

good-looking *adj* i bukur
goodness *n* mirësi
goods *n* mall, gjëra
goodwill *n* dashamirësi
goof *n* budalla, sylesh
goose *n* patë
gorge *n* neveri
gorgeous *adj* madhështor
gorilla *n* gorillë
gory *adj* i gjakosur
gospel *n* ungjill
gossip *v* gojos
gossip *n* thashetheme
gout *n* cermë
govern *v* sundoj, qeveris
government *n* qeveri
governor *n* guvernator
gown *n* fustan
grab *v* kap, rrëmbej
grace *n* hir, hijeshi
graceful *adj* i hijshëm
gracious *adj* i këndshëm
grade *n* gradë, vit
gradual *adj* gradual
graduate *v* gradoj
graduation *n* diplomim
graft *v* shartoj, transplatoj
graft *n* shartesë, shartim
grain *n* kokërr, drithë
gram *n* gram
grammar *n* gramatikë
grand *adj* i madh, fisnik

grandchild *n* nip, mbesë
granddad *n* gjysh
grandfather *n* babagjysh
grandmother *n* gjyshe
grandparents *n* gjyshërit
grandson *n* nip
grandstand *n* tribunë qëndrore
granite *n* granit
granny *n* gjyshe
grant *v* dhuroj, lë
grant *n* dhuratë, dhënie
grape *n* hardhi
grapefruit *n* grejpfruit
grapevine *n* hardhi
graphic *adj* grafikë
grasp *n* kapje, zbërthim
grasp *v* kap, kuptoj
grass *n* bar, barishte
grassroots *adj* bazë, rrënjë
grateful *adj* mirënjohës
gratify *v* kënaq, plotësoj
gratifying *adj* po kënaqem
gratitude *n* mirënjohje
gratuity *n* bakshish
grave *adj* madhor
grave *n* varr
gravel *n* zhavorr, zall
gravely *adv* ashpërisht
gravestone *n* gur varri
graveyard *n* varrezë
gravitate *v* bie në fund
gravity *n* gravitet**

gravy *n* lëng mishi
gray *adj* gri, bojë hiri
grayish *adj* pak gri
graze *v* kullot
graze *n* kullotje
grease *v* lyej me yndyrë
grease *n* dhjamë, lyrë
greasy *adj* i yndyrtë
great *adj* i madh
greatness *n* madhësi, sasi
Greece *n* Greqi
greed *n* lakmi
greedy *adj* lakmitar
Greek *adj* grek
green *adj* i gjelbër, jeshil
green bean *n* bishtaja
greenhouse *n* serrë
Greenland *n* Grenlandë
greet *v* përshëndes
greetings *n* të fala
gregarious *adj* që rron në tufë
grenade *n* granatë
greyhound *n* zagar
grief *n* pikëllim, hidhërim
grievance *n* fyerje, ankim
grieve *v* fyej, ankoj
grill *v* djeg, pjek
grill *n* shkarë
grim *adj* i ashpër
grimace *n* grimasë
grime *n* zhul, zgjyrë
grind *iv* bluaj

grip *v* kap, mbërthej
grip *n* kapje, mbërthim
gripe *n* rrokje, shtrëngim
grisly *adj* i frikshëm
groan *v* rënkoj
groan *n* rënkim, ofshamë
groceries *n* sende ushqimor
groin *n* ijë
groom *n* dhëndërr
groove *n* ulluk, lug
gross *adj* i madh, trashanik
grossly *adv* vulgarisht
grotesque *adj* grotesk
grotto *n* shpellë, gufë
grouch *v* gërnjar
grouchy *adj* i pakënaqur
ground *n* tokësor
ground floor *n* kat përdhes
groundless *adj* pa arsye
groundwork *n* themel, bazë
group *n* grup
grow *iv* shtohem, rritem
grow up *v* i rritur
growl *v* hungëroj
grown-up *n* i rritur,
growth *n* rritje, zhvillim
grudge *n* mëri, nakar
grudgingly *adv* pa qejf
gruelling *adj* tortorues
gruesome *adj* i tmerrshëm
grumble *v* gjëmoj, shfryej
grumpy *adj* ters, nopran

guarantee *v* garantoj
guarantee *n* garanci
guarantor *n* garantues
guard *n* rojë, ruajtje
guardian *n* kujdestar
guerrilla *n* guerilje
guess *v* gjej, supozoj
guess *n* supozim, zbulim
guest *n* mysafir, i ftuar
guidance *n* udhëheqje
guide *v* drejtoj, udhëheq
guide *n* udhëheqës
guidebook *n* libër udhërrëfyes
guidelines *n* direktiva
guild *n* shoqëri, esnaf
guile *n* mashtrim, dredhi
guillotine *n* gijotinë
guilt *n* faj
guilty *adj* fajtor
guise *n* veshje, paraqitje
guitar *n* kitarë
gulf *n* gji deti
gull *n* çafkë, pulëbardhë
gullible *adj* leshko, sylesh
gulp *v* gëlltit
gulp *n* gëlltitje
gum *n* çamçakëz
gun *n* armë, pushkë
gunfire *n* zjarr
gunman *n* bandit
gunpowder *n* barut
gunshot *n* qitje, e shtënë

gust *n* shkulm ere
gusto *n* shije, pëlqim
gusty *adj* i hazdisur
gut *n* zorrë, kordë
gutter *n* ulluk, kanal
guy *n* person, djalosh
guzzle *v* përpij
gymnasium *n* gjimnaz
gynecology *n* gjinekologji
gypsy *n* evgjit

H

habit *n* zakon, prirje
habitable *adj* i banueshëm
habitual *adj* i rregullt,
hack *v* hap shteg, duroj
haggle *v* gjymtoj, pres keq
hail *n* brohoritje, breshër
hail *v* përshëndes, thërras
hair *n* flok
hairbrush *n* furçë flokësh
haircut *n* prerje flokësh
hairdo *n* model flokësh
hairdresser *n* floktar, berber
hairpiece *n* parukë
hairy *adj* me flokë, leshtor
half *n* gjysmë

half

half *adj* i përgjysmuar
hall *n* sallë, koridor
hallucinate *v* kam halucinacione
hallway *n* hyrje, sallon
halt *v* ndalem, ngurroj
halve *v* ndaj përgjysmë
ham *n* proshutë
hamburger *n* hamburger
hamlet *n* fshat i vogël
hammer *n* çekiç
hammock *n* shtrat i varur
hand *n* dorë
hand down *v* ia kaloj
hand in *v* dorëzoj, jap
hand out *v* ndaj, shpërndaj
hand over *v* ia dorëzoj
handbag *n* kuletë
handbook *n* manual
handcuff *v* pranga
handcuffs *n* hekur
handful *n* grusht
handgun *n* pushkë dore
handicap *n* defekt, e metë
handkerchief *n* shami
handle *v* kap, prek
handle *n* dorëz
handmade *adj* i punuar me dorë
handout *n* send i përdorur
handrail *n* parmak
handshake *n* shtërngim duarsh
handsome *adj* i pashëm
handwritting *n* shkrim dore

handy *adj* i dobishëm
hang *iv* var, mënyrë vareje
hang around *v* sorollatem
hang on *v* kapem fort
hang up *v* var, var ne varëse
hanger *n* varëse, vesh
happen *v* ngjan, ndodh
happening *n* ndodhi, ngjarje
happiness *n* lumturi
happy *adj* i lumtur
harass *v* lodh, mundoj
harassment *n* lodhje, ngacmim
harbor *n* port, liman
hard *adj* i fortë, i ashpër
harden *v* forcoj, ngurtësoj
hardly *adv* jo fort, jo aq
hardness *n* fortësi
hardship *n* vuajtje
hardwood *n* dru i fortë
hardy *adj* punëtor
hare *n* lepur
harm *v* dëmtoj
harm *n* dëm, dëmtim
harmful *adj* i dëmshëm
harmless *adj* i padëmshëm
harmonize *v* harmonizoj
harmony *n* harmoni
harp *n* harpë
harpoon *n* fuzhnjë, kamaqe
harrowing *adj* pikëllues
harsh *adj* i ashpër, i vrazhdë
harshly *adv* ashpër, vrazhdë**

heavenly

harshness *n* ashpërsi, vrazhdësi
harvest *n* korrje
harvest *v* i korrjes
hashish *n* hashish
hassle *v* bëj sherr, bezdis
hassle *n* sherr, debat
haste *n* ngut, nxitim
hasten *v* nxitoj
hastily *adv* me ngut
hasty *adj* i nxituar, i ngutur
hat *n* kapelë
hatchet *n* sakicë, latë
hate *v* urrej
hateful *adj* i urryer
hatred *n* kapelabërës
haughty *adj* mendjemadh
haul *v* çoj, tërheq
haunt *v* fanitet
have *iv* kam, zotëroj
have to *v* duhet
haven *n* strehë
havoc *n* rrënim, shkatërrim
hawk *n* gjeraqinë
hay *n* bar i thatë, sanë
haystack *n* mullar bari
hazard *n* rrezik, rastësi
hazardous *adj* i rrezikshëm
haze *n* perde tymi
hazelnut *n* lajthi
hazy *adj* i mjegulluar
he *pro* ai
head *n* kokë, krye

head for *v* drejtohem për në
headache *n* dhimbje koke
heading *n* krye, titull
head-on *adv* me kokë
headquarters *n* zyra qendrore
headway *n* përparim
heal *v* shëroj, ngjall
healer *n* shërues, ilaç
health *n* shëndet
healthy *adj* i shëndetshëm
heap *n* grumbull, pirg
heap *v* mbledh
hear *iv* dëgjoj, mësoj
hearing *n* dëgjim, shqyrtim
hearsay *n* fjalë, thashetheme
hearse *n* makinë varrimi
heart *n* zemër
heartbeat *n* rrahje zemre
heartburn *n* urth
hearten *v* inkurajoj
heartfelt *adj* i çiltër
hearth *n* vatër, shtëpi
heartless *adj* i pashpirtë
hearty *adj* i përzemërt
heat *v* nxeh, ngroh
heat *n* nxehtësi, vapë
heater *n* ngrohës
heathen *n* idhujtar
heating *n* ngrohje, nxehje
heatwave *n* mot i nxehtë
heaven *n* qiell, parajsë
heavenly *adj* parajsor

heaviness

heaviness *n* rëndesë
heavy *adj* i dënduar
heckle *v* ndërpres
hectic *adj* i ethshëm
heed *v* vë veshin
heel *n* takë, thembër
height *n* lartësi, gjatësi
heighten *v* ngre, shtoj, rrit
heinous *adj* i urryer
heir *n* trashëgimtar
heiress *n* trashëgimtare
helicopter *n* helikopter
hell *n* ferr, kiamet
hello *e* përshëndetje
helm *n* drejtim, helmetë
helmet *n* helmetë, kaskë
help *v* ndihmoj
help *n* ndihmë
helper *n* ndihmës, asistent
helpful *adj* ndihmues
helpless *adj* i pazotë
hem *n* buzë
hemisphere *n* hemisferë
hemorrhage *n* hemorragji
hen *n* pulë
hence *adv* prandaj
henchman *n* këlysh, laro
her *adj* atë, asaj
herald *v* lajmëroj
herald *n* lajmëtar
herb *n* barishte, erëza
here *adv* këtu

hereafter *adv* këtu e tutje
hereby *adv* nëpërmjet kësaj
hereditary *adj* trashëgues
heresy *n* herezi
heretic *adj* heretik
heritage *n* trashëgim
hermetic *adj* hermetik
hermit *n* vetmitar, jeremi
hernia *n* hernie, dhjamë
hero *n* hero
heroic *adj* heroik
heroin *n* heroinë
heroism *n* heroizëm
hers *pro* e saj
herself *pro* ajo vetë, vetë
hesitant *adj* i lëkundur
hesitate *v* hezitoj
hesitation *n* hezitim
heyday *n* kulm, lulëzim
hiccup *n* lemzë
hidden *adj* fsheharak
hide *iv* fsheh, zhduk
hideaway *n* skutë
hideous *adj* i shëmtuar
hierarchy *n* hierarki
high *adj* i lartë
highly *adv* tepër, shumë
Highness *n* Lartësi
highway *n* autostradë
hijack *v* rrëmbej (avionin)
hijack *n* pirateri ajrore
hijacker *n* rrëmbyes avioni

honk

hike *v* eci
hike *n* marshim
hilarious *adj* gazmor
hill *n* kodër, breg
hillside *n* brinjë, faqe
hilltop *n* maje kodre
hilly *adj* kodrinor, i pjerrët
hilt *n* dorezë thike
hinder *v* gardhoj, pengoj
hindrance *n* pengesë, gardh
hinge *v* varet nga
hinge *n* menteshë, nyjë
hint *n* aluzion
hint *v* paralajmëroj
hip *n* këllk, ijë
hire *v* punësoj
his *adj* i/e tij
his *pro* i tij, e tij
Hispanic *adj* Hispanik
hiss *v* fërshëllimë
historian *n* historian
history *n* histori
hit *n* goditje, gjuajtje
hit *iv* godas, godit
hit back *v* kthej goditjen
hitch *n* pengesë, grevë
hitchhike *n* autostop
hitherto *adv* gjer këtu
hive *n* zgjua, koshere
hoard *v* krijoj rezerva
hoarse *adj* i ngjirur
hoax *n* rreng, shaka

hobby *n* hobi
hog *n* gopc
hoist *v* ngre, ngre lart
hoist *n* ngritje, çikrik
hold *iv* mbaj, mendoj
hold back *v* frenoj, përmbaj
hold on to *v* kapem pas
hold out *v* zgjat, vazhdon
hold up *v* mbështet, ngre
holdup *n* grabitje, pengesë
hole *n* vrimë, gropë
holiday *n* pushim, fetsë
holiness *n* shenjtëri
Holland *n* Holandë
hollow *adj* bosh, zbrazët
holocaust *n* holokaust
holy *adj* i shenjtë
homage *n* nderim, homazh
home *n* shtëpi, vend
homeland *n* atdhe
homeless *adj* i pastrehë
homely *adj* familjar
homemade *adj* i bërë vetë
hometown *n* vendlindje
homework *n* punë shtëpie
homicide *n* vrasje
homily *n* predikim
honest *adj* i ndershëm
honesty *n* ndershmëri
honey *n* mjaltë
honeymoon *n* muaj mjalti
honk *v* gagarit

honor

honor *n* ndershmëri
hood *n* kapuç, kapak
hoodlum *n* rrugaç, huligan
hoof *n* thundër, këmbë
hook *n* çengel, grep
hooligan *n* huligan, rrugaç
hop *v* hidhem, kërcej
hope *n* shpresë
hopeful *adj* shpresues
hopefully *adv* me shpresë
hopeless *adj* i pashpresë
horizon *n* fushëpamje
horizontal *adj* horizontal
hormone *n* hormon
horn *n* bri, bri gjahu
horrible *adj* i tmerrshëm
horrify *v* tmerroj, lemeris
horror *n* tmerr
horse *n* kalë
hose *n* çorapë, zorrë
hospital *n* spital
hospitality *n* mikpritje
hospitalize *v* shtroj në spital
host *n* mikpritës
hostage *n* peng (njeri)
hostess *n* zonjë, nikoqire
hostile *adj* armik
hostility *n* gjendje lufte
hot *adj* i nxehtë
hotel *n* hotel
hound *n* langua, qen
hour *n* orë, kohë

hourly *adv* njëorësh
house *n* shtëpi, ndërtesë
household *n* familje
housekeeper *n* grua shtëpie
housewife *n* amvise
housework *n* punë shtëpie
hover *v* rri pezull
how *adv* si, sa
however *c* megjithatë
howl *v* ulëroj, rënkoj
howl *n* ulërimë, rënkim
hub *n* qendër, nyje
huddle *v* turmë, pirg
hug *v* përqafoj
hug *n* përqafim
huge *adj* gjigant, vigan
hull *n* lëvore, byk
hum *v* zukat
human *adj* njerëzor
human being *n* qenie njerëzore
humanities *n* shkenca humane
humankind *n* njerëzim
humble *adj* modest
humbly *adv* me modesti
humid *adj* i lagësht
humidity *n* lagështi
humiliate *v* poshtëroj
humility *n* përulje
humor *n* humor, qejf
humorous *adj* argëtues
hump *n* kodrinë, gungë
hunch *n* gungë, xhungë

idolatry

hunchback *n* gungaç
hunched *adj* me gungë
hundred *adj* njëqind
hundredth *adj* i njëqindtë
hunger *n* uri, etje, dëshirë
hungry *adj* i uritur
hunt *v* gjuaj
hunter *n* gjuetar, gjahtar
hunting *n* gjueti, gjah
hurdle *n* rrethojë, parmak
hurl *v* hedh, flak
hurricane *n* stuhi, uragan
hurriedly *adv* nxitimthi
hurry *v* nxitoj, shpejtoj
hurry up *v* nxitoj, nxitohem
hurt *iv* lëndoj, plagos
hurtful *adj* i lëndueshëm
husband *n* burrë, shoq
hush *n* hesht, pushoj
hush up *v* mbyll
husky *adj* me lëvore
hustle *n* ngut, ngutje
hut *n* kasolle, kolibe
hydraulic *adj* ngurtësueshëm
hydrogen *n* hidrogjen
hyena *n* hienë
hygiene *n* higjienë
hymn *n* himni
hyphen *n* vizë lidhëse
hypnosis *n* hipnozë
hypnotize *v* hipnotizoj
hypocrisy *n* hipokrizi

hypocrite *adj* hipokrit
hypothesis *n* hipotezë
hysteria *n* histeri
hysterical *adj* histerike

I

i *pro* unë
ice *n* akull
ice cream *n* akullore
ice cube *n* kub akulli
ice skate *v* patinazh akulli
iceberg *n* ajsberg
icebox *n* frigorifer
ice-cold *adj* ftohët si akulli
icon *n* ikonë
icy *adj* akullt
idea *n* mendim, ide
ideal *adj* ideal, i përkryer
identical *adj* identik, i njëjtë
identify *v* identifikoj
identity *n* gjasim, identitet
ideology *n* ideologji
idiom *n* idiom
idiot *n* idiot, budalla
idiotic *adj* idiot
idle *adj* i plogët
idol *n* idhull
idolatry *n* idhujtari

if *c* nëse
ignite *v* ndez, vë zjerr
ignorance *n* padituri
ignorant *adj* injorant
ignore *v* injoroj
ill *adj* i sëmurë
illegal *adj* ilegal
illegible *adj* i paktueshëm
illegitimate *adj* i paligjshëm
illicit *adj* i ndaluar
illiterate *adj* analfabet
illness *n* sëmundje
illogical *adj* i palogjikshëm
illuminate *v* ndriçoj
illusion *n* iluzion
illustrate *v* ilustroj
illustration *n* ilustrim
illustrious *adj* i famshëm
image *n* figurë, imazh
imagination *n* imagjinatë
imagine *v* imagjinoj
imbalance *n* çekuilibër
imitate *v* imitoj, kopjoj
imitation *n* imitim
immaculate *adj* i panjollë
immature *adj* i papjekur
immaturity *n* papjekuri
immediately *adv* menjëherë
immense *adj* i pamasë
immensity *n* pafundësi
immerse *v* zhyt, zhys
immersion *n* zhytje, kredhje

immigrant *n* imigrant
immigrate *v* imigroj
immigration *n* imigrim
imminent *adj* i afërt, i shpejtë
immobile *adj* i palëvizshëm
immobilize *v* bllokoj
immoral *adj* imoral
immorality *n* imoralitet, ves
immortal *adj* i pavdekshëm
immortality *n* pavdekësi
immune *adj* i imunizuar
immunity *n* imunitet, lirim
immunize *v* imunizoj
immutable *adj* i përhershëm
impact *n* ndikim
impact *v* ndikoj
impair *v* keqësoj
impartial *adj* i drejtë
impatience *n* padurim
impatient *adj* i paduruar
impeccable *adj* i pacen
impediment *n* pengesë
impending *adj* kërcënues
imperfection *n* papërsosuri
imperial *adj* suprem
imperialism *n* imperializëm
impersonal *adj* objektiv
impertinence *n* paturpësi
impertinent *adj* i paturp
impetuous *adj* i vrullshëm
implacable *adj* i paepur
implant *v* ngulis, ngulit

incomplete

implement *v* implementoj
implicate *v* ngatërroj
implication *n* ngatërrim
implicit *adj* i nënkuptuar
implore *v* lutem, përgjohem
imply *v* lë të kuptohet
impolite *adj* i pasjellshëm
import *v* importoj
importance *n* rëndësi
importation *n* importim
impose *v* imponoj
imposing *adj* madhështor
imposition *n* imponim
impossibility *n* pamundësi
impossible *adj* i pamundur
impotent *adj* i pafuqi
impound *v* mbyll
impoverished *adj* i varfëruar
impractical *adj* jopraktik
imprecise *adj* jopreciz
impress *v* vë përshtypje
impressive *adj* i rëndësishëm
imprison *v* përshtypje
improbable *adj* i pagjasë
impromptu *adv* spontanisht
improper *adj* i pavend
improve *v* përmirësoj
improvement *n* përmirësim
improvise *v* improvizoj
impulse *n* impuls
impulsive *adj* impulsiv
impure *adj* i papastër

in *pre* në, më
in depth *adv* në thellësi
inability *n* pazotësi
inaccessible *adj* i paarritshëm
inaccurate *adj* i pasaktë
inadmissible *adj* i palejueshëm
inappropriate *adj* i pavend
inasmuch as *c* meqenëse
inaugurate *v* përuroj
inauguration *n* përurim
incapable *adj* i paaftë
incapacitate *v* pazotësi
incarcerate *v* burgos
incense *n* thimjam
incentive *n* nxitje, stimul
inception *n* fillim, zanafillë
incessant *adj* i pandërprerë
inch *n* inç
incident *n* incident
incidentally *adv* rastësisht
incision *n* prerje, çarje
incite *v* nxis, shtyj
incitement *n* nxitje
inclination *n* prirje
incline *v* prirem, anoj
include *v* përfshij
incoherent *adj* i palidhur
income *n* fitim
incoming *adj* që vjen
incompetence *n* pazotësi
incompetent *adj* i pazoti
incomplete *adj* i paplotë

incorporate

incorporate *v* inkorporoj
incorrect *adj* i pasaktë
incorrigible *adj* i pandreqshëm
increase *v* shtoj, rrit
increase *n* shtim, rritje
increasing *adj* në rritje
incredible *adj* i pabesueshëm
increment *n* të ardhura
incriminate *v* akuzoj
incur *v* ngjall
incurable *adj* i pashërueshëm
indecency *n* paturpësi
indecision *n* pavendosmëri
indecisive *adj* i pavendosur
indeed *adv* në të vërtetë
indefinite *adj* i paqartë
indemnify *v* zhdëmtoj
indemnity *n* zhdëmtim
independence *n* pavarësi
independent *adj* i pavarur
index *n* indeks
indicate *v* tregoj, shfaq
indication *n* tregim
indict *v* akuzoj, padit
indifference *n* indeferencë
indifferent *adj* indeferent
indigent *adj* i varfër
indigestion *n* mostretje
indirect *adj* i tërthortë
indiscreet *adj* i pamatur
indiscretion *n* pamaturi
indisposed *adj* i paqejf

indisputable *adj* i padiskutueshëm
indivisible *adj* i pandashëm
indoctrinate *v* njoh
indoor *adv* i brendshëm
induce *v* bind, shtyj
indulge *v* kënaq, plotësoj
indulgent *adj* butë, tolerues
industrious *adj* i zellshëm
industry *n* industri
ineffective *adj* i paefektshëm
inept *adj* i pavend
inequality *n* pabarazi
inevitable *adj* i pashmangshëm
inexcusable *adj* i pafalshëm
inexpensive *adj* i lirë
inexperienced *adj* pa përvojë
inexplicable *adj* i pashpjegueshëm
infallible *adj* i pagabueshëm
infamous *adj* i ulët
infancy *n* foshnjëri
infant *n* foshnjë, fëmijë
infantry *n* këmbësori (usht.)
infect *v* moleps, infektoj
infection *n* infektim
infectious *adj* infektuese
infer *v* konkludoj
inferior *adj* inferior
infertile *adj* jopjellor
infested *adj* plot me
infidelity *n* të qenët i pafe
infiltrate *v* depërtoj
infiltration *n* depërtim

inquest

infinite *adj* i pakufi
infirmary *n* infermieri
inflammation *n* malcim
inflate *v* inflacionoj
inflation *n* inflacion
inflexible *adj* i papërkulur
inflict *v* jap një dackë
influence *n* influencë, ndikim
influential *adj* me ndikim
influenza *n* grip
influx *n* derdhje, baticë
inform *v* informoj
informal *adj* joformal
informality *n* thjeshtësi
informant *n* informator
information *n* informatë
informer *n* lajmëtar
infraction *n* kundërvajtje
infrequent *adj* i rrallë
infuriate *v* tërboj, egërsoj
infusion *n* zhytje, zbrujtje
ingenuity *n* zgjuarsi, zotësi
ingest *v* gëlltit, ha
ingot *n* kallëp, shufër
ingrained *adj* i ngurtësuar
ingratiate *v* bëj për vete
ingratitude *n* mosmirënjohje
ingredient *n* përbërës
inhabit *v* jetoj, banoj
inhabitable *adj* i banueshëm
inhabitant *n* banor
inhale *v* thith

inherit *v* trashëgoj
inheritance *n* trashëgim
inhibit *v* ndaloj, pengoj
inhuman *adj* mizor, çnjerëzor
initial *adj* i parë, fillestar
initially *adv* fillimisht
initials *n* inicialet
initiate *v* inicoj
initiative *n* iniciative
inject *v* mbush, injektoj
injection *n* injeksion
injure *v* dëmtoj, lëndoj
injurious *adj* dëmtues
injury *n* dëmtim
injustice *n* padrejtësi
ink *n* bojë shkrimi
inkling *n* aluzion, romuz
inlaid *adj* i veshur
inland *adv* në brendësi
inland *adj* i brendshëm
in-laws *n* ligjet
inmate *n* banor
inn *n* hotel, han
innate *adj* i lindur
inner *adj* i brendshëm
innocence *n* pafajësi
innocent *adj* i pafaj
innovation *n* inovacion, risi
innuendo *n* aluzion
innumerable *adj* i panumërt
input *n* të dhëna
inquest *n* hetim gjyqësor

inquire

inquire *v* pyes, kërkoj
inquiry *n* pyetje, kërkim
inquisition *n* hetim zyrtar
insane *adj* i çmendur
insanity *n* sëmundje mendore
insatiable *adj* i pangopur
inscription *n* mbishkrim
insect *n* insekt
insecurity *n* pasiguri
insensitive *adj* i pandjeshëm
inseparable *adj* i pandashëm
insert *v* fut, shtie
insertion *n* futje, shënie
inside *adj* brenda
inside *pre* në
inside out *adv* mbrapsht
insincere *adj* i pasinqertë
insinuate *v* hedh fjalën
insinuation *n* insinuatë
insipid *adj* i pashije
insist *v* insistoj
insistence *n* këmbëngulje
insolent *adj* i paturp
insoluble *adj* i patretshëm
insomnia *n* pagjumësi
inspect *v* shqyrtoj
inspection *n* inspektim
inspector *n* inspektor
inspiration *n* inspirim
inspire *v* inspiroj
install *v* instaloj
installation *n* instalim

installment *n* vendosje
instance *n* shembull
instant *n* çast, moment
instantly *adv* menjëherë
instead *adv* më mirë
instigate *v* nxis, shtyj
instil *v* rrënjos
instinct *n* instikt
institute *v* institut
institution *n* institucion
instruct *v* udhëzoj
instructor *n* instruktor
insulate *v* veçoj, izoloj
insulation *n* izolim
insult *v* fyej, ofendoj
insult *n* fyerje, ofendim
insurance *n* sigurim, këst
insure *v* siguroj
insurgency *n* rebelim
insurrection *n* kryengritje
intact *adj* i paprekur
intake *n* hyrje, sasi
integrate *v* njësoj, integrim
integration *n* shkrirje
integrity *n* integritet
intelligent *adj* inteligjent
intend *v* dua, caktoj
intense *adj* i madh, i fortë
intensify *v* shtoj, rrit
intensity *n* forcë, fuqi
intensive *adj* intenziv
intention *n* qëllim, synim

invoke

intercede *v* ndërhyj
intercept *v* ndërpres
intercession *n* përkrahje
interchange *v* shkëmbej
interchange *n* shkëmbim
interest *n* interes, leverdi
interested *adj* i interesuar
interesting *adj* interesant
interfere *v* ndërhyj, futem
interference *n* ndërhyrje
interior *adj* i brendshëm
interlude *n* i huaj
intermediary *n* ndërmjetës
intern *v* internoj
interpret *v* interpretoj
interpretation *n* interpretim
interpreter *n* interpretues
interrogate *v* marr në pyetje
interrupt *v* frenoj, ndërpres
interruption *n* ndërprerje
intersect *v* ndërpritet
intertwine *v* gërshetoj
interval *n* interval
intervene *v* ndërhyj
intervention *n* ndërhyrje
interview *n* intevistë
intestine *n* zorrë
intimacy *n* familjaritet
intimate *adj* i afërt
intimidate *v* tremb
intolerance *n* intolerancë
intoxicated *adj* xurxull

intravenous *adj* intravenoz
intrepid *adj* guxim
intricate *adj* i ndërlikuar
intrigue *n* intrigë
intriguing *adj* intrigues
intrinsic *adj* i brendshëm
introduce *v* fus, fut
introduction *n* njohje
intrude *v* ndëryj
intruder *n* njeri i bezdishëm
intrusion *n* ndërhyrje
intuition *n* intuitë
inundate *v* përmbytë
invade *v* invadoj
invader *n* pushtues
invalid *n* invalid
invalidate *v* zhvlerësoj
invaluable *adj* i paçmueshëm
invasion *n* invazion
invent *v* zbuloj
invention *n* zbulim
inventory *n* inventar
invest *v* investoj
investigate *v* hetoj
investigation *n* hetim
investment *n* investim
investor *n* investues
invisible *adj* i padukshëm
invitation *n* ftesë
invite *v* ftoj
invoice *n* faturë
invoke *v* i lutem, i kërkoj

involve v përfshij
involved v i përfshirë
involvement n përfshirje
inward adj shpirtëror
inwards adv nga brenda
iodine n jod
irate adj nevrik
ireland n Irlandë
irish adj irlandez
iron n hekur
iron v hekuros
ironic adj ironik
irony n ironi
irrational adj i paarsyeshëm
irregular adj i parregullt
irrelevant adj irelavant
irreparable adj i pandreqshëm
irrespective adj pavarësisht
irreversible adj i pakthyeshëm
irrevocable adj i papranueshëm
irrigate v ujit, ujis
irrigation n ujitje, vaditje
irritate v ngacmoj, ngas
irritating adj i nevrikosshëm
islamic adj islamik
island n ishull
isle n ishull, ujdhesë
isolate v veçoj, izoloj
isolation n izolim
issue n çështje
italian adj italian
italy n Itali

itch v kruaj
itchiness n kruarje
item n gjë, send
itemize v i detajuar
itinerary n itinerar
ivory n i fildishtë

J

jackal n çakall
jacket n xhaketë
jackpot n çmim i parë
jaguar n jaguar
jail n burg
jail v burgos
jailer n rojtar burgu
jam n ngjeshje, shtrëngim
janitor n rojë, portier
January n Janar
Japan n Japoni
Japanese adj japonez
jar n vorbë, qyp
jasmine n jasemi
jaw n nofull, grykë
jealous adj xheloz
jealousy n xhelozi
jeans n xhinse
jeopardize v rrezikoj
jerk v tërheq, shkul

jerk *n* tërheqje, hedhje
jersey *n* fanellë sportive
Jew *n* çifut
jewel *n* xhevahir
jeweler *n* argjendar
Jewish *adj* çifut
job *n* punë, vend
jobless *adj* i papunë
join *v* lidh, bashkoj
joint *n* bashkim, lidhje
jointly *adv* bashkë
joke *n* shaka
joke *v* bëj shaka
jokingly *adv* me shaka
jolly *adj* gazmor
jolt *v* lëkundem, tund
jolt *n* tundje, shkundje
journal *n* ditar, libër llogarish
journalist *n* gazetar
journey *n* udhëtim, rrugë
jovial *adj* gazmor
joy *n* gaz, hare
joyful *adj* i gëzuar
joyfully *adv* me gëzim
jubilant *adj* i ngazëllyer
Judaism *n* judaizëm
judge *n* gjykatës
judgment *n* gjykim
judicious *adj* i matur
jug *n* kanë, ibrik
juggler *n* mashtrim
juice *n* lëng

juicy *adj* me lëng
July *n* Korrik
jump *v* kërcej, hidhem
jump *n* kërcim
jumpy *adj* i lëkundshëm
junction *n* bashkim
June *n* Qershor
jungle *n* xhungël
junior *adj* i ri
junk *n* hedhurina
jury *n* juri
just *adj* i drejtë
justice *n* drejtësi
justify *v* justifikoj
justly *adv* drejtësisht
juvenile *n* i ri, i mitur
juvenile *adj* i ri

K

kangaroo *n* kengur
karate *n* karate
keep *iv* mbaj
keep on *v* vazhdoj, mbaj
keep up *v* mbaj lartë
keg *n* bucelë
kennel *n* kolibë, stelë
kettle *n* çajnik, ibrik

key n çelës
key ring n rreth për çelës
keyboard n testaturë
kick v shkelmoj, gjuaj
kickback n pagesë haraçi
kid n fëmijë
kidnap v rrëmbej
kidnapper n rrëmbyes
kidnapping n rrëmbim
kidney n veshkë
kill v vras, jap fund
killer n vrasës
killing n vrasje
kilogram n kilogram
kilometer n kilometër
kilowatt n kilovat
kind adj sjellshëm
kindle v ndez, vë zjarrë
kindly adv me mirësi
kindness n mirësi
king n mbret
kingdom n mbretëri
kinship n mbretërim
kiosk n kiosk
kiss v puth
kiss n puthje
kitchen n kuzhinë
kitten n kotele
knee n gju
kneecap n kupë e gjurit
kneel iv gjunjëzohem
knife n thikë

knight n kalorës, fisnik
knit v thur, ndërthur
knob n dorezë
knock n goditje, trokitje
knock v godas
knot n nyjë, komb
know iv di, njoh
know-how n njohuri, aftësi
knowingly adv me qëllim
knowledge n njohje, dituri

L

lab n laborator
label n etiketë
labor n punë
laborer n punëtor
labyrinth n labirint
lace n lidhëse, gajtan
lack v mungoj
lack n mungesë
lad n djalë, djalosh
ladder n shkallë
laden adj i ngarkuar
lady n zonjë, femër
ladylike adj i edukuar
lagoon n lagunë
lake n liqen

laxative

lamb *n* qengj
lame *adj* i çalë, i mpirë
lament *v* qaj
lament *n* qarje, vajtim
lamp *n* fener, llampë
lampshade *n* abazhur
land *n* tokë
land *v* jap, zbret
landfill *n* groposje
landing *n* zbarkim
landlady *n* pronare
landlocked *adj* i mbyllur
landlord *n* pronar
landscape *n* peizash
lane *n* rrugicë, rruginë
language *n* gjuhë
languish *v* dobësohem
lantern *n* fanar, fener
lap *n* prehër, palë
lapse *n* gabim, rënie
lapse *v* gaboj, shkas
larceny *n* vjedhje
lard *n* sallo
large *adj* i gjerë, i madh
larynx *n* laring, fyt
laser *n* laser
lash *n* kamzhik, qepallë
lash *v* fshikulloj
lash out *v* shkelmoj
last *v* mban, mjafton
last *adj* i fundit
last name *n* mbiemri

last night *adv* mbrëmë
lasting *adj* i qëndrueshëm
lastly *adv* më në fund
latch *n* reze dere
late *adv* vonë
lately *adv* kohët e fundit
later *adv* më vonë
later *adj* vonë
lateral *adj* anësor
latest *adj* më e reja
lather *n* siklet
latitude *n* gjerësi
latter *adj* i fundit, i vonë
laugh *v* qesh
laugh *n* qeshje
laughable *adj* qesharak
laughing stock *n* gaz i botës
laughter *n* e qeshur, qeshje
launch *n* lëshim, hedhje
launch *v* nis, hedh
laundry *n* lavanderi
lavatory *n* tualet, WC
lavish *adj* bujar, dorëgjërë
law *n* ligj, drejtësi
law-abiding *adj* që zbaton ligjin
lawful *adj* ligjor, legal
lawmaker *n* ligjvënës
lawn *n* lëndinë
lawsuit *n* gjyq, proces
lawyer *n* jurist, avokat
lax *adj* i dobët, i lëshuar
laxative *adj* laksativ

lay

lay *n* pozicion	**lease** *v* jap me qira
lay *iv* shpërndaj	**lease** *n* qira
lay off *v* zhvesh	**leash** *n* rrip, zinxhir
layer *n* shtresë, faqe	**least** *adj* më i pakëti
layman *n* laik	**leather** *n* lëkurë
layout *n* ekspozim	**leave** *iv* ik, largohem
laziness *n* përtaci	**leave out** *v* lë jashtë
lazy *adj* përtac, dembel	**lecture** *n* leksion, udhëzim
lead *iv* drejtoj, kryesoj	**ledger** *n* libër i llogarive
lead *n* drejtim, udhëheqje	**leech** *n* shushunjë
leaded *adj* i udhëhequr	**leftovers** *n* të lëna
leader *n* udhëheqës	**leg** *n* këmbë
leadership *n* udhëheqje	**legacy** *n* trashëgim
leading *adj* i kreut, prijës	**legal** *adj* i ligjit
leaf *n* gjeth	**legality** *n* ligjshmëri
leaflet *n* fletëpalosje	**legalize** *v* legalizoj
league *n* ligë	**legend** *n* legjendë
leak *v* pikoj, rrjedh	**legible** *adj* i lexueshëm
leak *n* pikë, pikim	**legion** *n* legjion, ushtri
leakage *n* pikim, rrjedhje	**legislate** *v* nxjerr ligje
lean *adj* i dobët, i ligët	**legislation** *n* ligjislacion
lean *iv* anohem, prirem	**legislature** *n* legjislaturë
lean back *v* përkulem prapa	**legitimate** *adj* i arësyeshëm
lean on *v* përkulem	**leisure** *n* kohë e lirë
leaning *n* prirje, tendencë	**lemon** *n* limon
leap *iv* hidhem, kërcej	**lemonade** *n* limonadë
leap *n* hedhje, kërcim	**lend** *iv* marr hua, jap hua
leap year *n* vit i brishtë	**length** *n* gjatësi
learn *iv* mësoj, studioj	**lengthen** *v* zgjatoj, zgjat
learned *adj* i ditur, i mësuar	**lengthy** *adj* i gjatë, i pafund
learner *n* nxënës	**leniency** *n* butësi
learning *n* mësim, të nxënët	**lenient** *adj* i butë

lightning

lense *n* lente, thjerrëz
Lent *n* kreshmë
lentil *n* thjerrëzor
leopard *n* leopard
leper *n* lebroz
leprosy *n* lebër, lebroz
less *adj* më pak
lessee *n* qiramarrës
lessen *v* pakësohem
lesser *adj* më i pakët
lesson *n* mësim
lessor *n* qiradhënës
let *iv* le të, lë
let down *v* ul palën, zgjas
let go *v* lëshoj, liroj
let in *v* le të hyjë
let out *v* nxjerr, përhap
lethal *adj* vdekjeprurëse
letter *n* shkronjë, germë
lettuce *n* marule, letonez
leukemia *n* leukemi
level *v* niveloj, drejtoj
level *n* nivel
lever *n* levë, ngritës
leverage *n* sistem i levave
levy *v* mbledh
lewd *adj* i fëlliqur
liability *n* përgjegjësi
liable *adj* i detyruar
liaison *n* koordinim
liar *adj* gënjeshtar
libel *n* shpifje

liberate *v* liroj, nxjerr
liberation *n* çlirim
liberty *n* liri
librarian *n* bibliotekar
library *n* bibliotek
lice *n* morr, qelbanik
licence *n* liçensë, lejë
license *v* lejoj, autorizoj
lick *v* lëpirje
lid *n* kapak, qepallë
lie *iv* gënjej, shtrihem
lie *v* shtrihem
lie *n* rrenë, shtrirje
lieu *n* në ven të
lieutenant *n* toger, zëvëndës
life *n* jetë, ekzistencë
lifeguard *n* kujdestar plazhi
lifeless *adj* i pajetë, i vdekur
lifestyle *n* stil jete
lifetime *adj* jetë
lift *v* çoj, ngre
lift off *v* heq, ngrihet
lift-off *n* nisje
ligament *n* ligament
light *iv* ndriçoj, ndizet
light *adj* i ndritshëm
light *n* dritë, ndriçim
lighter *n* ndezës, maunë
lighthouse *n* fanar, fener
lighting *n* ndriçim, ndezje
lightly *adv* lehtë, butë
lightning *n* vetëtimë

likable *adj* i pëlqyeshëm
like *pre* si
like *v* krahasoj, dua
likelihood *n* mundësi, gjasë
likely *adv* ka mundësi
likeness *n* ngjashmëri
likewise *adv* njëlloj
liking *n* pëlqim, dëshirë
limb *n* gjymtyrë, degë
lime *n* gëlqere
limestone *n* gur gëlqeror
limit *n* cak, limit
limit *v* kufizoj, vë cak
limitation *n* kufizim
limp *v* çaloj
limp *n* çalim
linchpin *n* kunj, kiavetë
line *n* vijë, vizë, kufi
line up *v* vë në rrjeshtë
linen *n* çarçaf, pe liri
linger *v* zgjatem, zgjat
lingering *adj* i qëndrueshëm
lining *n* astar
link *v* lidh, lidhem
link *n* lidhje, hallkë
lion *n* luan
lioness *n* luaneshë
lip *n* buzë
liqueur *n* liker
liquid *n* lëng
liquidate *v* likuidoj
liquidation *n* likuidim

liquor *n* pije alkoolike
list *v* listoj
list *n* listë
listen *v* dëgjo
listener *n* dëgjues
litany *n* litani
liter *n* litër
literal *adj* shkronjar
literally *adv* fjalë për fjalë
literature *n* literaturë
litigate *v* bëj gjyq me dikë
litre *n* litër
litter *n* vig, tezgë
little *adj* i vogël, i pakët
little bit *n* pakë
little by little *adv* pak nga pak
liturgy *n* liturgji
live *adj* i gjallë
live *v* jetoj, banoj
live up *v* gjallëroj
livelihood *n* jetesë
lively *adj* i gjallë
liver *n* mëlçi
livestock *n* bagëti
livid *adj* i plumbtë
lizard *n* hardhucë
load *v* ngarkoj
load *n* ngarkesë
loaded *adj* i ingarkuar
loaf *n* çyrek, bukë
loan *v* jap hua
loan *n* hua, huadhënie

lots

loathe *v* urrej, ndiej neveri
loathing *n* neveri
lobby *n* lob, paradhomë
lobby *v* loboj
lobster *n* lobster
local *adj* lokal, vendor
localize *v* lokalizoj
locate *v* gjej vendodhjen
located *adj* i lokalizuar
location *n* lokacion, vend
lock *v* bllokoj
lock *n* bravë, dry
lock up *v* ndryj
locksmith *n* bravandreqës
locust *n* karkalec
lodge *v* strehoj, banoj
lodging *n* banesë
lofty *adj* i lartë, kryelartë
log *n* dokument udhëtimi
log *v* përshkoj distancë
log in *v* lidhem
log off *v* dal
logic *n* logjikë
logical *adj* logjik
loin *n* fileto mishi
loiter *v* bredh, sillem kot
loneliness *n* vetmi
lonely *adv* vetëm
loner *n* vetmitar
lonesome *adj* i vetmuar
long *adj* i gjatë, i zgjatur
long for *v* gjatë

longing *n* dëshirë e madhe
longitude *n* gjatësi
long-standing *adj* i vjetër
long-term *adj* afat i gjatë
look *n* shikim, vështrim
look *v* kërkoj, shoh
look after *v* merrem me
look at *v* shikoj
look down *v* shikoj poshtë
look for *v* kërkoj, pres
look forward *v* shpresoj
look into *v* shqyrtoj
look out *v* shikoj për, gjej
look over *v* shqyrtoj
looking glass *n* pasqyrë
looks *n* duket
loom *n* gjergjef, hije
loom *v* shquhem
loophole *n* frëngji, shteg
loose *v* liroj, ngadalësoj
loose *adj* i lirë, i lëshuar
loosen *v* liroj, lirohem
loot *v* grabit, plaçkit
loot *n* pre, plaçkë
lord *n* zot, lord
lordship *n* sundim, zotërim
lose *iv* humb, tret
loser *n* humbës
loss *n* humbje, disfatë
lot *adv* shumë
lotion *n* locion
lots *adj* shumë

lottery *n* lotari
loud *adj* i lartë
loudly *adv* me zë të lartë
loudspeaker *n* altoparlantë
lounge *n* hallavitje
louse *n* morr, qelbanik
lousy *adj* i keq, i ndyrë
lovable *adj* i dashur
love *v* dua, dashuroj
love *n* dashuri, dëshirë
lovely *adj* i bukur
lover *n* dashnor, amator
loving *adj* i dashuruar
low *adj* i ulët, i pakët
lower *adj* më i ulët
lowly *adj* i ulët, modest
loyal *adj* besnik
loyalty *n* besnikëri
lubricate *v* lubrifikoj
lubrication *n* lubrifikim
lucid *adj* i kulluar
luck *n* fat
lucky *adj* me fat
lucrative *adj* fitimprurës
ludicrous *adj* qesharak
luggage *n* bagazh
lukewarm *adj* i vakët, pasiv
lull *n* qetësim
lumber *n* rrangulla
luminous *adj* ndriçues
lump *n* copë, kokërr
lump together *v* koklavit

lunacy *n* marrëzi
lunatic *adj* i çmendur
lunch *n* drekë
lung *n* mushkëri
lure *v* josh
lurid *adj* i zbetë, tmerrues
lurk *v* fshihem
lush *adj* i harlisur
lust *v* jam i etur
lust *n* epsh
lustful *adj* epshor
luxurious *adj* luksoz
luxury *n* salltanet, luks
lynch *v* vras
lynx *n* rrëqebull
lyrics *n* tekst kënge

M

machine *n* makinë
machine gun *n* mitrolez
mad *adj* i çmendur
madam *n* zonjë
madden *v* marros, çmend
madly *adv* çmenduri
madman *n* i çmendur
madness *n* marrëzi
magazine *n* revistë
magic *n* magji

manly

magical *adj* magjik
magician *n* magjistar
magistrate *n* gjyqtar
magnet *n* magnet
magnetic *adj* magnetik
magnetism *n* magnetizëm
magnificent *adj* madhështor
magnify *v* zmadhoj
magnitude *n* madhësi, gjerësi
maid *n* vajzë, çupë
maiden *n* çupë, vajzë
mail *v* dërgoj me postë
mail *n* postë
mailbox *n* kuti postare
mailman *n* postier
maim *v* gjymtoj
main *adj* kryesor
mainland *n* stere, kontinent
mainly *adv* kryesisht
maintain *v* mirëmbajë
maintenance *n* mbajtje
majestic *adj* madhështor
majesty *n* madhësi
major *n* fushë
major *adj* më i madh, kryesor
major in *v* kryesore në
majority *n* shumica
make *n* prodhim, punë
make *iv* bëj, prodhoj
make up *v* bëj, formoj
make up for *v* zëvëndësoj
maker *n* krijues, poet

makeup *n* makijazh
malaria *n* malaria
male *n* mashkull, burrë
malevolent *adj* keqdashës
malfunction *v* keqfunksionoj
malfunction *n* keqfunksionim
malice *n* inat, mëri, ligësi
malign *v* i lig, i keq
malignancy *n* keqdashje
malignant *adj* keqdashës
mall *n* shëtitore
malnutrition *n* mosushqim
malpractice *v* neglizhencë
mammal *n* sisor, gjitar
mammoth *n* vigan, mamuth
man *n* njeri, burrë
manage *v* menaxhoj
manageable *adj* i drejtueshëm
management *n* menaxhmenti
manager *n* menaxher
mandate *n* mandat
mandatory *adj* i detyrueshëm
maneuver *n* manovër
manger *n* koritë, govatë
mangle *v* copëtoj, dërrmoj
manhandle *v* keqtrajtoj
maniac *adj* maniak
manifest *v* manifestoj
manipulate *v* manipuloj
mankind *n* njerëzim, njerëzi
manliness *n* burrëri
manly *adj* burrëror

manner

manner *n* mënyrë, metodë
mannerism *n* manerizëm
manners *n* sjellje, adet
manpower *n* fuqi punëtore
mansion *n* shtëpi i madhe
manual *n* manual
manufacture *v* fabrikoj
manure *n* pleh kafshësh
manuscript *n* dorëshkrim
many *adj* shumë
map *n* hartë
marble *n* i mermertë
march *v* marshoj
march *n* marsh
March *n* Mars
mare *n* pelë
margin *n* anë, buzë
marginal *adj* kufitar, anësor
marinate *v* marinoj
marine *adj* detar
marital *adj* martesor
mark *n* shenjë, qëllim
mark *v* lë gjurmë, shënoj
marker *n* shënues
market *n* treg, pazar
marksman *n* qitës, gjuajtës
marmalade *n* marmalatë
marriage *n* martesë
married *adj* i martuar
marrow *n* palcë
marry *v* martohem, martoj
Mars *n* Mars

marshal *n* marshal
martyr *n* martir, dëshmor
martyrdom *n* vuajtje, mundim
marvel *n* çudi, mahnitje
marvelous *adj* mahnitës
marxist *adj* marksist
masculine *adj* mashkullor
mash *v* qull
mask *n* mask
masochism *n* mazoshizëm
mason *n* murator, mason
masquerade *v* maskaradë
mass *n* masë
massacre *n* masakër
massage *n* masazh
massage *v* bëj masazh
masseur *n* masazhist
masseuse *n* masazhiste
massive *adj* masiv
mast *n* direk
master *n* pronar, mjeshtër
master *v* zotëroj, kontrolloj
mastermind *n* organizator
masterpiece *n* kryevepër
mastery *n* zotërim
mat *n* mat
match *n* çift, shoq
match *v* përshtat
mate *n* shok, mik
material *n* material
materialism *n* materializëm
maternal *adj* amënor

membrane

maternity *n* amësi
math *n* matematikë
matrimony *n* martesë
matter *n* lëndë, çështje
mattress *n* dyshek
mature *adj* i pjekur, i arrirë
maturity *n* pjekje, pjekuri
maul *v* copëtoj, sakatoj
maxim *n* maksimum
maximum *adj* maksimal
May *n* Maj
may *iv* mund, mundem
may-be *adv* ndoshta, mbase
mayhem *n* sakatim
mayor *n* kryetar bashkie
maze *n* labirint, hutim
meadow *n* livadh, kullotë
meager *adj* i varfër, i pakët
meal *n* ushqim
mean *iv* mendoj, destinoj
mean *adj* i ngushtë
meaning *n* kuptim
meaningful *adj* shprehës
meaningless *adj* i pakuptim
meanness *n* koprraci
means *n* mjet, mënyrë
meantime *adv* ndërkohë
meanwhile *adv* ndërkohë
measles *n* fruth
measure *v* mas, mat
measurement *n* matje, masë
meat *n* mish

meatball *n* qofte
mechanic *n* mekanik
mechanism *n* mekanizëm
mechanize *v* mekanizoj
medal *n* medal
medallion *n* medaljon
meddle *v* përzihem
mediate *v* ndërhyj
mediator *n* ndërhyrës
medication *n* mjekim
medicinal *adj* mjekues
medicine *n* bar, mjekim
medieval *adj* mesjetar
mediocre *adj* mediokër
mediocrity *n* mediokritet
meditate *v* meditoj
meditation *n* meditim
medium *adj* mesatar
meek *adj* i butë
meekness *n* butësi, urtësi
meet *iv* takoj
meeting *n* takim
melancholy *n* melankoli
mellow *adj* i pjekur, i bërë
mellow *v* piqem, zbutet
melodic *adj* melodioz
melody *n* melodi
melon *n* pjepër
melt *v* shkrij
member *n* anëtar
membership *n* anëtarësi
membrane *n* membranë

memento *n* moment
memo *n* memorandum
memoirs *n* memoare
memorable *adj* i paharrueshëm
memorize *v* fut në kujtesë
memory *n* kujtesë, mend
men *n* burra
menace *n* kërcnim, rrezik
mend *v* arnoj, ndreq
meningitis *n* meningjit
menopause *n* menopauzë
menstruation *n* menstruacion
mental *adj* mendor
mentality *n* mentalitet
mentally *adv* mendërisht
mention *v* përmend
mention *n* përmendje
menu *n* meny
merchandise *n* mallra
merchant *n* tregtar
merciful *adj* zemërgjerë
merciless *adj* i egër
mercury *n* zhivë
mercy *n* mëshirë, falje
merely *adv* thjesht, vetëm
merge *v* shkrij, zhdukem
merger *n* shkrirje, bashkim
merit *n* meritë, vlerë
merit *v* meritoj
mermaid *n* sirenë
merry *adj* i gëzuar, në qejf
mesh *n* vrimë, rrjetë

mesmerize *v* hipnotizoj
mess *n* çrregullim
mess around *v* sillem vërdallë
mess up *v* përziej
message *n* porosi, mesazh
messenger *n* lajmëtor
Messiah *n* profet, Mesi
messy *adj* helaq, pis
metal *n* metal
metallic *adj* metalik
metaphor *n* metaforë
meteor *n* meteor
meter *n* metër
method *n* metodë
methodical *adj* metodik
meticulous *adj* pedant
metric *adj* metrik
metropolis *n* metropol
Mexican *adj* meksikan
mice *n* minjë
microbe *n* mikrob
microphone *n* mikrofon
microscope *n* mikroskop
microwave *n* mikrovalë
midair *n* qiell
midday *n* mesditë
middle *n* mes
middleman *n* ndërmjetës
midget *n* xhuxh
midnight *n* mesnatë
midsummer *n* mes i verës
midwife *n* mami

misinterpret

mighty *adj* i fuqishëm
migraine *n* migrenë
migrant *n* shtegtar
migrate *v* shpërngulem
mild *adj* i butë, i urtë
mildew *n* myk
mile *n* milje
mileage *n* kilometrazh
milestone *n* moment historik
militant *adj* militant
milk *n* qumësht
milky *adj* qumështi
mill *n* mulli
millennium *n* milenium
milligram *n* miligram
millimeter *n* milimetër
million *n* milion
millionaire *adj* milioner
mime *v* bëj pantomimë
mince *v* grij, pres
mincemeat *n* mish i grirë
mind *v* kujtoj
mind *n* mendje, mend
mindful *adj* i ndërgjegjshëm
mindless *adj* i pamend
mine *n* minierë
mine *v* minoj, gërmoj
mine *pro* imja
minefield *n* fushë e minuar
miner *n* minator
mineral *n* mineral, xeheror
mingle *v* përziej, përzihem
miniature *n* miniaturë
minimize *v* minimizoj
minimum *n* minimum
miniskirt *n* minifund
minister *n* ministër
minister *v* shërbej
ministry *n* ministri
minor *adj* i mitur
minority *n* pakicë, minoritet
mint *n* mendër
mint *v* pres, stampoj
minus *adj* zbritje
minute *n* minutë
miracle *n* mrekulli
miraculous *adj* mrekullisht
mirage *n* mirazh, vegim
mirror *n* pasqyrë
misbehave *v* sillem keq
miscalculate *v* llogaris keq
miscarriage *n* dështim
miscarry *v* dështoj
mischief *n* dinakëri
mischievous *adj* shejtan
misconduct *n* sjellje e keqe
misdemeanor *n* keqbërje
miser *n* neqez, koprrac
miserable *adj* i mjerë, fatkeq
misery *n* mjerim, varfëri
misfit *adj* mospërshtatje
misfortune *n* mjerim
misgivings *n* i dyshimtë
misinterpret *v* keqinterpretoj

misjudge

misjudge v vlerësoj gabim
mislead v mashtroj
misleading adj mashtrues
mismanage v keqadministroj
misplace v vë gabim
misprint n gabim shtypi
miss v harroj, humb
miss n shmangie
missile n raketë, predhë
missing adj që mungon
mission n mision
missionary n misionar
mist n mjegull, perde
mistake iv gaboj, bëj gabim
mistake n gabim
mistaken adj i gabuar
mister n zoti, zotëri
mistreat v keqtrajtoj
mistreatment n keqtrajtim
mistress n zonjë, nikoqire
mistrust n mosbesim
mistrust v mosbesoj
misty adj i mjegulluar
misunderstand v keqkuptoj
misuse n shpërdorim
mitigate v zbut, lehtësoj
mix v përziej
mixed-up adj përgatit
mixer n mikser
mixture n përzierje
mix-up n rrëmujë, lëmsh
moan v ankohem, rënkoj

moan n rënkim, ankesë
mob v mblidhem
mob n turmë, grumbull
mobile adj i lëvizshëm, lëvizës
mobilize v mobilizoj, përgatit
mobster n gangster, kriminel
mock v tall, imitoj
mockery n përqeshje
mode n mënyrë, mjet
model n model, maket
moderate adj i matur
moderation n përmbajtje
modern adj modern
modernize v modernizoj
modest adj modest
modesty n modesti
modify v modifikoj
module n modul
moisten v njom, lag
moisture n lagështi
molar n dhëmballë
mold v myket, brumos
mold n humus, myk
moldy adj i mykur
mole n mol
molecule n molekulë
molest v ngacmoj
mom n nënë
moment n moment
momentarily adv menjëherë
monarch n monark
monarchy n monarki

mourn

monastery *n* manastir
monastic *adj* manastiri
Monday *n* E Hënë
money *n* para
money order *n* urdhër parash
monitor *v* monitoroj
monk *n* murg
monkey *n* majmunë
monogamy *n* monogami
monologue *n* monolog
monopolize *v* monopolizoj
monopoly *n* monopol
monotonous *adj* monoton
monotony *n* monotoni
monster *n* kolos
monstrous *adj* përbindëshor
month *n* muaj
monthly *adv* mujor
monument *n* përmendore
monumental *adj* monumental
mood *n* humor
moon *n* hënë
moor *v* lidh, siguroj anije
mop *v* leckë, postiqe
moral *adj* me moral
moral *n* moral
morality *n* moralitet, virtyt
more *adj* më shumë
moreover *adv* për më tepër
morning *n* mëngjes
moron *adj* i metë
morphine *n* morfinë

morsel *n* kafshatë
mortal *adj* mortor
mortality *n* vdekshmëri
mortar *n* llaç, thuk
mortgage *n* peng, hipotekë
mortification *n* turp, turpërim
mortify *v* turpëroj
mortuary *n* morg
mosaic *n* mozaik
mosque *n* xhami
mosquito *n* mushkonjë
moss *n* myshk
most *adj* i shumti
mostly *adv* kryesisht
motel *n* motel
moth *n* molë, tenjë
mother *n* nënë, mëmë
motherhood *n* amësi, nënat
mother-in-law *n* vjehërr
motion *n* lëvizje
motionless *adj* i palëvizshëm
motivate *v* shtyj, nxis
motive *n* arsye
motor *n* motor
motorcycle *n* motoçikletë
motto *n* moto, parullë
mouldy *adj* i mykur, bajat
mount *n* kalërm
mount *v* hipi, ngjis
mountain *n* mal
mountainous *adj* malor
mourn *v* qaj, vajtoj

mourning

mourning *n* qarje, vajtim
mouse *n* mi
mouth *n* gojë
move *n* lëvizje
move *v* lëviz
move back *v* kthehem
move forward *v* shkoj para
move out *v* dal jashtë
move up *v* shkoj lartë
movement *n* lëvizje
movie *n* film
mow *v* kosit
much *adv* shumë
mucus *n* mukozë
mud *n* baltë
muddle *n* ngatërresë
muddy *adj* me baltë
muffle *v* mbështjell
muffler *n* dorashkë, shall
mug *v* kupë, krikëll
mugging *n* sulm, plaçkitje
mule *n* mushkë
multiple *adj* i shumëfishtë
multiplication *n* shumëzim
multiply *v* shumëzoj
multitude *n* mori, mizëri
mumble *v* murmurit
mummy *n* mumje
mumps *n* lypje, lutje
munch *v* përtyp
munitions *n* rezerva ushtarake
murder *n* vras

murderer *n* vrasës
murky *adj* i errët, i dendur
murmur *v* murmurimë
murmur *n* murmurij
muscle *n* muskuj
museum *n* muze
mushroom *n* këpurdhë
music *n* muzikë
musician *n* muzicient
Muslim *adj* muslimanë
must *iv* patjetër
mustache *n* mustaqe
mustard *n* mustard
muster *v* mblidhem
mutate *v* ndyshohem
mute *adj* i heshtur, pa zë
mutilate *v* gjymtoj
mutiny *n* kryengritje
mutually *adv* reciprokisht
muzzle *v* gojëz
muzzle *n* turi, grimasë
my *adj* e imja, i imi
myopic *adj* miop
myself *pro* unë vetë, vetë
mysterious *adj* i mistershëm
mystery *n* mister
mystic *adj* mistik
mystify *v* mistifikoj
myth *n* mit

N

nag *v* mërzit
nagging *adj* gërnjar
nail *n* thua
naive *adj* naiv
naked *adj* lakuriq
name *n* emër
namely *adv* domethënë
nanny *n* dado, dadë
nap *n* dremitje
napkin *n* pecetë, pelenë
narcotic *n* narkotik
narrate *v* kallëzoj
narrow *adj* i ngushtë
narrowly *adv* ngushtë
nasty *adj* i keq
nation *n* notim
national *adj* kombëtar
nationality *n* kombësi
nationalize *v* nacionalizoj
native *adj* vendës
natural *adj* natyral
naturally *adv* natyrisht
nature *n* natyrë
naughty *adj* i pabindur
nausea *n* të përzier
nave *n* nef, anijatë
navel *n* kërthizë, qendër
navigate *v* lundroj, zhvilloj
navigation *n* lundrim
navy *n* marinë
navy blue *adj* blu e thellë
near *pre* afër, pranë
nearby *adj* këtu afër
nearly *adv* thuajse
nearsighted *adj* dritëshkurtër
neat *adj* i pastër
neatly *adv* me kujdes
necessary *adj* i nevojshëm
necessitate *v* kërkoj, do
necessity *n* nevojë
neck *n* qafë
necklace *n* gjerdan
necktie *n* kravatë
need *v* duhet, nevojë
need *n* nevojë, kërkesë
needle *n* gjilpërë
needless *adj* i panevojshëm
needy *adj* nevojtar
negative *adj* negativ
neglect *v* lë pas dore
neglect *n* neglizhent
negligence *n* neglizhencë
negligent *adj* neglizhent
negotiate *v* negocioj
negotiation *n* negociata
neighbor *n* fqinjë
neighborhood *n* fqinjësi
neither *adj* asnjë, asnjëri
neither *adv* edhe nuk
nephew *n* nip
nerve *n* nerv

nervous *adj* nervoz
nest *n* strofull
net *n* rrjetë
Netherlands *n* Holandë
network *n* rrjetë
neurotic *adj* neurotik
neutral *adj* neutral
neutralize *v* neutralizoj
never *adv* asnjëherë, kurr
nevertheless *adv* sidoqoftë
new *adj* i ri, e re
newborn *n* posalindur
newcomer *n* i porsaardhur
newly *adv* së fundi
newlywed *adj* i porsamartuar
news *n* lajme, njoftim
newscast *n* folës, paraqitje
newsletter *n* buletin informativ
newspaper *n* gazetë
newsstand *n* qoshk gazetash
next *adj* tjetër, pranë
next door *adj* i afërt, fqinjë
nibble *v* brej
nice *adj* i këndshëm
nicely *adv* mirë, bukur
nickel *n* nikel
nickname *n* nofkë
nicotine *n* nikotinë
niece *n* mbesë
night *n* natë, mbrëmje
nightfall *n* muzg
nightgown *n* këmishë nate

nightingale *n* bilibil
nightmare *n* ankth
nine *adj* nëntë
nineteen *adj* nëntëmbëdhjetë
ninety *adj* nëntëdhjetë
ninth *adj* i nëntë
nip *n* kafshim, pickim
nip *v* kafshoj, nduk
nipple *n* thith, thimth
nitrogen *n* azot
no one *pro* askush, asnjëri
nobility *n* fisnikëri
noble *adj* fisnik, bujar
nobleman *n* fisnik, bujar
nobody *pro* askush
nocturnal *adj* nate
nod *v* dremis, tund kokën
noise *n* zhurmë
noisily *adv* zhurmshëm
noisy *adj* me zhurmë
nominate *v* nominoj
none *pre* askush
nonetheless *c* megjithatë
nonsense *n* gjepura
nonstop *adv* nonstop
noon *n* pasdite
noose *n* grackë
nor *c* as, dhe as
norm *n* normë, standard
normal *adj* normal
normalize *v* normalizoj
normally *adv* normalisht

nutty

north *n* veri
northeast *n* verilindor
northern *adj* verior
northerner *adj* banor i veriut
Norway *n* Norvegji
Norwegian *adj* norvegjez
nose *n* hundë
nosedive *v* bie në pikiatë
nostalgia *n* nostalgji
nostril *n* vrimë hunde, fejzë
nosy *adj* kureshtar
not *adv* nuk, jo, mos
notable *adj* i shquar
notably *adv* veçanarisht
notary *n* noter
note *n* shënim
note *v* shënoj, shkruaj
notebook *n* bllok shënimesh
noteworthy *adj* i rëndësishëm
nothing *n* aspak, asgjë
notice *v* konstatoj, vërej
notice *n* njoftim, lajmërim
noticeable *adj* i dukshëm
notification *n* njoftim, lajmërim
notify *v* njoftoj, informoj
notion *n* nocion, ide
notorious *adj* famëkeq
noun *n* emër
nourish *v* ushqej
nourishment *n* ushqim
novel *n* novelë
novelist *n* novelist

novelty *n* gjë e re, risi
November *n* Nëntor
novice *n* fillestar
now *adv* tani
nowadays *adv* në ditët tona
nowhere *adv* asgjëkund
noxious *adj* i dëmshëm
nozzle *n* çyçë, pipëz
nuance *n* nuancë
nuclear *adj* nuklear
nude *adj* lakuriq
nudism *n* nudizëm
nudist *n* nudist
nudity *n* nudizëm
nuisance *n* telash
null *adj* i pavlefshëm
nullify *v* shfuqizoj, anuloj
numb *adj* i ngrirë, i mpirë
number *n* numër
numbness *n* mpirje
numerous *adj* i dendur
nun *n* murgeshë
nurse *n* dado, dadë
nurse *v* i jap gji, ushqej
nursery *n* dhomë fëmijësh
nurture *v* rritje, edukim
nut *n* arrë, lajthi
nutrition *n* ushqim
nutritious *adj* i ushqiteshëm
nut-shell *n* lëvozhgë are
nutty *adj* i shijshëm

oak

oak *n* dushk
oar *n* rrem, therkë
oasis *n* oazë
oath *n* betim
oatmeal *n* miel tërshëre
obedience *n* bindje
obedient *adj* i bindur
obese *adj* i dhjamosur
obey *v* bindem
object *v* kundështoj
object *n* gjë, objekt
objection *n* kundështim
objective *n* qëllim, objekt
obligate *v* detyroj
obligation *n* detyrim, obligim
obligatory *adj* i detyrueshëm
oblige *v* detyroj
obliged *adj* detyrohem
oblique *adj* i pjerrët
obliterate *v* shuaj, fshij
oblivion *n* harresë
oblivious *adj* harraq
oblong *adj* i zgjatur
obnoxious *adj* i neveritshëm
obscene *adj* i pahijshëm
obscenity *n* gjë e turpshme
obscure *adj* i errët, i turbullt
obscurity *n* errësirë, terr
observation *n* mbikqyrje

observatory *n* observatorë
observe *v* mbikqyrë
obsess *v* pushtoj
obsession *n* ankth
obsolete *adj* i grirë
obstacle *n* pengesë
obstinacy *n* kryeneçësi
obstinate *adj* kokëfortë
obstruct *v* bllokoj
obstruction *n* pengim
obtain *v* marr, fitoj
obvious *adj* i qartë
obviously *adv* siç duket
occasion *n* arsye, rast
occasionally *adv* nganjëherë
occult *adj* i fshehtë,
occupant *n* okupator
occupation *n* punë, profesionist
occupy *v* zë, marr
occur *v* ndodh, ngjan
ocean *n* oqean
October *n* Tetor
octopus *n* oktopus
ocurrence *n* rastisje
odd *adj* i veçantë
oddity *n* gjë e çuditshme
odds *n* probabilitet
odious *adj* i urrejtshëm
odometer *n* odometër
odor *n* erë, afsh
odyssey *n* odisea
of *pre* i, e, të, nga

optician

off *adv* i lirë, i largët
offend *v* ofendoj
offense *n* ofendim
offensive *adj* ofenzivë
offer *v* ofroj
offer *n* ofertë
offering *n* propozim
office *n* zyre
officer *n* zyrtar
official *adj* zyrtare
officiate *v* kryej detyrën
offset *v* kompenzoj
offspring *n* filiz, pasardhës
off-the-record *adj* jashtë inçizimit
often *adv* shpesh
oil *n* naftë, vaj
ointment *n* pomadë, krem
okay *adv* në rregull
old *adj* i vjetër
old age *n* pleqëri
olive *n* ulli
olympics *n* Olimpiadë
omelette *n* omëletë
omen *n* ogur, shenjë
ominous *adj* kërcënues
omission *n* heqje
omit *v* lë jashtë, heq
on *pre* në, mbi, ndaj
once *adv* njëherë
once *c* njëkohësisht
one *adj* i vetëm
oneself *pre* vetë

ongoing *adj* veprime
onion *n* qepë
onlooker *n* spektator
only *adv* vetëm
onset *n* sulm, mësymje
onslaught *n* sulm i furishëm
onwards *adv* më tej
opaque *adj* i errët
open *v* hape
open *adj* i hapur
open up *v* çel, zhbllokoj
opening *n* hapje, çarje
openness *n* sinqeritet
opera *n* operë
operate *v* operoj
operation *n* funksionim
opinion *n* mendim
opinionated *adj* i vetëdijshëm
opium *n* opium
opponent *n* kundërshtar
opportune *adj* bashkëkohor
opportunity *n* shans
oppose *v* kundërvë
opposite *adj* i përballë
opposite *adv* përballë
opposite *n* i kundërt, e kundërt
opposition *n* opozitë
oppress *v* shtyp
oppression *n* shypje, tirani
opt for *v* zgjedh
optical *adj* optik, pamor
optician *n* syzabërës

optimism

optimism *n* optimizëm
optimistic *adj* optimistik
option *n* opsion
optional *adj* opsional
opulence *n* pasuri
or *c* apo, ose
oracle *n* profet, orakull
orally *adv* gojarisht
orange *n* portokall
orangutan *n* orangutan
orbit *n* orbitë
orchard *n* kopsht ftutor
orchestra *n* orkestër
ordain *v* urdhëroj
ordeal *n* provë e rëndë
order *n* rend, renditje
ordinarily *adv* zakonisht
ordinary *adj* i zakonshëm
ore *n* mineral, xehror
organ *n* organ
organism *n* organizëm
organist *n* organist
organization *n* organizatë
organize *v* organizoj
orient *n* lindje
oriental *adj* oriental
orientation *n* orientim
oriented *adj* orientuar
origin *n* origjinë
original *adj* origjinal
originate *v* krijoj
ornament *n* zbukurim

ornamental *adj* zbukurues
orphan *n* jetim, bonjak
orphanage *n* jetimore
orthodox *adj* ortodoks
ostentatious *adj* për t'u dukur
ostrich *n* struc
other *adj* tjetër
otherwise *adv* përndryshe
otter *n* vidër
ought to *iv* mundet, duhet
ounce *n* ons
our *adj* jonë
ours *pro* yni, joni
ourselves *pro* vetes, veten
oust *v* përzë
out *adv* jashtë
outbreak *n* shpërthim
outburst *n* shpërthim
outcast *adj* i flakur
outcome *n* rezultat
outcry *n* britmë, thirrje
outdated *adj* i vjetruar
outdo *v* tejkaloj
outdoor *adv* jashtë shtëpisë
outdoors *adv* përjashta
outer *adj* i jashtëm
outfit *n* pajime, takëme
outgoing *adj* dallues, ikës
outing *n* shëtitje
outlet *n* dalje
outline *n* kontur, skicë
outline *v* konturoj

outlook *n* pamje
outmoded *adj* i dalë mode
outnumber *v* tejkaloj
outpouring *n* derdhje
output *n* prodhim
outrage *n* shkelje, nëpërkëmbje
outrageous *adj* i egër
outright *adj* i plotë
outrun *v* lë pas, ia kaloj
outset *n* fillim, nisje
outside *adv* jashtë
outsider *n* amator
outskirts *n* periferi
outspoken *adj* i thënë
outstanding *adj* i shquar
outstretched *adj* i shtrirë
outward *adj* i jashtëm
oval *adj* vezak, oval
ovary *n* vezore
ovation *n* brohoritje
oven *n* furrë
over *pre* mbi, sipër
overall *adv* në përgjithësi
overbearing *adj* autoritar
overboard *adv* jashtë bordit
overcharge *v* mbingarkoj
overcoat *n* pallto
overcome *v* fitoj, kapërcej
overdo *v* teproj
overdone *adj* i zmadhuar
overdose *n* mbidozë
overdue *adj* i vonuar

overestimate *v* mbivlerësoj
overflow *v* përmbyt
overhaul *v* rindërtoj
overlap *v* përkoj pjesërisht
overlook *v* lartësohem
overnight *adv* mbrëmë
overpower *v* kapërcej
overrate *v* mbiçmoj
override *v* shkel, shtyp
overrule *v* sundoj, anuloj
overrun *v* kalof kufijtë
overseas *adv* përtej detit
oversee *v* mbikëqyrë
overshadow *v* errësoj
oversight *n* pavëmendje
overstate *v* zmadhoj
overstep *v* kaloj
overtake *v* parakaloj, arrij
overthrow *v* përmbys, rrëzoj
overthrow *v* përmbytje
overtime *adv* jashtë orarit
overturn *v* përmbys
overweight *adj* peshoj
overwhelm *v* pushtoj, tronditë
owe *v* i kam borxh
owing to *adv* në sajë të
owl *n* hutë, kukuvajkë
own *v* kam, zotëroj
own *adj* i vet
owner *n* pronar
ownership *n* pronë, pasuri
ox *n* dem

oxen *n* qe
oxygen *n* oksigjen
oyster *n* gocë deti

P

pace *v* ec
pace *n* ecje, hap
pacify *v* qetësoj
pack *v* paketoj
package *n* paketim
pact *n* marrëveshje
pad *v* mbush
padding *n* mbushje
paddle *v* vozit
padlock *n* kyç
pagan *adj* pagan
page *n* faqe
pail *n* kovë
pain *n* dhembje
painful *adj* e dhimbshme
painless *adj* pa dhimbje
paint *v* ngjyros, bojatis
paint *n* bojë
paintbrush *n* furçë, penel
painter *n* piktor
painting *n* lyerje
pair *n* palë, çift
pajamas *n* pizhama

pal *n* mik
palace *n* pallat
palate *n* qiellzë
pale *adj* hu, gardh
paleness *n* zbehtësi
palm *n* palmë
palpable *adj* i prekshëm
paltry *adj* shpirtvogël
pamper *v* llastoj
pamphlet *n* pamflet, libërth
pan *n* tigan
pancreas *n* pankreas
pander *v* bëj kodoshllëk
pang *n* sëmbim, pickim
panic *n* panik
panorama *n* panoramë
panther *n* panterë
pantry *n* qilar
pants *n* të mbathura
pantyhose *n* geta
papacy *n* papat
paper *n* letër
paperclip *n* kapëse letrash
paperwork *n* shkresurina
parable *n* parabolë
parachute *n* parashutë
parade *n* paradë
paradise *n* parajsë
paradox *n* paradoks
paragraph *n* paragraf
parakeet *n* paraket
parallel *n* paralel

pastoral

paralysis *n* paralizë
paralyze *v* paralizoj
parameters *n* parametra
paramount *adj* epror
paranoid *adj* paranoid
parasite *n* parazit
paratrooper *n* parashutist
parcel *n* parcelë
parcel post *n* kolipostë
parched *adj* i tharë
parchment *n* pergamenë
pardon *v* fal, shfajësoj
pardon *n* falje, shfajësim
parenthesis *n* kllapë, parantezë
parents *n* prindër
parish *n* famulli
parishioner *n* komunës
parity *n* barazi
park *v* parkoj
park *n* park
parking *n* vend parkimi
parliament *n* parlament
parochial *adj* i famullisë
parrot *n* papagall
parsley *n* majdanoz
parsnip *n* pastinak
part *v* ndaj, copëtoj
part *n* pjesë, copë
partial *adj* i pjesshëm
partially *adv* pajë, anshmëri
participate *v* marr pjesë
participation *n* pjesëmarrje

participle *n* pjesore
particle *n* grimcë
particular *adj* i veçantë
particularly *adv* veçanërisht
parting *n* largim, ndarje
partisan *n* partisan
partition *n* ndarje, copëtim
partly *adv* pjesërisht
partner *n* partner, ortak
partnership *n* partneritet
partridge *n* thëllëzë
party *n* parti, festë
pass *n* gjendje, pikë
pass *v* shkoj, eci
pass around *v* i bie përqark
pass away *v* kaloj, zhdukem
pass out *v* humb ndjenjat
passage *n* kalim, shteg
passenger *n* pasagjer
passer-by *n* kalimtar
passion *n* pasion
passionate *adj* i pasionuar
passive *adj* pasiv
passport *n* pasaportë
password *n* fjalëkalim
past *adj* e shkuar
paste *v* ngjit
paste *n* brumë
pasteurize *v* pasterizoj
pastime *n* dëfrim, argëtim
pastor *n* bari, pastor
pastoral *adj* baritor

pastry

pastry *n* pastiçeri
pasture *n* kullotë
pat *n* çikje, prekje
patch *v* prek lehtë, çik
patch *n* arnë, pullë
patent *n* privilegj, patentë
patent *adj* i qartë
paternity *n* atësi
path *n* shteg
pathetic *adj* patetik
patience *n* durim
patient *adj* i durueshëm
patio *n* oborr
patriarch *n* patriark
patrimony *n* trashëgimi
patriot *n* patriot
patriotic *adj* atdhetar
patrol *n* patrullë
patron *n* mbrojtës
patronage *n* patronazh
patronize *v* mbroj, përkrah
pattern *n* shembull
pavement *n* trotuar
pavilion *n* pavjon
paw *n* putër
pawn *v* pengoj, jap siguri
pawnbroker *n* pengmarrës
pay *n* pagesë
pay *iv* paguaj
pay back *v* shlyej
pay off *v* shlyhem
payable *adj* i pagueshëm

paycheck *n* pagesë me çek
payee *n* kreditor
payment *n* pagesë
payroll *n* listë pagash
payslip *n* fletëpagesë
pea *n* biezele
peace *n* paqe
peaceful *adj* paqësor, i qetë
peach *n* pjeshkë
peacock *n* pallua
peak *n* majë, kulm
peanut *n* kikirik
pear *n* dardhë
pearl *n* perlë
peasant *n* fshatar
pebble *n* guralec
peck *v* çukit, çepkat
peck *n* pek
peculiar *adj* i posaçëm
pedagogy *n* pedagogji
pedal *n* pedal
pedantic *adj* pedant, formal
pedestrian *n* këmbësor
peel *v* qëroj, rrjep
peel *n* lëkurë, lëvore
peep *v* cicëron
peer *n* shok, i barabartë
pelican *n* pelikan
pellet *n* topth
pen *n* penë, stilolaps
penalize *v* penalizoj
penalty *n* dënim, gjobë

perturb

penance *n* pendesë
penchant *n* prirje, shije
pencil *n* laps
pendant *n* varëse
pending *adj* pezull
pendulum *n* lavjerrës
penetrate *v* depërtoj
penguin *n* pinguin
penicillin *n* penicilinë
peninsula *n* gadishull
penitent *n* i penduar
penniless *adj* pa para
penny *n* peni, cent
pension *n* pension
pentagon *n* pesëkëndësh
pent-up *adj* i mbyllur, i ndryrë
people *n* njerëz, popull
pepper *n* piper i zi
per *pre* me anë të, për
perceive *v* perceptoj, ndijoj
percent *adv* për qind
percentage *n* përqindje
perception *n* perceptim
perennial *adj* shumëvjeçar
perfect *adj* i përsosur
perfection *n* përsosmëri
perforate *v* shpoj, biroj
perforation *n* shpim, birim
perform *v* zbatoj, kryej
performance *n* zbatim, kryerje
perfume *n* parfum
perhaps *adv* ndoshta

peril *n* rrezik
perilous *adj* i rrezikshëm
perimeter *n* perimetër
period *n* periudhë, afat
perish *v* shuhem, vdes
perishable *adj* që prishet
perjury *n* betim i rremë
permanent *adj* i përhershëm
permeate *v* kaloj, depërtoj
permission *n* lejë
permit *v* lejoj
pernicious *adj* i dëmshëm
perpetrate *v* përjetësoj
persecute *v* përndjek
persevere *v* ngulmoj
persist *v* këmbëngul
persistence *n* ngulmim
persistent *adj* këmbëngulës
person *n* person
personal *adj* personale
personality *n* personalitet
personify *v* personifikoj
personnel *n* personel, staf
perspective *n* perspektivë
perspiration *n* djersitje, avullim
perspire *v* djersit
persuade *v* bind
persuasion *n* bindje, besim
persuasive *adj* bindës
pertain *v* më përket
pertinent *adj* i saktë
perturb *v* turbulloj

perverse *adj* i mbrapshtë
pervert *v* shtrembëroj
pervert *adj* i çoroditur
pessimism *n* pesimizëm
pessimistic *adj* pesimist
pest *n* murtajë
pester *v* kërdis
pesticide *n* pesticid
pet *n* kafshë shtëpiake
petal *n* petale
petite *adj* vogëloshe
petition *n* kërkesë, lutje
petrified *adj* i ngurosur
petroleum *n* naftë
pettiness *n* zemërngushtësi
petty *adj* i vogël
pew *n* fron, bangë
phantom *n* fantazmë
pharmacist *n* farmacist
pharmacy *n* farmaci
phase *n* fazë, periudhë
pheasant *n* fazan
phenomenon *n* fenomen
philosopher *n* filozof
philosophy *n* filozofi
phobia *n* fobi, frikë
phone *n* telefon
phone *v* telefonoj
phoney *adj* fals
phosphorus *n* fosfor
photo *n* fotografi
photocopy *n* fotokopje

photograph *v* fotografi
photographer *n* fotograf
photography *n* fotografi
phrase *n* shprehje
physically *adj* fizikisht
physician *n* mjek
physics *n* fizikë
pianist *n* pianist
piano *n* piano
pick *v* gërmoj
pick up *v* ngre
pickpocket *n* hajdut xhepash
pickup *n* marrje
picture *n* pikturë
picture *v* pikturoj
picturesque *adj* piktoresk
pie *n* laraskë, byrek
piece *n* pjesë, copë
piecemeal *adv* me pjesë
pier *n* digë, pritë
pierce *v* shpoj, çaj
piercing *n* shpuarje
piety *n* fetari
pig *n* derr
pigeon *n* pëllumb
piggy bank *n* kumbara
pile *v* mbështet
pile *n* shtyllë, pirg
pile up *v* grumbulloj
pilfer *v* picërroj
pilgrim *n* udhëtar
pilgrimage *n* pelegrinazh

pleasure

pill *n* hape, pilulë
pillage *v* plaçkit
pillar *n* shtyllë
pillow *n* jastëk
pillowcase *n* këllëf jastëku
pilot *n* pilot
pimple *n* puçërr
pin *n* gjilpërë, karficë
pincers *n* darë
pinch *v* pickoj
pinch *n* pickim
pine *n* pishë
pineapple *n* ananas
pink *adj* rozë
pinpoint *v* majë e gjilpërës
pint *n* pint
pioneer *n* pionier
pious *adj* i përshpirtshëm
pipe *n* tub
pipeline *n* tubacion
piracy *n* pirateri
pirate *n* pirat
pistol *n* pistoletë
pit *n* gropë, guvë
pitch-black *adj* blozë, i zi pisë
pitchfork *n* sfurk
pitfall *n* kurth, grackë
pitiful *adj* mëshirëplotë
pity *n* mëshirë
placard *n* lajmërim
placate *v* qetësoj
place *n* vend

placid *adj* i qetë
plague *n* murtajë
plain *n* fushë, rrafshinë
plain *adj* i qartë
plainly *adv* hapur, qartë
plaintiff *n* ankues
plan *v* planifikoj
plan *n* plan
plane *n* aeroplan
planet *n* planet
plant *v* mbjell
plant *n* bimë
plaster *n* suva, stuko
plaster *v* suvatoj
plastic *n* lëndë plastike
plate *n* pllakë, fletë
plateau *n* pllajë
platform *n* platformë
platinum *n* platin
platoon *n* togë
plausible *adj* i besueshëm
play *v* luaj
play *n* lojë
player *n* lojtar
playful *adj* e luajtshme
playground *n* kopsht fëmijësh
plea *n* argument, lutje
plead *v* lutem, kërkoj
pleasant *adj* i këndshëm
please *v* kënaq
pleasing *adj* e kënaqshme
pleasure *n* kënaqësi

pleat

pleat *n* palë
pleated *adj* me pala
pledge *v* pengoj, lë peng
pledge *n* peng
plentiful *adj* i shumtë
plenty *n* shumicë, bollëk
pliable *adj* i përkulshëm
pliers *n* pinca
plot *v* bëj komplot
plot *n* komplot
plow *v* lëroj, plugoj
ploy *n* zanat
pluck *v* shkul
plug *v* tapos, lidh
plug *n* tapë, mbushje
plum *n* kumbull
plumber *n* hidraulik
plumbing *n* impiant hidraulik
plummet *v* plumbç
plump *adj* topolak
plunder *v* plaçkit
plunge *v* zhyt, kredh
plunge *n* zhytje, kredhje
plural *n* shumës
plus *adv* plus, pozitiv
plush *adj* pelush, i pasur
plutonium *n* pluton
pneumonia *n* pneumoni
pocket *n* xhep
poem *n* poemë, poezi
poet *n* poet
poetry *n* pozi

poignant *adj* djegës, nxitës
point *n* pikë
point *v* tregoj, drejtoj
pointed *adj* i mprehtë
pointless *adj* i pamajë
poise *n* drejtpeshim
poison *v* helmoj
poison *n* helm
poisoning *n* helmim
poisonous *adj* helmues
Poland *n* Poloni
polar *adj* polar
pole *n* pol
police *n* polici
policeman *n* polic
policy *n* politikë
Polish *adj* Polak
polish *n* shkëlqim, lustër
polish *v* shkëlqej, lustroj
polite *adj* i sjellshëm
politeness *n* mirësjellje
politician *n* politikan
politics *n* politikë
poll *n* votim
pollen *n* pjalm
pollute *v* ndot
pollution *n* ndotje
polygamist *adj* poligam
polygamy *n* poligami
pomegranate *n* shegë
pomposity *n* pompozitet
pond *n* pellg**

practising

ponder v mendoj
pontiff n papë
pool n pishinë, pellg
pool v bashkoj
poor n nevojtar
poorly adv keq, dobët
popcorn n kokoshka
Pope n Papë
poppy n lulëkuqe
popular adj popullor, i njohur
popularize v popullarizoj,
populate v populloj
population n popullsi
porcelain n porcelan
porch n portik, verandë
porcupine n ferrëgjatë
pore n por, gavërz
pork n mish derri
porous adj poroz, me pore
port n port
portable adj portativ
portent n çudi
porter n derëtar, roje
portion n pjesë, copë
portrait n portret
portray v portretizoj
Portugal n Portugali
Portuguese adj Portugez
pose v pozoj, shtirem
posh adj luksoz, elegant
position n pozicion, vend
positive adj pozitiv

possess v zotëroj
possession n pronë, mall
possibility n mundësi
possible adj e mundshme
post n shtyllë, hu
post office n zyrë postare
postage n taksë postare
postcard n kartolinë
poster n afishues
posterity n pasardhës
postman n postier
postmark n vulë postare
postpone v vonoj
postponement n shtyrje
pot n vazo, kavanoz
potato n patate
potent adj i fuqishëm
potential adj i mundshëm
pothole n vrimë
poultry n shpendë, pulari
pound v shtyp, qëlloj
pound n goditje, paund
pour v derdh
poverty n varfëri, skamje
powder n pudër, pluhur
power n fuqi
powerful adj i fuqishëm
powerless adj pa fuqi
practical adj praktik
practice v praktikoj
practise v praktikoj
practising adj praktikim

pragmatist *adj* pragmatist
prairie *n* preri
praise *v* lavdëroj
praise *n* lavdërim
praiseworthy *adj* i lavdërueshëm
prank *n* rreng, lojë
prawn *n* karkalec deti
pray *v* lutem, lut
prayer *n* lutje
preach *v* predikoj
preacher *n* predikues
preaching *n* predikim
preamble *n* hyrje
precarious *adj* i pasigurt
precaution *n* kujdes
precede *v* paraprij
precedent *n* shembull
preceding *adj* që parapring
precept *n* porosi, rregull
precious *adj* i çmuar, i vyer
precipice *n* humnerë
precipitate *v* hedh, shtyj
precise *adj* i saktë
precision *n* saktësi
precocious *adj* i hershëm
precursor *n* pararendës,
predecessor *n* paraardhës
predicament *n* gjendje e vështirë
predict *v* parashikoj
prediction *n* parashikim
predilection *n* parapëlqim
predisposed *adj* i prirur

predominate *v* mbizotëroj
preempt *v* parablej
prefabricate *v* parafabrikoj
preface *n* parathënie
prefer *v* preferoj
preference *n* preferencë
prefix *n* parashtesë
pregnancy *n* shtatzani
pregnant *adj* shtatzënë
prehistoric *adj* parahistorik
prejudice *n* paragjykim
preliminary *adj* paraprak
prelude *n* fillim, hyrje
premature *adj* i parakohshëm
premeditate *v* paramendoj
premeditation *n* paramendim
premier *adj* i parë, kryesor
premise *n* premisë
premises *n* godinë, lokal
premonition *n* paralajmërim
preoccupation *n* përkujdesim
preoccupy *v* shqetësoj
preparation *n* përgatitje
prepare *v* përgatit
preposition *n* parafjalë
prerequisite *n* kusht paraprak
prescribe *v* përshkruaj
prescription *n* përshkrim
presence *n* prezencë
present *adj* prezent
present *v* njoh, paraqit
presentation *n* prezantim

proceedings

preserve *v* ruaj, mbroj
preside *v* kryesoj
presidency *n* presidencë
president *n* president
press *n* shtyp, shtypje
press *v* shtyp, ngjesh
pressing *adj* i ngutur
pressure *v* shtyp
pressure *n* trysni, presion
prestige *n* prestigj, emër
presume *v* pandeh
presumption *n* hamendje
presuppose *v* supozoj
presupposition *n* hamendje
pretend *v* pretendoj
pretense *n* shtirje
pretension *n* pretendim
pretty *adj* e bukur
prevail *v* mbizotëroj
prevalent *adj* mbizotërues
prevent *v* parandaloj
prevention *n* parandalim
preventive *adj* parandalues
preview *n* vizionim
previous *adj* i mëparshëm
previously *adv* më parë
prey *n* pre
price *n* çmim
pricey *adj* i shtrenjtë
prick *v* shpoj
pride *n* krenari
priest *n* prift

priestess *n* priftëreshë
priesthood *n* priftëri
primacy *n* parësi
primarily *adv* fillimisht
prime *adj* i parë, kryesor
primitive *adj* primitiv
prince *n* princ
princess *n* princeshë
principal *adj* kryesor, i parë
principle *n* parim
print *v* shtyp, botoj
print *n* shtyp, botim
printer *n* shtypës
printing *n* shtypje
prior *adj* i mëparshëm
priority *n* përparësi
prism *n* prizëm
prison *n* burg
prisoner *n* i burgosur
privacy *n* veçim, izolim
private *adj* privat
privilege *n* privilegj
prize *n* çmim
probability *n* mundësi
probable *adj* e mundshme
probe *v* sondë
probing *n* shpim
problem *n* problem
problematic *adj* problematik
procedure *n* procedurë
proceed *v* vazhdoj, rifilloj
proceedings *n* ceremoni

proceeds *n* hyrje, arkëtim
process *v* përpunoj
process *n* proces
procession *n* procesion, varg
proclaim *v* shpall, deklaroj
proclamation *n* shpallje
procrastinate *v* shtyj, zvarrit
procreate *v* lind, pjell
procure *v* gjej, siguroj
prod *v* shpoj, shtyj
prodigious *adj* i mrekullueshëm
prodigy *n* gjeni
produce *v* prodhoj
produce *n* prodhim
product *n* produkt
production *n* prodhim
productive *adj* produktiv,
profane *adj* laik, jofetar
profess *v* shpall, shpreh
profession *n* profesion
professional *adj* profesional
professor *n* profesor
proficiency *n* aftësi, zotësi
proficient *adj* i aftë, i zoti
profile *n* profil
profit *v* përfitoj
profit *n* përfitim
profitable *adj* fitimprurës
profound *adj* i thellë
program *n* program
programmer *n* programues
progress *v* përparoj

progress *n* përparim
progressive *adj* përparimtar
prohibit *v* ndaloj
prohibition *n* ndalim
project *v* projektoj
project *n* projekt
projectile *n* predhë
prologue *n* prolog, hyrje
prolong *v* zgjat
promenade *n* shëtitje, mbrëmje
prominent *adj* i dalë, i ngritur
promiscuous *adj* i përzier
promise *n* premtim
promote *v* përkrah, ndihmoj
promotion *n* nxitje, përkrahje
prompt *adj* i gatshëm
prone *adj* i pjerrët
pronoun *n* përemër
pronounce *v* shqiptoj
proof *n* provë, vërtetim
propaganda *n* propagandë
propagate *v* shumëzoj
propel *v* vë në lëvizje
propensity *n* tendencë
proper *adj* i përshtatshëm
properly *adv* me të drejtë
property *n* pronë
prophecy *n* profeci
prophet *n* profet
proportion *n* përpjestim
proposal *n* ofertë
propose *v* propozoj

pulley

proposition *n* propozim
prose *n* prozë
prosecute *v* procedoj
prosecutor *n* procedim
prospect *n* panoramë
prosper *v* lulëzoj
prosperity *n* lulëzim
prosperous *adj* i lulëzuar
prostate *n* prostatë
prostrate *adj* i gjunjëzuar
protect *v* mbroj
protection *n* mbrojtje
protein *n* proteinë
protest *v* protestoj
protest *n* protestë
protocol *n* protokoll
prototype *n* prototip
protract *v* vonoj, zgjat
protracted *adj* i vonuar
protrude *v* nxjerr, zgjat
proud *adj* krenar
proudly *adv* me krenari
prove *v* provoj
proven *adj* i provuar
proverb *n* proverbë
provide *v* furnizoj
providence *n* parashikim
providing that *c* me kusht që
province *n* krahinë
provision *n* furnizim
provisional *adj* i përkohshëm
provocation *n* provokim

provoke *v* provokoj
prow *n* plor, bash
prowl *v* kërkim
proximity *n* afërsi
proxy *n* ndërmjetësi
prudence *n* maturi
prudent *adj* i matur
prune *v* krasit
prune *n* ferrë
prurient *adj* epshor
pseudonym *n* pseudonim
psychiatrist *n* psikiatër
psychiatry *n* psikiatri
psychic *adj* psikik
psychology *n* psikologji
psychopath *n* psikopat
puberty *n* pubertet
public *adj* publik
publication *n* publikim
publicity *n* publicitet
publicly *adv* publikisht
publish *v* publikoj
publisher *n* publikues
pudding *n* buding
puerile *adj* fëmijëror
puff *n* frymë
puffed *adj* e fryrë
pull *v* tërheq
pull ahead *v* dal përpara
pull down *v* ul, lëshoj
pull out *v* nxjerr
pulley *n* rrotull, pulexhë

pulp

pulp *n* palcë
pulpit *n* predikatore
pulsate *v* rreh
pulse *n* puls
pulverize *v* pluhuroj
pump *v* pompoj
pump *n* pompë
pumpkin *n* kungull
punch *v* biroj, shpoj
punch *n* shpim, grusht
punctual *adj* i përpiktë
puncture *n* shpim
punish *v* ndëshkoj
punishment *n* ndëshkim
pupil *n* nxënës
puppet *n* kukull, kone
puppy *n* këlysh qeni
purchase *v* blej
purchase *n* blerje
pure *adj* i pastër
puree *n* pure
purgatory *n* purgator
purge *n* purgë
purge *v* spastroj
purification *n* pastrim
purify *v* pastroj
purity *n* pastërti
purple *adj* ngjyrë e purpurt
purpose *n* qëllim
purposely *adv* qëllimisht
purse *n* kuletë
pursue *v* ndjek
pursuit *n* ndjekje
pus *n* qelb
push *v* shtyp
pushy *adj* mendjemadh
put *iv* vë, vendos
put aside *v* lë mënjanë
put away *v* largoj
put off *v* heq qafe
put out *v* nxjerr, shpërndaj
put up *v* ngjit
put up with *v* duroj, pajtohem
putrid *adj* i kalbur
puzzle *n* hutim, gjëzë
puzzling *adj* i mistershëm
pyramid *n* piramidë
python *n* piton

Q

quagmire *n* moçal
quail *n* shkurtë
quake *v* dridhem
qualify *v* cilësoj
quality *n* cilësi
qualm *n* skrupull
quantity *n* sasi
quarrel *v* grindem
quarrel *n* grindje
quarrelsome *adj* grindavec

quarry *n* minierë
quarter *n* çerek, anë
quarterly *adj* tremujor
quarters *n* apartament
quash *v* ndrydh
queen *n* mbretëreshë
queer *adj* tuhaf
quell *v* largooj, qetësoj
quench *v* shuaj
quest *n* kërkim, gjurmim
question *v* pyes
question *n* pyetje
questionable *adj* i dyshimtë
questionnaire *n* pyetësor
queue *n* varg, radhë
quick *adj* i shpejtë
quicken *v* shpejtoj
quickly *adv* shpejt
quicksand *n* rërë e lëvizshme
quiet *adj* i qetë
quietness *n* qetësi
quilt *n* jorgan
quit *iv* pushoj
quite *adv* krejtësisht
quiver *v* dridhem
quiz *v* pyes
quotation *n* citat
quote *v* citoj
quotient *n* koeficient

R

rabbi *n* rabin, mësues
rabbit *n* lepur
rabies *n* tërbim
raccoon *n* rakun
race *v* bëj garë, nxitoj
race *n* garë, racë
racism *n* racizëm
racist *adj* racist
racket *n* raketë
racketeering *n* mashtrim
radar *n* radar
radiation *n* rrezatim
radiator *n* radiator
radical *adj* radikal
radio *n* radio
radish *n* rrepkë
radius *n* rreze
raffle *n* mbeturinë
raft *n* trap
rag *n* leckë, zhele
rage *n* zemërim
ragged *adj* i grisur
raid *n* sulm
raid *v* sulmoj
raider *n* plaçkitës
rail *n* grila, binarë
railroad *n* hekurudhë
rain *n* shi
rain *v* bie shi

rainbow *n* ylber
raincoat *n* mushama
rainfall *n* rreshje
rainy *adj* me shi
raise *n* ngritje
raise *v* ngre
raisin *n* rrush i thatë
rake *n* rashqel
rally *n* grumbulloj
ram *n* dash
ram *v* rrah, ngjesh
ramification *n* degëzim
ramp *n* shkallë
rampage *v* tërbohem
rampant *adj* i tërbuar
ranch *n* fermë
rancor *n* ligësi, inat
randomly *adv* rastësisht
range *n* radhë, varg
rank *n* rresht, radhë
rank *v* rreshoj, radhit
ransack *v* rrëmoj
rape *v* përdhunoj
rape *n* përdhunim
rapid *adj* i shpejtë
rapist *n* përdhunues
rapport *n* raport
rare *adj* i rrallë
rarely *adv* rrallë
rascal *n* maskara
rash *n* ekzantemë
raspberry *n* mjedër

rat *n* mi
rate *n* përqindje
rather *adv* më saktë
ratification *n* ratifikim
ratify *v* ratifikoj
ratio *n* raport
ration *v* racionoj
ration *n* racion
rational *adj* racional
rationalize *v* racionalizoj
rattle *v* rraketake, zile
ravage *v* shkatërroj
ravage *n* shkatërrim
raven *n* korb
ravine *n* përroskë
raw *adj* i gjallë
ray *n* rreze
raze *v* rrafshoj
razor *n* brisk rroje
reach *v* zgjat, arrij
reach *n* zgjatje, arritje
react *v* reagoj
reaction *n* reagim
read *iv* lexoj
reader *n* lexues
readiness *n* gatishmëri
reading *n* lexim
ready *adj* gati
real *adj* i vërtetë, real
realism *n* realizëm
reality *n* realitet
realize *v* realizoj

really *adv* vërtet, realisht
realm *n* botë, mbretëri
reap *v* korr, mbledh
reappear *v* rishfaqem
rear *v* ngre, ndërtoj
rear *n* fund
rear *adj* i pasëm
reason *v* arsyetoj
reason *n* arsye
reasonable *adj* i arsyeshëm
reasoning *n* arsyetim
reassure *v* risiguroj
rebate *n* zbritje tregtimi
rebel *v* rebelohem
rebel *n* rebel
rebellion *n* rebelim
rebirth *n* rilindje
rebound *v* përplasem
rebuff *v* kundërshoj
rebuff *n* kundërshtim
rebuild *v* rindërtoj
rebuke *v* qortoj
rebuke *n* qortim
rebut *v* hedh poshtë
recall *v* thërres
recant *v* tërhiqem
recap *v* përmbledh
recapture *v* rikapje
recede *v* tërhiqem
receipt *n* marrje
receive *v* marr
recent *adj* i fundit, aktual

reception *n* pranim
receptionist *n* sportelist
receptive *adj* i zgjuar
recess *n* pushim
recession *n* tërheqje, largim
recharge *v* ringarkim
recipe *n* recetë
reciprocal *adj* reciprok
recital *n* tregim, rrëfim
recite *v* recitoj
reckless *adj* i pamend
reckon *v* llogarit
reckon on *v* mbështetem
reclaim *v* përmirësoj
recline *v* mbështetem
recluse *n* vetmitar
recognition *n* njohje, pranim
recognize *v* njoh, pranoj
recollect *v* kujtoj
recollection *n* kujtesë
recommend *v* rekomandoj
recompense *v* shpërblej
recompense *n* shpërblim
reconcile *v* pajtoj
reconsider *v* rishikoj
reconstruct *v* rindërtoj
record *v* regjistroj
record *n* regjistrim, rekord
recorder *n* regjistrues
recording *n* regjistrim
recount *n* rinumërim
recoup *v* shpaguaj

recourse *v* përdor
recourse *n* përdorim
recover *v* gjej, vjen përsëri
recovery *n* gjetje, shërim
recreate *v* rikrijoj, argëtoj
recreation *n* argëtim
recruit *v* rektrutoj
recruit *n* rekrut
recruitment *n* rektrutim
rectangle *n* drejtkëndësh
rectangular *adj* drejtkëndëshe
rectify *v* korrigjoj
rector *n* rektor, drejtor
rectum *n* zorrë e drejtë
recuperate *v* shëroj
recur *v* kthehem
recurrence *n* kthim
recycle *v* riqarkulloj
red *adj* i kuq
red tape *n* lidhëse e kuqe
redden *v* skuq
redeem *v* shlyej
redemption *n* shlyerje
red-hot *adj* i skuqur
redo *v* ribëj
redouble *v* dyfishoj
redress *v* rivendos
reduce *v* ul, zvogëloj
redundant *adj* i tepërt
reed *n* kallam
reef *n* palë
reel *n* rrotëz

reelect *v* rizgjedh
reenactment *n* rifuqizim
reentry *n* rikthim
refer to *v* i referhem
referee *n* arbitër, gjykatës
reference *n* referim
referendum *n* referendum
refill *v* rimbush
refine *v* pastroj, rafinoj
refinery *n* rafineri
reflect *v* reflektoj
reflection *n* reflektim
reflexive *adj* vetvetor
reform *v* riformoj
reform *n* reformë
refrain *v* përmbahem
refresh *v* rifreskoj
refreshing *adj* rifreskues
refreshment *n* rifreskim
refrigerate *v* ftoh, ngrij
refuge *n* strehë
refugee *n* refugjat
refund *v* riderdh, ripaguaj
refund *n* riderdhje, ripagim
refurbish *v* përtërij
refusal *n* refuzim
refuse *v* refuzoj
refuse *n* mbeturina
refute *v* hedh poshtë
regain *v* rimarr, rifitoj
regal *adj* mbretëror
regard *v* kujdesem

rely on

regarding *pre* lidhur me
regardless *adv* pavarësisht
regards *n* të fala
regeneration *n* përtëritje
regent *n* regjent
regime *n* regjim
regiment *n* regjiment
region *n* rajon
regional *adj* rajonal
register *v* regjistroj
registration *n* regjistrim
regret *v* pendohem
regret *n* pendim
regularity *n* rregullsi
regularly *adv* rregullisht
regulate *v* rregulloj
regulation *n* rregullim
rehabilitate *v* rehabilitoj
rehearsal *n* provë teatri
rehearse *v* bëj prova
reign *v* mbretëroj
reign *n* mbretërim
reimburse *v* rimbursoj
reimbursement *n* rimbursim
rein *v* frenoj
rein *n* fre, drejtim
reindeer *n* renë
reinforce *v* përforcoj
reinforcements *n* përforcime
reiterate *v* përsërit
reject *v* mohoj
rejection *n* mospranim

rejoice *v* gëzoj, kënaq
rejoin *v* i përgjigjem
rejuvenate *v* rinoj, rinohem
relapse *n* rënie
related *adj* i lidhur
relationship *n* marrëdhënie
relative *adj* i lidhur
relative *n* i afërm
relax *v* çlodhem
relax *n* çlodhje
relaxing *adj* çlodhës
relay *v* transmetoj
release *v* çliroj
relegate *v* lë në harresë
relent *v* zbutem, prekem
relentless *adj* i pamëshirshëm
relevant *adj* përkatës
reliable *adj* i sigurt
reliance *n* besim
relic *n* relike
relief *n* lehtësim
relieve *v* pakësoj
religion *n* fe
religious *adj* fetar
relinquish *v* heq dorë
relish *v* shijoj
relive *v* rijetoj
relocate *v* zhvendos
relocation *n* zhvendosje
reluctant *adj* i stepur
reluctantly *adv* pa dëshirë
rely on *v* mbështetem në

remain

remain *v* mbetem
remainder *n* mbetje
remaining *adj* i mbetur
remains *n* mbetje
remake *v* ribëj
remark *v* vërej
remark *n* vërejtje
remarry *v* martohem përsëri
remedy *v* mjekoj
remedy *n* mjekim
remember *v* kujtoj
remembrance *n* kujtesë
remind *v* kujtoj
reminder *n* kujtues
remission *n* ndjesë, falje
remit *v* ndjej, fal
remittance *n* dërgim
remnant *n* mbeturinë
remodel *v* rimodeloj
remorseful *adj* i penduar
remote *adj* i largët
removal *n* heqje
remove *v* heq
remunerate *v* shpërblej
renew *v* përtërij
renewal *n* përtëritje
renounce *v* heq dorë
renovate *v* ndërroj
renovation *n* përtëritje
renowned *adj* i shquar
rent *v* jap/marr me qira
rent *n* qira

reorganize *v* riorganizoj
repair *v* riparoj
reparation *n* riparim
repatriate *v* riatdhesoj
repay *v* kthej borxhin
repayment *n* pagim
repeal *v* shfuqizoj
repeal *n* shfuqizim
repeat *v* përsërit
repel *v* zmbraps
repent *v* pendohem
repentance *n* pendim
repetition *n* përsëritje
replace *v* zëvendësoj
replacement *n* zëvendësim
replay *n* përsërit
replenish *v* rimbush
replete *adj* i mbushur
replica *n* kopje
replicate *v* shumëfishoj
reply *v* përgjigjem
reply *n* përgjigje
report *v* raportoj
report *n* raport
reportedly *adv* nga sa thuhet
reporter *n* raportues
repose *v* mbështet
repose *n* pushim, çlodhje
represent *v* krijoj, përfaqësoj
repress *v* shtyp
repression *n* shtypje
reprieve *n* pezullim

restoration

reprint *v* rishtyp
reprint *n* rishtypje
reprisal *n* hakmarrje
reproach *v* qortoj
reproach *n* qortim
reproduce *v* riprodhoj
reproduction *n* riprodhim
reptile *n* zvarranik
republic *n* republikë
repudiate *v* kundërshtoj
repugnant *adj* i neveritshëm
repulse *v* shtyj, zmbraps
repulse *n* zmbrapsje
repulsive *adj* shtytës
reputation *n* reputacion
reputedly *adv* nga sa thuhet
request *v* kërkoj
request *n* kërkesë
require *v* kërkoj, dëshiroj
requirement *n* kërkesë, nevojë
rescue *v* shpëtoj
rescue *n* shpëtim
research *v* kërkoj, studioj
research *n* kërkim, studim
resemblance *n* ngjashmëri
resemble *v* ngjaj
resent *v* zemërohem
resentment *n* zemërim
reservation *n* rezervë
reserve *v* lë, caktoj
reservoir *n* rezervuar
reside *v* banoj

residence *n* banim
residue *n* mbetje
resign *v* lë, braktis
resignation *n* dorëheqje
resilient *adj* i përkulshëm
resist *v* rezistoj, duroj
resistance *n* rezistencë
resolute *adj* i vendosur
resolution *n* vendim
resolve *v* zgjidh
resort *v* burim, mjet
resounding *adj* kumbuese
resource *n* burim
respect *v* respektoj
respect *n* respekt
respectful *adj* me respekt
respective *adj* përkatës
respiration *n* frymëmarrje
respite *n* pushim
respond *v* përgjigjem
response *n* përgjigje
responsibility *n* përgjegjësi
responsible *adj* përgjegjës
responsive *adj* i gatshëm
rest *v* pushoj
rest *n* pushim
rest room *n* dhomë pushimi
restaurant *n* restorant
restful *adj* i qetë, qetësues
restitution *n* kthim
restless *adj* i paqetë
restoration *n* kthim, restaurim

restore

restore *v* kthej
restrain *v* pengoj, ndaloj
restraint *n* pengesë, frenim
restrict *v* kufizoj, ngushtoj
result *n* rezultat
resume *v* rifitoj, rifilloj
resumption *n* rifillim, vazhdim
resurface *v* rishtroj
resurrection *n* ringjallje
resuscitate *v* ringjall
retain *v* mbaj
retaliate *v* shpaguaj
retaliation *n* shpagim
retarded *adj* i vonuar
retention *n* ruajtje
retire *v* tërhiqem
retirement *n* dalje në pension
retract *v* mbledh, tërheq
retreat *v* tërhiqem
retreat *n* tërheqje
retrieval *n* rifitim
retrieve *v* rifitoj
retroactive *adj* kundërveprues
return *v* kthehem
return *n* kthim
reunion *n* ribashkim
reveal *v* zbuloj
revealing *adj* kuptimplotë
revel *v* zbavitem
revelation *n* zbulim
revenge *v* marr hak
revenge *n* hakmarrje

revenue *n* e ardhur
reverence *n* nderim
reversal *n* prapësim
reverse *n* shpinë
reversible *adj* i kthyeshëm
revert *v* kthehem
review *v* rishikoj
review *n* rishikim
revise *v* rishikoj
revision *n* rishikim
revive *v* rilind
revoke *v* shfuqizoj
revolt *v* revoltohem
revolt *n* revoltë
revolting *adj* revoltues
revolve *v* rrotulloj
revolver *v* revolver
revue *n* shfaqje, estradë
revulsion *n* kthim, ndryshim
reward *v* shpërblej
reward *n* shpërblim
rewarding *adj* shpërblyes
rheumatism *n* reumatizëm
rhinoceros *n* rinoqeront
rhyme *n* rimë
rhythm *n* ritëm
rib *n* brinjë
ribbon *n* kordele, fjongo
rice *n* oriz
rich *adj* i pasur
rid of *iv* çlirohem
riddle *n* gjëzë**

rotate

ride *iv* kalëroj, ngas
ridge *n* kreshtë
ridicule *v* tall
ridicule *n* tallje, përqeshje
ridiculous *adj* qesharak
rifle *n* pushkë
rift *n* plasë, e çarë
right *adv* drejt, djathtas
right *adj* i drejtë
right *n* e drejtë, drejtësi
rigid *adj* i ngurtë
rigor *n* rrëqethje
rim *n* buzë, skelet
ring *iv* tingëllon
ring *n* rreth, unazë
ringleader *n* kryebandit
rinse *v* shpërlaj
riot *v* shkaktoj trazira
riot *n* trazirë
rip *v* shqyej, gris
rip off *v* shqit, shkul
ripe *adj* i pjekur, i arrirë
ripen *v* pjek
ripple *n* valëz, degëzim
rise *iv* ngrihem, çohem
risk *v* rrezikoj
risk *n* rrezik
risky *adj* i rrezikshëm
rite *n* rit, ceremoni
rival *n* rival, kundërshtar
rivalry *n* rivalitet
river *n* lumë

rivet *v* perçinoj
riveting *adj* magjepsës
road *n* rrugë
roam *v* bredh, shëtit
roar *v* ulëras
roar *n* ulërimë
roast *v* pjek
roast *n* mish i pjekur
rob *v* grabit
robber *n* grabitës
robbery *n* grabitje
robe *n* togë
robust *adj* i fuqishëm
rock *n* shkëmb
rocket *n* raketë
rocky *adj* shkëmbor
rod *n* shkop, thupër
rodent *n* brejtës
roll *v* rrokullis
romance *n* romancë
roof *n* çati
room *n* dhomë
roomy *adj* i bollshëm
rooster *n* këndes, gjel
root *n* rrënjë
rope *n* litar
rosary *n* rruzare
rose *n* trëndafil
rosy *adj* ngjyrë trëndafili
rot *v* kalbet, prishet
rot *n* kalbësirë
rotate *v* rrotullohem

rotation *n* rrotullim
rotten *adj* i kalbur
rough *adj* i ashpër
round *adj* i rrumbullakët
roundup *n* grumbullim
rouse *v* ngre, zgjoj
rousing *adj* frymëzues
route *n* rrugë, vijë
routine *n* rutinë
row *v* vozit, lundroj
row *n* rradhë, rresht
rowdy *adj* i zhurmshëm
royal *adj* mbretëror
royalty *n* pushtet mbretëror
rub *v* fërkoj
rubber *n* fshirëse, gomë
rubbish *n* plehra, mbeturina
rubble *n* gur i palatuar
ruby *n* rubin
rudder *n* timon, timonier
rude *adj* i pasjellshëm
rudeness *n* ashpërsi
rudimentary *adj* themelor
rug *n* mbulesë, sixhade
ruin *v* shkatërroj
ruin *n* shkatërrim
rule *v* sundoj
rule *n* rregull
ruler *n* vizore
rum *n* rum
rumble *v* gjëmon
rumble *n* gjëmim

rumor *n* zhurmë
run *iv* vrapoj
run away *v* shpëtoj
run into *v* hyj, bie
run out *v* largohem
run over *v* hedh një sy
run up *v* ngjitem me vrap
runner *n* vrapues
runway *n* shteg
rupture *n* prishje
rupture *v* prish
rural *adj* bujqësor
ruse *n* dredhi, dinakëri
rush *v* vrapoj, turrem
Russia *n* Rusi
Russian *adj* Rus, rusisht
rust *v* ndryshket
rust *n* ndryshk
rustic *adj* fshatar
rusty *adj* i ndryshkur
ruthless *adj* i egër
rye *n* thekër

S

sabotage *v* sabotoj, prish
sabotage *n* sabotim
sack *v* vë në thes
sack *n* thes
sacrament *n* sakrament
sacred *adj* i shenjtë
sacrifice *n* sakrificë
sacrilege *n* sakrilegj
sad *adj* i mërzitur
sadden *v* trishtoj
saddle *n* shalë, samar
sadist *n* sadist
sadness *n* trishtim
safe *adj* i sigurt
safeguard *n* mbrojtje
safety *n* sigurim
sail *v* lundroj
sail *n* vel, pëlhurë
sailboat *n* barkë me vela
sailor *n* detar, marinar
saint *n* shenjtor
salad *n* sallatë
salary *n* rrogë
sale *n* shitje
salesman *n* shitës
saliva *n* pështymë
salmon *n* salmon
saloon *n* sallë
salt *n* kripë
salty *adj* i kripur
salvage *v* shpëtoj
salvation *n* shpëtim
same *adj* i njëjtë
sample *n* model
sanctify *v* shenjtëroj
sanction *v* konfirmoj, pohoj
sanction *n* sanksion
sanctity *n* shenjtëroj
sanctuary *n* shenjtërore
sand *n* rërë
sandal *n* sandale
sandpaper *n* letër smerili
sandwich *n* sanduiç
sane *adj* me mend
sanity *n* shëndet
sap *n* hendek
sap *v* i afrohem
saphire *n* i kaltër
sarcasm *n* sarkazëm
sarcastic *adj* sarkastik
sardine *n* sardele
satanic *adj* satanik
satellite *n* satelit
satire *n* satirë
satisfaction *n* kënaqësi
satisfactory *adj* kënaqës
satisfy *v* kënaq
saturate *v* ngop
Saturday *n* e shtunë
sauce *n* salcë
saucer *n* pjatë çaji

sausage *n* salçiçe
savage *adj* i egër
savagery *n* egërsi
save *v* shpëtoj, ruaj
savings *n* kursime
savior *n* shpëtimtar
savor *v* shijoj, provoj
saw *iv* sharroj
saw *n* sharrë
say *iv* them
saying *n* thënie
scaffolding *n* skelë
scald *v* djeg
scale *v* qëroj, pastroj
scale *n* peshore, shkallë
scalp *n* epikran
scan *v* kontrolloj, skanoj
scandal *n* skandal
scandalize *v* skandalizoj
scapegoat *n* dash i kurbanit
scar *n* shenjë, mbresë
scarce *adj* i pamjaftueshëm
scarcely *adv* mezi
scare *v* tremb
scare *n* frikë
scare away *v* tremb
scarf *n* kllapë
scary *adj* i frikshëm
scatter *v* shpërhap
scenario *n* skenar
scene *n* skenë
scenery *n* skenar, dekor

scenic *adj* natyror, skenik
scent *n* erë, kundërmim
sceptic *adj* skeptik
schedule *v* programoj, shtoj
schedule *n* program, plan
scheme *n* skemë
schism *n* skizëm, përçarje
scholar *n* nxënës, shkollar
scholarship *n* dituri, bursë
school *n* shkollë
science *n* shkencë
scientific *adj* shkencor
scientist *n* shkencëtar
scissors *n* gërshërë
scoff *v* tallem
scold *v* grindem
scolding *n* grindje
scooter *n* patinë
scope *n* rreze
scorch *v* djeg, përzhit
score *n* shenjë, llogari
score *v* gërvisht, shënoj
scorn *v* përçmoj
scornful *n* përbuzës
scorpion *n* akrep
scoundrel *n* horr, maskara
scour *v* pastroj, fërkoj
scourge *n* kamxhik
scout *n* eksplorator
scramble *v* ngjitem
scrap *n* copëz, thërrime
scrap *v* prish, çmontoj

segment

scrape *v* kruaj, qëroj
scratch *v* gërvisht
scratch *n* gërvishtje
scream *v* bërtas
scream *n* klithmë, britmë
screech *v* klithmë
screen *n* ekran, perde
screen *v* mbuloj, ekranizoj
screw *v* vidhos
screw *n* vidë
screwdriver *n* kaçavidë
scribble *v* shkaravit
script *n* shkrim, skenar
scroll *n* rrotë letre
scrub *v* fërkoj
scrupulous *adj* i kujdesshëm
scrutiny *n* shqyrtim
scuffle *n* krehër
sculptor *n* skulptor
sculpture *n* skulpturë
sea *n* det
seafood *n* ushqim deti
seagull *n* pulëbardhë
seal *v* vulos
seal *n* vulë, fokë
seal off *v* bllokoj
seam *n* tegel, qepje
seamless *adj* pa tegela
seamstress *n* rrobaqepëse
search *v* kërkoj
search *n* kërkim
seashore *n* bregdet

seaside *adj* bregdetar
season *n* stinë, sezon
seasonal *adj* sezonal
seasoning *n* ndreqje, ndërtim
seat *n* ndenjëse, stol
seated *adj* i ulur
secede *v* shkëputem
secluded *adj* i veçuar
seclusion *n* mbyllje, veçim
second *n* sekondë
secondary *adj* dytësor
secrecy *n* fshehtësi
secret *n* sekret
secretary *n* sekretar
secretly *adv* fshehtas
sect *n* sekt
section *n* seksion, ndarje
sector *n* sektor
secure *v* siguroj
secure *adj* i sigurt
security *n* siguri
sedation *n* qetësim
seduce *v* tërheq
seduction *n* mashtrim
see *iv* shikoj
seed *n* farë
seedless *adj* i pafarë
seedy *adj* me fara
seek *iv* kërkoj
seem *v* dukem, ngjaj
see-through *adj* transparent
segment *n* segment, pjesë

segregate

segregate v veçoj, izoloj
segregation n veçim, izolim
seize v kap, marr
seizure n konfiskim
seldom adv rrallë
select v zgjedh
selection n seleksionim
self-concious adj i vetëdijshëm
self-esteem n sedër
self-evident adj i qartë
self-interest n interes vetjak
selfish adj egoist
selfishness n egoizëm
self-respect n vetënderim
sell iv shes
seller n shitës
sellout n shes, likuidoj
semblance n ngjashmëri
semester n simestër
seminary n seminar
senate n senat
senator n senator
send iv dërgoj
sender n dërgues
senile adj i pleqërisë
senior adj më i vjetër, epror
seniority n vjetërsi
sensation n ndjenjë
sense v ndiej, perceptoj
sense n ndjenjë, shqisë
senseless adj i pandjenjë
sensible adj i ndjeshëm

sensitive adj ndijor
sensual adj sensual
sentence v dënoj
sentence n dënim, fjali
sentiment n ndjenjë
sentimental adj sentimental
sentry n rojë
separate v ndaj
separate adj i ndarë
separation n ndarje
September n shtator
sequel n vazhdim
sequence n rend, rrjedhim
serenade n serendatë
serene adj i kulluar
serenity n qetësi
sergeant n rreshter
series n seri
serious adj serioz
seriousness n seriozitet
sermon n predikim
serpent n gjarpër
serum n serum, limfë
servant n shërbëtor
serve v shërbej
service n shërbim
service v mirëmbaj
session n thirrje, seancë
set n palë, seri
set iv vendos, caktoj
set about v filloj
set off v dërgoj

shepherd

set out *v* ekspozoj
set up *v* filloj, ngre
setback *n* frenim, pengim
setting *n* sistemim
settle *v* ngul, vendos
settle down *v* zë vend, ulem
settle for *v* kënaqem
settlement *n* ngulim, zgjidhje
settler *n* ardhës, imigrant
setup *n* strukturë
seven *adj* shtatë
seventeen *adj* shtatëmbëdhjetë
seventh *adj* i shtatë
seventy *adj* shtatëdhjetë
sever *v* ndaj, veçoj
several *adj* i ndryshëm
severance *n* ndarje, shkëputje
severe *adj* i rreptë
severity *n* rreptësi
sew *v* qep
sewage *n* qepje
sewer *n* qepës
sewing *n* qepje, tegel
sex *n* seks
sexuality *n* seksualizëm
shabby *adj* i keq, i prishur
shack *n* kokrra
shackle *n* pranga, hekura
shade *n* hije
shadow *n* hije
shady *adj* në hije
shake *iv* dredh

shaken *adj* i dridhur
shaky *adj* e dobët
shallow *adj* i cekët
sham *n* i shtirë
shambles *n* thertore
shame *v* turpëroj
shame *n* turp
shameful *adj* turpërues
shameless *adj* pa turp
shape *v* formoj, jap formë
shape *n* formë
share *v* ndaj
share *n* copë, aksion
shareholder *n* aksionar
shark *n* peshkaqen
sharp *adj* i mprehtë
sharpen *v* mpreh
sharpener *n* mprehës
shatter *v* thyej, thërrmoj
shattering *adj* dërrmues
shave *v* rruaj
she *pro* ajo
shear *iv* qeth, pres
shed *iv* rrëzohet
sheep *n* dele
sheets *n* fletë
shelf *n* raft, sergjen
shell *n* guaskë
shelter *v* strehoj, mbroj
shelter *n* strehë
shelves *n* rafte
shepherd *n* bari

sherry

sherry *n* sherri
shield *v* mborj
shield *n* mburojë
shift *n* ndryshim
shift *v* ndryshoj
shine *iv* shkëlqej
shiny *adj* me shkëlqim
ship *n* anije
shipment *n* ngarkesë
shipwreck *n* anijethyerje
shipyard *n* kantier detar
shirk *v* shmangem
shirt *n* këmishë
shiver *v* dridhem
shiver *n* dridhërimë
shock *v* trondit
shock *n* tronditje
shocking *adj* tronditës
shoddy *adj* i keq
shoe *n* këpucë
shoot *iv* gjuaj
shoot down *v* vras
shop *v* blej
shop *n* dyqan
shopping *n* blerje
shore *n* bregdet
short *adj* i shkurtër
shortage *n* shkurtim
shortcoming *n* e metë, dobësi
shortcut *n* shkurtore
shorten *v* shkurtoj
shorthand *n* stenografi

shortlived *adj* jetëshkurtër
shortly *adv* shkurtimisht
shorts *n* mbeturina
shortsighted *adj* miop
shot *n* gjuajtje
shotgun *n* çifte, armë gjahu
shoulder *n* shpatull
shout *v* thërras
shout *n* britmë
shouting *n* klithmë, britmë
shove *v* shtyj
shove *n* shtyrje
shovel *n* lopatë
show *iv* shfaqje
show off *v* nxjerr në publik
show up *v* dukem
shower *n* dush
shrapnel *n* shrapnel
shred *v* thërrmoj
shred *n* rreckë, fërtele
shrewd *adj* mendjehollë
shriek *v* klith, sokëllij
shriek *n* klithmë
shrimp *n* karkalec deti
shrine *n* shenjtërore
shrink *iv* tkurrem
shroud *n* savan
shrouded *adj* i mbështjellë
shrub *n* shkurre
shrug *v* mbledh supet
shudder *n* dridhje, rrëqethje
shudder *v* dridhem

singleminded

shuffle *v* tërheq, zvarrit
shun *v* shmang
shut *iv* mbyll, zë
shut off *v* pres, shuaj
shut up *v* mbyll, mbyll gojën
shuttle *v* shkoj e vij
shy *adj* i turpshëm
shyness *n* turp
sick *adj* i sëmurë
sicken *v* sëmurem
sickle *n* drapër
sickness *n* sëmundje
side *n* anë
sideburns *n* favorite
sidestep *v* shmangem
sidewalk *n* trotuar
sideways *adv* anash
siege *n* rrethim
siege *v* rrethoj
sift *v* shosh, sit
sigh *n* psherëtimë
sigh *v* psherëtij
sight *n* pamje, shikim
sightseeing *v* bëj turizëm
sign *v* firmos
sign *n* shenjë
signal *n* sinjal
signature *n* firmë
significance *n* kuptim
significant *adj* me kuptim
signify *v* shpreh, tregon
silence *n* qetësi
silence *v* detyroj të heshtë
silent *adj* i qetë
silhouette *n* siluetë, kontur
silk *n* mëndafsh
silly *adj* budalla, pa mend
silver *n* argjend
silverplated *adj* veshur me argjend
silversmith *n* argjendar
silverware *n* argjendurina
similar *adj* i ngjashëm
similarity *n* ngjashmëri
simmer *v* ziej ngadalë
simple *adj* i thjeshtë
simplicity *n* thjeshtësi
simplify *v* thjeshtoj
simply *adv* thejsht
simulate *v* shtirem
simultaneous *adj* i njëkohshëm
sin *v* mëkatoj
sin *n* mëkat
since *c* meqenëse
since *pre* që prej
since then *adv* që atëherë
sincere *adj* i sinqertë
sincerity *n* sinqeritet
sinful *adj* mëkatar
sing *iv* këndoj
singer *n* këngëtar
single *n* tek, një
single *adj* beqar, tek
singlehanded *adj* teke, njëshe
singleminded *adj* i çiltër

singular

singular *adj* njëjës
sinister *adj* i keq, i lig
sink *iv* fundosem
sink in *v* futem
sinner *n* mëkatar
sip *v* rrufit
sip *n* gllënjkë
sir *n* zotëri
siren *n* sirenë
sirloin *n* filetë
sissy *adj* qullash
sister *n* motër
sister-in-law *n* kunatë
sit *iv* ulem
site *n* sit
sitting *n* ndenjie, ulje
situated *adj* i ndodhur
situation *n* situatë
six *adj* gjashtë
sixteen *adj* gjashtëmbëdhjetë
sixth *adj* i gjashti
sixty *adj* gjashtëdhjetë
sizable *adj* i madh
size *n* masë, madhësi
size up *v* mat, peshoj
skate *v* bëj patinazh
skate *n* patina
skeleton *n* skelet
skeptic *adj* skeptik
sketch *v* skicoj, vizatoj
sketch *n* skicë, vizatim
sketchy *adj* i skicuar

ski *v* ski
skill *n* aftësi
skillful *adj* i aftë, i zoti
skim *v* tund, prek
skin *v* rrjep, qëroj
skin *n* lëkurë, lëvore
skinny *adj* i dobët
skip *v* anashkaloj
skip *n* anashkalim
skirmish *n* përleshem
skirt *n* fund
skull *n* kafkë
sky *n* qiell
skylight *n* baxhë
skyscraper *n* pallat
slab *n* rrasë, plloçë
slack *adj* i lirë,
slacken *v* ul, ngadalësoj
slacks *n* pantallona të gjera
slam *v* përplaset
slander *n* shpifje
slanted *adj* i pjerrët
slap *n* dackë, shuplakë
slash *n* e prerë, plagë
slash *v* pres, çaj
slate *n* pllakë, rrasë
slaughter *v* therr, vras
slaughter *n* therrje, vrasje
slave *n* skllav
slavery *n* skllavëri
slay *iv* therr
sleazy *adj* i hollë, i parrahur

snitch

sleep *iv* fle
sleep *n* gjumë
sleeve *n* mëngë
sleeveless *adj* pa mëngë
sleigh *n* sajë
slender *adj* i hollë, i ngushtë
slice *v* thelëmoj, çaj
slice *n* copë, thelë
slide *iv* rrëshqas, shkas
slightly *adv* pak, lehtë
slim *adj* truphollë, i hollë
slip *v* shkas, rrëshqas
slip *n* shkarje, rrëshqitje
slipper *n* shapka
slippery *adj* i rrëshqitshëm
slit *iv* vrimë, e çarë
slogan *n* parullë, reklamë
slope *n* pjerrësi
sloppy *adj* i pjerrët
slot *n* post, vend pune
slow *adj* i ngadaltë
slow down *v* ngadalësoj
slowly *adv* me ngadalë
sluggish *adj* përtac
slum *n* lagje e varfër
slump *v* bie
slump *n* rënie, shembje
slur *v* shpif, njollos
sly *adj* finok, dinak
smack *n* shije, amëz
smack *v* shijon, bie erë
small *adj* i vogël

small print *n* shënim
smallpox *n* li
smart *adj* i zgjuar
smash *v* shtyp
smear *n* njollë, bojatisje
smear *v* lyej, laturis
smell *iv* nuhas
smelly *adj* me erë
smile *v* buzëqesh
smile *n* buzëqeshje
smith *n* farkëtar, kovaç
smoke *v* pi duhan
smoked *adj* i tymosur
smoker *n* duhanpirës
smooth *v* shtroj, lëmoj
smooth *adj* i lëmuar
smoothly *adv* butë, ëmbël
smoothness *n* rrafshësi
smother *v* mbyt
smuggler *n* kontrabandist
snail *n* kërmill
snake *n* gjarpër
snapshot *n* fotografi e çastit
snare *v* zë me lak
snare *n* lak
snatch *v* kap, rrëmbej
sneak *v* tinëzar
sneeze *v* tështij
sneeze *n* tështimë
sniff *v* rrufit, nuhat
sniper *n* snajper
snitch *v* spiunoj, vjedh

snooze

snooze *v* dremit
snore *v* gërhas
snore *n* gërhitje
snow *v* bie borë
snow *n* dëborë
snowfall *n* rreshje bore
snowflake *n* flok bore
snub *v* qortoj rëndë
snub *n* qortim
soak *v* njomje, lagje
soak in *v* thithet
soak up *v* gëlltit, thith
soar *v* fluturoj
sob *v* them me dënesë
sob *n* dënesë
sober *adj* i matur
so-called *adj* i ashtuquajtur
sociable *adj* i shoqërueshëm
socialism *n* socializëm
socialist *adj* socialist
socialize *v* shoqërohem
society *n* shoqëri
sock *n* çorap
sod *n* plis, bucë
soda *n* sodë
sofa *n* divan
soft *adj* i butë
soften *v* zbut
softly *adv* me butësi
softness *n* butësi
soggy *adj* i qullët
soil *v* ndyj, lëroj

soil *n* tokë, dhe
soiled *adj* ranore
solace *n* ngushëllim
solar *adj* diellor
solder *v* ngjit, saldoj
soldier *n* ushtar, lidhje
sold-out *adj* të shitur
sole *n* shputë
sole *adj* i vetëm
solely *adv* vetëm
solemn *adj* solemn
solicit *v* lutem, kërkoj
solid *adj* i ngurtë
solidarity *n* solidaritet
solitary *adj* i vetmuar
solitude *n* vetmi
soluble *adj* i tretshëm
solution *n* zgjidhje
solve *v* zgjidh
somber *adj* i errët, i zymtë
some *adj* disa
somebody *pro* dikush
someday *adv* ndonjë ditë
somehow *adv* disi
someone *pro* dikush
something *pro* diçka
sometimes *adv* ndonjëherë
somewhat *adv* disi
son *n* bir
song *n* këngë
son-in-law *n* kunat
soon *adv* shpejt

speechless

soothe *v* qetësoj
sorcerer *n* magjistar
sorcery *n* magji
sore *n* lëndim
sore *adj* i lënduar
sorrow *n* dhembje
sorrowful *adj* i dhimbshëm
sorry *adj* i mërzitur
sort *n* lloj, gjini
sort out *v* klasifikoj
soul *n* shpirt
sound *n* tingull
sound *v* tingëllon
soup *n* supë
sour *adj* i thartë
source *n* burim
south *n* jug
southbound *adv* i linjës së jugut
southeast *n* juglindje
southern *adj* jugor
southwest *n* juperëndim
souvenir *n* suvenir
sovereign *adj* sovran
sovereignty *n* sovranitet
soviet *adj* sovjetik
sow *iv* mbjell
spa *n* llixhë
space *n* hapësirë
spacious *adj* me hapësirë
spade *n* lopatë, bel
Spain *n* Spanjë
span *v* mat me pëllëmbë

span *n* pëllëmbë
Spaniard *n* spanjoll
Spanish *adj* spanjoll, spanjisht
spank *v* rrah në prapanica
spare *v* kursej, ruaj
spare *adj* i varfër, i dobët
spare part *n* pjesë këmbimi
sparingly *adv* me kursim
spark *n* shkëndijë
spark off *v* filloj
spark plug *n* kandelë
sparkle *v* shkëndijoj
sparrow *n* trumcak
sparse *adj* i rrallë
spasm *n* spazmë
speak *iv* flas
speaker *n* folës
spear *n* heshtë, shtizë
spearhead *v* drejtoj
special *adj* i veçantë
specialize *v* specializoj
specialty *n* specialitet
species *n* specie, lloje
specific *adj* specifik
specimen *n* mostër
speck *n* njollë
spectacle *n* spektakël
spectator *n* spektator
speculate *v* hamendësoj
speculation *n* hamendësim
speech *n* të folur, fjalim
speechless *adj* memec

speed

speed *iv* shpejtoj, nxitoj
speed *n* shpejtësi
speedily *adv* me shpejtësi
speedy *adj* i shpejtë
spell *iv* gërmëzoj
spell *n* magji, radhë
spelling *n* drejtshkrim
spend *iv* shpenzoj
spending *n* shpenzim
sperm *n* spermë
sphere *n* sferë
spice *n* erëza
spicy *adj* aromatik
spider *n* merimangë
spiderweb *n* rrjetë merimange
spill *iv* derdh, lëshoj
spill *n* rënie, rrëzim
spin *iv* tjerr, vërtit
spine *n* shpinë
spineless *adj* jokërbishtor
spinster *n* lëneshë
spirit *n* shpirt
spiritual *adj* shpirtëror
spit *iv* pështyj
spite *n* inat, mërzi
spiteful *adj* i mërishëm
splash *v* spërkat
splendid *adj* i shkëlqyer
splendor *n* shkëlqim
splint *n* gëzhdallë
splinter *n* ashkël, kleçkë
splinter *v* ashkëloj

split *n* çarje, plasaritje
split *iv* çaj, ndaj
split up *v* çahem, ndahem
spoil *v* prish, dëmtoj
spoils *n* plaçkë, pre
sponge *n* sfungjer
sponsor *n* sponsor
spontaneity *n* spontanitet
spontaneous *adj* spontan
spooky *adj* misterioz
spool *n* gjep, masur
spoon *n* lugë
spoonful *n* lugë plot
sporadic *adj* sporadik
sport *n* sport
sportman *n* sportist
sporty *adj* sportiv
spot *v* njollos
spot *n* vend, njollë
spotless *adj* pa njolla
spouse *n* nuse
sprain *v* ndrydh
sprawl *v* bie përmbys
spray *v* spërkat
spread *iv* shpërndaj
spring *iv* hov, kërcej
spring *n* pranverë
springboard *n* trampolin
sprinkle *v* stërpik, pudros
sprout *v* mbin
spruce up *v* ndreq
spur *v* shpj, nxit

start

spur *n* çapua, nxitje
spy *v* spiunoj
spy *n* spiun
squalid *adj* i ndyrë, i fëlliqur
squander *v* shkapërdredh
square *adj* katror, këndrejtë
square *n* katror
squash *v* shtyp, mbyt
squeak *v* klith, çirrem
squeaky *adj* e cjerrë
squeamish *adj* i prishur
squeeze *v* shtrëngoj
squid *n* sepje
squirrel *n* ketër
stab *v* therr
stab *n* therrje
stability *n* qëndrueshmëri
stable *adj* i qëndrueshëm
stable *n* stallë, burg
stack *v* ngre pirg
stack *n* mullar, pirg
staff *n* shkop, staf
stage *n* skenë
stage *v* shfaq
stagger *v* lëkundem
staggering *adj* i lëkundur
stagnant *adj* i ndenjur
stagnate *v* amullohet
stagnation *n* amulli
stain *v* njollos
stain *n* njollë
stair *n* shkallë

stairs *n* shkallë
stake *n* hu, shtyllë
stake *v* piketoj
stale *adj* e ndenjur
stalemate *n* pat, ngecje
stalk *v* ec me hap të sigurt
stalk *n* hap i sigurt
stall *n* grazhd
stall *v* grazhdoj
stammer *v* belbëzoj
stamp *v* përplas
stamp *n* përplasje, vulë
stamp out *v* stampoj
stampede *n* arrati
stand *iv* qëndroj
stand *n* qëndrim
stand for *v* mbështet
stand out *v* dal
stand up *v* ngrihem
standard *n* standard
standardize *v* standardizoj
standing *n* qëndrim
standpoint *n* pikëpamje
staple *v* kap, shtrëngoj
staple *n* grep, gremç
stapler *n* makinë qepëse
star *n* yll
starch *n* amidon, ngurtësi
starchy *adj* amiloid, i ngurtë
stare *v* vështroj ngultas
stark *adj* i ngrirë
start *v* filloj

start *n* fillim
startle *v* tremb, trondit
startled *adj* i trembur
starvation *n* zi buke, uri
starve *v* vdes urie
state *n* gjendje, shtet
state *v* shpreh, shpall
statement *n* deklaratë
station *n* stacion
stationary *adj* i palëvizshëm
stationery *n* shkresori
statistic *n* statistikë
statue *n* statujë
status *n* status
staunch *adj* i fortë
stay *v* qëndroj
stay *n* qëndrim
steady *adj* i qëndrueshëm
steak *n* thelë, biftek
steal *iv* vjedh
stealthy *adj* vjedharak
steam *n* acull, mjegull
steel *n* çelik
steep *adj* i thepisur
stem *n* kërcell
stem *v* rrjedh nga
stench *n* grahmë
step *n* hap
step down *v* zbres
step out *v* dal
step up *v* ngjitem, hip
stepbrother *n* vëlla i gjetur
step-by-step *adv* hap pas hapi
stepdaughter *n* vajzë e gjetur
stepfather *n* njerk
stepladder *n* shkallëz
stepmother *n* njerkë
stepsister *n* motër e gjetur
stepson *n* djalë i gjetur
sterile *adj* steril
sterilize *v* sterilizoj
stern *n* kiç
stern *adj* i rreptë, i egër
sternly *adv* rreptë
stew *n* gjyveç
stewardess *n* stuardesë
stick *v* ngul, fut
stick *iv* shkop, bastun
stick around *v* rri pranë
stick out *v* duroj, përballoj
stick to *v* kundërshtoj
sticker *n* ngjitës, gjemb
sticky *adj* ngjitës
stiff *adj* i ngrirë, i fortë
stiffen *v* ngrij, mpij
stiffness *n* mpirje, fortësi
stifle *v* mbyt, asfiksoj
stifling *adj* mbytëse
still *adj* i qetë
still *adv* i qetë
stimulant *n* stimulues
stimulate *v* stimuloj, nxit
stimulus *n* stimul
sting *iv* pickon

stride

sting *n* gjemb, thumb
stinging *adj* thumbues
stingy *adj* koprrac
stink *iv* qelbet
stink *n* grahmë
stinking *adj* erëkeq, i qelbur
stipulate *v* përcaktoj një kusht
stir *v* trazoj
stir up *v* trazoj, përziej
stitch *v* qep
stitch *n* qepje, syth
stock *v* mbush, furnizoj
stock *n* trung, mall
stocking *n* çoraçe të gjata
stockpile *n* inventar, rezervë
stockroom *n* magazinë
stoic *adj* stoik
stomach *n* stomak
stone *n* gur
stone *v* qëlloj me gur
stool *n* stol, kopsht
stop *v* ndaloj
stop *n* ndalesë
stop by *v* ndalem
stop over *v* ndaloj për pak
storage *n* magazinim
store *v* pajis, mbush
store *n* furnizim, dyqan
stork *n* lejlek
storm *n* stuhi
stormy *adj* i stuhishëm
story *n* histori, tregim

stove *n* sobë
straight *adj* i drejtë
straighten out *v* rregullohet
strain *v* tendos, ndej
strain *n* tendosje
strained *adj* i tendosur
strainer *n* tërheqës
strait *n* i ngushtë
stranded *adj* ngecur
strange *adj* i çuditshëm
stranger *n* i huaj, i panjohur
strangle *v* mbyt
strap *n* rrip
strategy *n* strategji
straw *n* kashtë
strawberry *n* luleshtrydhe
stray *adj* arrakat, i humbur
stray *v* arrakatem
stream *n* vijë uji, rrëke
street *n* rrugë
streetcar *n* tramvaj
streetlight *n* dritë rruge
strength *n* fuqi
strengthen *v* forcoj, përforcoj
strenuous *adj* i gjalë, energjik
stress *n* forcë, stres
stressful *adj* stresues
stretch *n* zgjatje, shtrirje
stretch *v* zgjat, shtrij
stretcher *n* vig, barelë
strict *adj* strikt
stride *iv* përparoj

strife

strife *n* grindje
strike *n* goditje, gjuajtje
strike *iv* qëlloj, godas
strike back *v* kthej goditjen
strike out *v* heq, prish
strike up *v* nis, marr
striking *adj* me zile
string *n* spango, lidhëse
stringent *adj* i ashpër
strip *n* rrip, shirit
strip *v* zhvesh
stripe *n* vijë, gisht
striped *adj* i vizuar
strive *iv* përpiqem
stroke *n* goditje
stroll *v* shëtit
strong *adj* i fortë
structure *n* strukturë
struggle *v* luftoj
struggle *n* luftë
stub *n* cung
stubborn *adj* kokëfortë
student *n* student
study *v* studioj
stuff *n* lëndë, material
stuff *v* mbush
stuffing *n* mbushje
stuffy *adj* i ndenjur
stumble *v* pengohem
stun *v* trullos
stunning *adj* tronditëse
stupendous *adj* i mahnitshëm

stupid *adj* budalla
stupidity *n* budallallëk
sturdy *adj* i fortë
stutter *v* belbëzoj
style *n* stil
subdue *v* nënshtroj
subdued *adj* i nënshtruar
subject *v* nënshtroj
subject *n* subjekt, shtetas
sublime *adj* sublim
submerge *v* zhyt
submissive *adj* i nënshtruar
submit *v* pranoj
subpoena *v* thërras në gjyq
subpoena *n* fletëthirrje gjyqi
subscribe *v* nënshkruaj, firmos
subscription *n* nënshkrim, firmë
subsequent *adj* i mëvonshëm
subsidiary *adj* ndihmës
subsidize *v* ndihmoj
subsidy *n* subvencion
subsist *v* ekziston
substance *n* substancë
substandard *adj* nën standard
substantial *adj* i ngurtë
substitute *v* zëvendësoj
substitute *n* zëvendës
subtitle *n* nëntitull
subtle *adj* i lehtë, delikat
subtract *v* bëj zbritje
subtraction *n* zbritje
suburb *n* periferi

suppose

subway *n* nënkalim
succeed *v* pasoj, ndjek
success *n* sukses
successful *adj* i suksesshëm
successor *n* pasardhës
succulent *adj* i lëngësht
succumb *v* bie, dorëzohem
such *adj* i tillë
suck *v* thith
sucker *adj* thithës
sudden *adj* i papritur
suddenly *adv* papritur
sue *v* padit
suffer *v* vuaj
suffer from *v* vuaj nga
suffering *n* vuajtje
sufficient *adj* i mjaftueshëm
suffocate *v* mbyt
sugar *n* sheqer
suggest *v* sugjeroj
suggestion *n* sugjerim
suggestive *adj* tregues
suicide *n* vetëvrasje
suit *n* kostum
suitable *adj* i përshtatshëm
suitcase *n* valixhe, çantë
sullen *adj* i zymtë
sulphur *n* squfur
sum *n* shumë
sum up *v* mbledh
summarize *v* përmbledh
summary *n* përmbledhje

summer *n* verë
summit *n* majë, kulm
summon *v* thërras
sumptuous *adj* luksoz
sun *n* diell
sunblock *n* krem me filtër maksimal
sunburn *n* nxirje në diell
Sunday *n* e Diel
sundown *n* perëndim dielli
sunglasses *n* syze dielli
sunken *adj* i fundosur
sunny *adj* me diell
sunrise *n* lindje dielli
sunset *n* perëndim dielli
superb *adj* madhështor
superfluous *adj* i tepërt
superior *adj* superior
superiority *n* superioritet
supermarket *n* supermarket
superpower *n* superfuqi
supersede *v* zëvendësoj
superstition *n* supersticion
supervise *v* mbikëqyr, ruaj
supervision *n* mbikëqyrje
supper *n* darkë
supple *adj* elastik
supplier *n* furnizues
supplies *n* furnizime
supply *v* furnizoj
support *v* mbështet
supporter *n* mbështetës
suppose *v* supozoj

supposing

supposing *c* gjoja
supposition *n* supozim
suppress *v* mbyt, shtyp
supremacy *n* epërsi
supreme *adj* suprem
surcharge *n* mbingarkesë
sure *adj* i sigurt
surely *adv* sigurisht
surf *v* bëj sërf
surface *n* sipërfaqe
surge *n* ngritje e dallgës
surgeon *n* kirurg
surgical *adv* kirurgjik
surname *n* mbiemër
surpass *v* tejkaloj
surplus *n* tepricë, mbetje
surprise *v* habit, befasoj
surprise *n* surprizë, habi
surrender *v* dorëzoj, lëshoj
surrender *n* kapitullim
surround *v* rrethoj
surroundings *n* rrethime
survey *n* vështrim
survival *n* mbijetesë
survive *v* mbijetoj
survivor *n* mbijetues
susceptible *adj* i ndjeshëm
suspect *v* dyshoj
suspect *n* dyshim
suspend *v* var, pezulloj
suspenders *n* varëse, grepa
suspense *n* ankth, pezull

suspension *n* varje
suspicion *n* dyshim
suspicious *adj* i dyshimtë
sustain *v* mbaj, mbështet
sustenance *n* ushqim
swallow *v* gëlltit
swamp *n* moçal
swan *n* mjellmë
swap *v* këmbej
swap *n* këmbim
swarm *n* zoj bletësh
sway *v* tundem
swear *iv* betohem
sweat *n* djersë
sweat *v* djersit
sweater *n* triko
Sweden *n* Suedi
Sweedish *adj* suedisht, suedez
sweep *iv* fshij, pastroj
sweet *adj* i ëmbël
sweeten *v* ëmbëlsoj
sweetheart *n* zemër
sweetness *n* ëmbëlsi
sweets *n* ëmbëlsira
swell *iv* fryj, ënjt
swelling *n* fryrje, ënjtje
swift *adj* i shpejtë
swim *iv* notoj
swimmer *n* notar
swimming *n* not
swindle *v* mashtroj
swindle *n* mashtrim

swindler *n* mashtrues
swing *iv* tundem,
swing *n* tundje, lëkundje
Swiss *adj* zvicerian
switch *v* fshikulloj
switch *n* shufër, çelës
switch off *v* fik
switch on *v* ndez
Switzerland *n* Zvicër
swivel *v* rrotullohet
swollen *adj* i ënjtur
sword *n* shpatë
swordfish *n* peshk-shpatë
syllable *n* rrokje
symbol *n* simbol
symbolic *adj* simbolik
symmetry *n* simetri
sympathize *v* simpatizoj
sympathy *n* simpati
symphony *n* simfoni
symptom *n* simptomë
synagogue *n* sinagogë
synchronize *v* sinkronizoj
synod *n* sinod, kuvend
synonym *n* sinonim
synthesis *n* sintezë
syphilis *n* sifilis
syringe *n* shiringë
syrup *n* shurup
system *n* sistem
systematic *adj* sistematik

T

table *n* tavolinë
tablecloth *n* mësallë
tablespoon *n* lugë buke
tablet *n* pllakë, tabletë
tack *n* thumb
tackle *v* kap, mbaj
tact *n* takt, maturi
tactful *adj* me takt
tactical *adj* taktik
tactics *n* taktikë
tag *n* bisht, fund
tail *n* bisht
tail *v* shtoj në fund
tailor *n* rrobaqepës
tainted *adj* i prishur
take *iv* marr
take apart *v* çmontohem
take away *v* heq
take back *v* marr mbrapsht
take in *v* fut brenda
take off *v* zbath, ik
take out *v* nxjerr, heq
take over *v* mar pushtetin
tale *n* përrallë
talent *n* talent
talk *v* flas
talkative *adj* llafazan
tall *adj* i gjatë
tame *v* zbut, mësoj

tangent

tangent *n* tangent
tangerine *n* tangjerinë
tangible *adj* i prekshëm
tangle *n* ngatërroj
tank *n* sternë, tank
tantamount to *adj* i barabartë me
tantrum *n* zemërim
tap *n* rubinet
tape *n* shirit, fjongo
tape recorder *n* magnetofon
tapestry *n* sixhade muri
tar *n* katran
tarantula *n* tarantulë
tardy *adv* i vonuar
target *n* shenjë, objektiv
tariff *n* tarifë
tarnish *v* errësij, nxij
tart *n* tortë, byrek
tartar *n* çmërs
task *n* detyrë
taste *v* shijoj
taste *n* shije
tasteful *adj* i shijshëm
tasteless *adj* pa shije
tasty *adj* i shijshëm
tavern *n* tavernë
tax *n* taksë
tea *n* çaj
teach *iv* mësoj
teacher *n* mësues
team *n* skuadër
teapot *n* çajnik

tear *iv* gris
tear *n* lot, grisje
tearful *adj* qaraman
tease *v* ngacmoj, mundoj
teaspoon *n* lugë çaji
technical *adj* teknik
technicality *n* hollësi teknike
technician *n* teknik
technique *n* teknikë
technology *n* teknologji
tedious *adj* i mërzitshëm
tedium *n* mërzi
teenager *n* adoleshent
teeth *n* dhëmbë
telegram *n* telegram
telepathy *n* telepati
telephone *n* telefon
telescope *n* teleskop
television *n* televizion
tell *iv* tregoj
teller *n* tregues
telling *adj* tregim
temper *n* temperament
temperature *n* temperaturë
tempest *n* stuhi
temple *n* tempull
temporary *adj* përkohësisht
tempt *v* tundoj
temptation *n* tundim
tempting *adj* tundues
ten *adj* dhjetë
tenacity *n* këmbëngulje

thicken

tenant *n* qiramarrës
tendency *n* tendencë, prirje
tender *adj* i butë, i njomë
tenderness *n* butësi, njomësi
tennis *n* tenis
tenor *n* përmbajtje, tenor
tense *adj* i tendosur
tension *n* tension
tent *n* çadër
tentacle *n* këmbënofull
tentative *adj* përpjekje
tenth *n* i dhjetë
tenuous *adj* i hollë, i imët
tepid *adj* i vaktë
term *n* kufi, cak
terminate *v* përfundoj
terminology *n* terminologji
termite *n* termite
terms *n* kushte
terrace *n* tarracë
terrain *n* terren
terrestrial *adj* tokësor
terrible *adj* i tmershëm
terrific *adj* i tmershëm
terrify *v* tmerroj
terrifying *adj* tmerrues
territory *n* territor
terror *n* terror
terrorism *n* terrorizëm
terrorist *n* terrorist
terrorize *v* terrorizoj
terse *adj* i përmbledhur

test *v* testoj, provoj
test *n* test, provë
testament *n* testament
testify *v* dëshmoj, tregoj
testimony *n* dëshmi
text *n* tekst
textbook *n* libër mësimor
texture *n* ëndje, thurje
thank *v* falenderoj
thankful *adj* mirënjohës
thanks *n* falenderim
that *adj* që, i cili
thaw *v* shkrij
thaw *n* shkrirje
theater *n* teatër
theft *n* vjedhje
theme *n* temë, çështje
themselves *pro* vetë
then *adv* pastaj
theologian *n* teolog
theology *n* teologji
theory *n* teori
therapy *n* terapi
there *adv* atje
therefore *adv* prandaj
thermometer *n* termometër
thermostat *n* termostat
these *adj* këto
thesis *n* tezë
they *pro* ata
thick *adj* i hollë
thicken *v* holloj

thickness

thickness *n* trashësi
thief *n* hajdut
thigh *n* kofshë
thin *adj* i hollë
thing *n* gjë, diçka
think *iv* mendoj
third *adj* i tretë
thirst *v* kam etje
thirsty *adj* i etur
thirteen *adj* trembëdhjetë
thirty *adj* tridhjetë
this *adj* kjo
thorn *n* gjemb, telash
thorny *adj* gjembak
thorough *adj* i hollësishëm
those *adj* ato
though *c* megjithëse
thought *n* mendim
thoughtful *adj* i menduar
thousand *adj* mijë
thread *v* shkoj fillin, kaloj
thread *n* pe, fill
threat *n* kërcënim
threaten *v* kërcënoj
three *adj* tre
thresh *v* shij
threshold *n* prag, kufi
thrifty *adj* kursimtar
thrill *v* dredh, rrëqeth
thrill *n* dridhje, rrëqethje
thrive *v* çelitem
throat *n* grykë, gurmaz

throb *n* rrahje, fërgëllimë
throb *v* rreh, regëtin
thrombosis *n* trompozë
throne *n* fron
throng *n* turmë, mizëri
through (thru) *pre* përtej
throw *iv* hedh
throw away *v* hedh tutje
throw up *v* hedh përpjetë
thug *n* kriminel
thumb *n* pulqer, gisht
thumbtack *n* pineskë
thunder *n* bubullimë
thunderbolt *n* bubullimë
Thursday *n* e Enjte
thus *adv* prandaj
thwart *v* pengoj, prish
thyroid *n* tiroid
tickle *v* gudulis
tickle *n* guduli, kruajtje
ticklish *adj* gudulisës
tidal wave *n* valë e baticës
tide *n* periudhë
tidy *adj* i pastër, i rregullt
tie *v* lidh
tie *n* lidhëse, kravatë
tiger *n* tigër
tight *adj* i ngushtë
tighten *v* ngushtoj
tile *n* tjegull, pllakë
till *adv* derisa
till *v* lëvroj, punoj

tilt *v* anoj, përkulem
timber *n* qereste
time *n* kohë
time *v* llogarit kohën
timeless *adj* i përjetshëm
times *n* kohë
timetable *n* orar
timid *adj* i ndrojtur
timidity *n* ndrojë
tin *n* kallaj
tiny *adj* i vogël
tip *n* majë, bakshish
tired *adj* i lodhur
tiredness *n* lodhje
tireless *adj* i palodhur
tiresome *adj* i lodhshëm
tissue *n* ind
title *n* titull
to *pre* në
toad *n* thithëlopë
toast *v* thek, skuq
toast *n* bukë e thekur
toaster *n* bukëthekës
tobacco *n* duhan
today *adv* sot
toe *n* gisht i këmbës
together *adv* së bashku
toil *v* mundohem
toilet *n* tualet
token *n* shenjë, tregues
tolerable *adj* e durueshme
tolerance *n* tolerancë

tolerate *v* toleroj
toll *n* taksë e rrugës
toll *v* i bie këmbanës
tomato *n* domate
tomb *n* varr
tombstone *n* gur varri
tomorrow *adv* nesër
ton *n* ton, tonelatë
tone *n* ton, tonalitet
tongs *n* mashë
tongue *n* gjuhë
tonic *n* tonik
tonight *adv* sonte
tonsil *n* bajame
too *adv* gjithashtu
tool *n* mjet
tooth *n* dhëmb
toothache *n* dhimbje dhëmbi
top *n* majë
topic *n* temë
topple *v* rrëzoj, përmbys
torch *n* pishtar, flakë
torment *v* mundoj, torturoj
torment *n* mundim, torturim
torrent *n* përrua, rrëke
torrid *adj* përvëluese
torso *n* trung, bust
tortoise *n* breshkë
torture *v* torturoj
torture *n* torturë
toss *v* hedh, flak
total *adj* total, shumë

totalitarian *adj* totalitar
totality *n* tërësi
touch *n* prekje
touch *v* prek
touch on *v* prek, përmend
touch up *v* theksoj
touching *adj* mallëngjyes
tough *adj* i fortë
toughen *v* forcoj
tour *n* udhëtim
tourism *n* turizëm
tourist *n* turist
tournament *n* turne
tow *v* rimorkoj, tërheq
tow truck *n* kamion rimorkimi
towards *pre* drejt
towel *n* peshqir
tower *n* kullë
towering *adj* shumë i lartë
town *n* qytet
town hall *n* bashki e qytetit
toxic *adj* toksik, helmues
toxin *n* toksinë
toy *n* lodër
trace *v* gjurmoj
track *n* gjurmë
track *v* ndjek
traction *n* tërheqje
tractor *n* traktor
trade *n* tregti
trade *v* tregtoj
trademark *n* markë e fabrikës

trader *n* tregëtar
tradition *n* traditë
traffic *n* tregti, trafik
traffic *v* bëj tregti
tragedy *n* tragjedi
tragic *adj* tragjik
trail *v* zvarrit, tërheq
trail *n* gjurmë, trajektore
trailer *n* ndjekës, rimorkio
train *n* tren
train *v* arsimoj, edukoj
trainee *n* nxënës
trainer *n* trajner, stërvitës
training *n* mësim, edukim
trait *n* tipar, veti
traitor *n* tradhtar
trajectory *n* trajektore
tram *n* tramvaj
trample *v* ec rëndë
trance *n* trans, ekstazë
tranquility *n* qetësi
transaction *n* marrëveshje, veprim
transcend *v* tekjaloj, kapërcej
transcribe *v* transkriptoj
transfer *v* transferoj
transfer *n* transferim
transform *v* transformoj
transformation *n* transformim
transfusion *n* transfuzion
transient *adj* kalimtar
transit *n* transit, kalim

trousers

transition *n* tranzicion, ndryshim
translate *v* përkthej
translator *n* përkthyes
transmit *v* transmetoj
transparent *adj* transparent
transplant *v* transplantoj
transport *v* transportoj
trap *n* kurth, grackë
trash *n* plehra
trash can *n* kosh plehrash
traumatic *adj* traumatik
traumatize *v* traumatizoj
travel *v* udhëtoj
traveler *n* udhëtar
tray *n* tabaka
treacherous *adj* tradhtar
treachery *n* tradhti, pabesi
tread *iv* shkel, vë këmbën
treason *n* tradhti
treasure *n* thesar
treasurer *n* arkëtar
treat *v* bisedoj, trajtoj
treat *n* festë, qerasje
treatment *n* trajtim
treaty *n* traktat, marrëveshje
tree *n* pemë
tremble *v* dridhje
tremendous *adj* i tmerrshëm
tremor *n* dridhje
trench *n* vijë, hendek
trend *n* rrymë, drejtim
trendy *adj* i modës

trespass *v* shkel, bëj shkelje
trial *n* gjyq, gjykim
triangle *n* trekëndësh
tribe *n* fis
tribulation *n* mundim
tribunal *n* gjyqësor
tribute *n* nderim
trick *v* mashtroj
trick *n* dredhi, marifet
trickle *v* pikon, rrjedh
tricky *adj* mashtrues
trigger *v* shkrep
trigger *n* sustë, këmbëz
trim *v* rregulloj
trimester *n* tremujor
trimmings *n* furniturë, stoli
trip *n* udhëtim, shëtitje
trip *v* eci lehtë, pengohem
triple *adj* i trefishtë
tripod *n* trekëmbësh
triumph *n* triumf
triumphant *adj* triumfues
trivial *adj* i vogël
trolley *n* karrocë dore
troop *n* grup, turmë
trophy *n* trofe
tropic *n* tropik
tropical *adj* tropikal
trouble *n* telash
trouble *v* mundoj
troublesome *adj* ngatërrestar
trousers *n* pantallona

T

trout

trout *n* troftë	**turmoil** *n* trazirë, rrëmujë
truce *n* armëpushim	**turn** *n* rrotullim, vërtitje
truck *n* kamion	**turn** *v* rrotulloj, kthej
trucker *n* kopshtar	**turn back** *v* kthej mbrapsht
trumpet *n* trumbetë	**turn down** *v* hedh poshtë
trunk *n* trung, kërcu	**turn in** *v* hyj
trust *v* besoj	**turn off** *v* mbyll, fik
trust *n* besim	**turn on** *v* hap, ndez
truth *n* e vërteta	**turn out** *v* dal, ngrihem
truthful *adj* e vërtetë	**turn over** *v* kthehem
try *v* përpiqem, provoj	**turn up** *v* mbërrij, gjendem
tub *n* fuçi, vazo	**turret** *n* kullë
tuberculosis *n* tuberkuloz	**turtle** *n* breshkë
Tuesday *n* e Martë	**tusk** *n* çatall
tuition *n* mësim	**tutor** *n* mësues privat
tulip *n* tulipan	**tweezers** *n* piskatore
tumble *v* rrëzohem	**twelfth** *adj* i dymbëdhjetë
tummy *n* bark	**twelve** *adj* dymbëdhjetë
tumor *n* tumor	**twentieth** *adj* i njëzetë
tumult *n* rrëmujë	**twenty** *adj* njëzet
tumultuous *adj* i potershëm	**twice** *adv* dy herë
tuna *n* peshk tuna	**twilight** *n* muzg
tune *n* melodi	**twin** *n* binjak
tune *v* akordoj	**twinkle** *v* vixëllon, vegullon
tune up *v* akordohet	**twist** *v* dredh, bëj gërshet
tunic *n* tunikë	**twist** *n* kordon, fishek
tunnel *n* tunel	**twisted** *adj* i dredhur, i tjerrur
turbine *n* turbinë	**twister** *n* tjerrës
turbulence *n* turbullirë	**two** *adj* dy
turf *n* livadh, lëndinë	**tycoon** *n* tajkun
Turk *adj* turk	**type** *n* lloj
Turkey *n* Turqi	**type** *v* shtyp

uneven

typical *adj* tipik
tyranny *n* tirani
tyrant *n* tiran

U

ugliness *n* shëmti
ugly *adj* i shëmtuar
ulcer *n* ulçerë
ultimate *adj* i fundit
ultimatum *n* ultimatum
ultrasound *n* ultratingull
umbrella *n* çadër
umpire *n* arbitër, gjyqtar
unable *adj* i paaftë, i pazoti
unanimity *n* unanimitet
unarmed *adj* i paarmatosur
unassuming *adj* modest
unattached *adj* i lirë
unaware *adj* i pavetëdijshëm
unbiased *adj* i paanshëm
unbroken *adj* i pathyeshëm
unbutton *v* shkopsit
uncertain *adj* i pasigurt
uncle *n* xhaxha, dajë
uncommon *adj* i pazakontë
unconscious *adj* i pavetëdijshëm
uncover *v* zbuloj
undecided *adj* i pavendosur

under *pre* poshtë
undercover *adj* i fshehtë
underdog *n* viktimë
undergo *v* pësoj
underground *adj* nën dhe, metro
underlie *v* ndodhet poshtë
underline *v* nënvizoj
underlying *adj* themelor
undermine *v* minoj
underneath *pre* poshtë
underpass *n* nënkalim
understand *v* kuptoj
understandable *adj* i kuptueshëm
understanding *adj* i zgjuar
undertake *v* ndërmarr
underwrite *v* nënshkruaj
undeserved *adj* i pamerituar
undisputed *adj* i padiskutuar
undo *v* zhbëj, prish
undoubtedly *adv* padyshim
undress *v* zhvesh
undue *adj* i palejueshëm
unearth *v* zhvarros
uneasiness *n* parehati
uneasy *adj* i parehatshëm
uneducated *adj* i paedukuar
unemployed *adj* i papunë
unemployment *n* papunësi
unending *adj* pafund
unequal *adj* i pabarabartë
unequivocal *adj* i qartë
uneven *adj* i pabarabartë

uneventful

uneventful *adj* i qetë, monoton
unexpected *adj* i papritur
unfailing *adj* i pagabueshëm
unfair *adj* i padrejtë
unfairly *adv* padrejtësisht
unfairness *n* padrejtësi
unfaithful *adj* i pabesë
unfamiliar *adj* i panjohur
unfasten *v* zbërthej
unfavorable *adj* i pavolitshëm
unfit *adj* i papërshtatshëm
unfold *v* shpalos
unforeseen *adj* i paparashikuar
unforgettable *adj* i paharrueshëm
unfounded *adj* i pabazuar
unfriendly *adj* armiqësor
unfurnished *adj* i pamobiluar
ungrateful *adj* mosmirënjohës
unhappiness *n* fatkeqsi
unhappy *adj* fatkeq
unharmed *adj* i padëmtuar
unhealthy *adj* i pashëndetshëm
unheard-of *adj* i padëgjuar
unhurt *adj* i palënduar
unification *n* unifikim
uniform *n* uniformë
uniformity *n* uniformitet
unify *v* bashkoj
unilateral *adj* i njëanshëm
union *n* bashkim
unique *adj* unik
unit *n* njësi

unite *v* bashkoj
unity *n* unitet
universal *adj* universal
universe *n* univers
university *n* universitet
unjust *adj* i padrejtë
unjustified *adj* i pajustifikuar
unknown *adj* i panjohur
unlawful *adj* i paligjshëm
unleaded *adj* pa plumb
unleash *v* lëshoj, zgjidh
unless *c* po të mos
unlike *adj* i ndryshëm
unlikely *adj* i pagjasë
unlimited *adj* i pakufi
unload *v* shkarkoj
unlock *v* hap
unlucky *adj* i pafat
unmarried *adj* i pamartuar
unmask *v* demaskoj
unmistakable *adj* i pagabueshëm
unnecessary *adj* i panevojshëm
unnoticed *adj* i pa vënë re
unoccupied *adj* i pazënë
unofficially *adv* jo zyrtarisht
unpack *v* shpaketoj
unpleasant *adj* i pakënaqshëm
unplug *v* heq (nga priza)
unpopular *adj* jo popullor
unprofitable *adj* pa përfitime
unprotected *adj* i pambrojtur
unravel *v* zgjidh, liroj

utter

unreal *adj* jo real
unrealistic *adj* jo realist
unrelated *adj* i palidhur
unreliable *adj* i pabesueshëm
unrest *n* shqetësim
unsafe *adj* i pasigurt
unselfish *adj* zemërgjerë
unsuspecting *adj* besimplotë
untie *v* zgjidh
until *pre* derisa
untimely *adj* i papërshtatshëm
untouchable *adj* i paprekshëm
untrue *adj* i pavërtetë
unusual *adj* i pazakontë
unveil *v* zbuloj
unwillingly *adv* me pahir
unwind *v* shpështjell
unwise *adj* i pamend
unwrap *v* hap, çmështjell
upbringing *n* edukim
upcoming *adj* në pritje
update *v* përditësoj
upheaval *n* ngritje
uphill *adv* e përpjetë
uphold *v* ngre, ngre lart
upholstery *n* tapiceri
upkeep *n* mirëmbajtje
upon *pre* me, si
upper *adj* i sipërm
upright *adj* i drejtë, pingul
uprising *n* zgjim
uproar *n* zhurmë

uproot *v* shkull, çrrënjos
upset *v* përmbys
upside-down *adv* i përmbysur
upstairs *adv* lart
uptight *adj* i tensionuar
upwards *adv* lart, sipër
urban *adj* i qytetit, urban
urge *n* shtytje, nxitje
urge *v* shtyj, nxit
urgency *n* ngut, urgjencë
urgent *adj* urgjent
urinate *v* urinoj
urine *n* urinë
urn *n* urnë, poçe
us *pro* ne, neve
usage *n* përdorim
use *v* përdor
use *n* përdorim
used to *adj* i mësuar me
useful *adj* i dobishëm
usefulness *n* dobi
useless *adj* i padobishëm
user *n* përdorues
usher *n* portier, derëtar
usual *adj* i zakonshëm
usurp *v* uzurpoj, rrëmbej
utensil *n* mjet, vegël
uterus *n* mitër
utilize *v* përdor
utmost *adj* i skajmë
utter *v* i plotë, i tërë

V

vacancy *n* boshllëk
vacant *adj* i lirë
vacate *v* zbraz, liroj
vacation *n* pushime
vaccinate *v* vaksinoj
vaccine *n* vaksinë
vacillate *v* lëkundem
vagrant *n* bredhës, rrugaç
vague *adj* i vagët
vain *adj* e kotë, boshe
vainly *adv* kot
valiant *adj* trim
valid *adj* i vlefshëm
validate *v* ratifikoj
validity *n* vërtetësi
valley *n* luginë
valuable *adj* i vlefshëm
value *n* vlerë
valve *n* valvul
vampire *n* vampir
van *n* furgon
vandal *n* vandal
vandalism *n* vandalizëm
vandalize *v* vandalizoj
vanguard *n* pararojë
vanish *v* zhdukem
vanity *n* kotësi
vanquish *v* mund, mposht
vaporize *v* avulloj
variable *adj* i ndryshueshëm
varied *adj* i larmishëm
variety *n* larmi
various *adj* i ndryshëm
varnish *v* llakoj, lustroj
varnish *n* vërnik, llak
vary *v* ndryshoj
vase *n* vazo
vast *adj* i madh
veal *n* mish viçi
veer *v* ndryshim
vegetable *v* perime
vegetarian *v* vegjetarian
vegetation *n* vegjetacion
vehicle *n* automjet
veil *n* vel, vello
vein *n* venë
velocity *n* shpejtësi
velvet *n* kadife
venerate *v* nderoj
vengeance *n* hakmarrje
venison *n* mish kaprolli
venom *n* helm, vrer
vent *n* vrimë, dalje
ventilate *v* ajros
ventilation *n* ajrim
venture *v* kuturis, guxoj
venture *n* kuturi, aventurë
verb *n* folje
verbally *adv* gojarisht
verbatim *adv* fjalë për fjalë
verdict *n* verdikt, vendim

visualize

verge *n* buzë, anë
verification *n* verifikim
verify *v* verifikoj
versatile *adj* i shumëanshëm
verse *n* varg
versed *adj* i mësuar
version *n* version
versus *pre* kundër
vertebra *n* vertebër
very *adv* shumë
vessel *n* enë, anije
vest *n* jelek, fanellë
vestige *n* vesh
veteran *n* veteran
veterinarian *n* veteriner
veto *v* ndaloj
viaduct *n* viadukt
vibrant *adj* dridhës
vibrate *v* dridhem
vibration *n* dridhje
vice *n* ves
vicinity *n* fqinjësi
vicious *adj* i prishur
victim *n* viktimë
victimize *v* viktimizoj
victor *n* fitimtar
victorious *adj* fitues
victory *n* fitore
view *n* pamje
view *v* shikoj
viewpoint *n* pikëpamje
vigil *n* vigjilje

village *n* fshat
villager *n* fshatar
villain *n* horr, maskara
vindicate *v* mbroj
vindictive *adj* hakmarrës
vine *n* hardhi
vinegar *n* uthull
vineyard *n* vresht, kopsht
violate *v* shkel, dhunoj
violence *n* dhunë
violent *adj* i dhunshëm
violet *n* vjollcë
violin *n* violinë
violinist *n* violinist
viper *n* nëpërkë
virgin *n* e virgjër
virginity *n* virgjëri
virile *adj* mashkullor
virility *n* burrëri
virtually *adv* virtualisht
virtue *n* virtyt
virtuous *adj* i virtytshëm
virulent *adj* virulent
virus *n* virus
visibility *n* shikueshmëri
visible *adj* i dallueshëm
vision *n* vizion
visit *n* vizitë
visit *v* vizitoj
visitor *n* vizitor
visual *adj* viziv
visualize *v* përfytyroj

V

vital *adj* jetësor, jetik
vitality *n* jetësi, gjallëri
vitamin *n* vitaminë
vivacious *adj* i gjallë
vivid *adj* i gjallë, i fortë
vocabulary *n* fjalor
vocation *n* prirje
vogue *n* modë
voice *n* zë
void *adj* i zbrazët
volatile *adj* fluturor
volcano *n* vullkan
volleyball *n* volejboll
voltage *n* voltazh
volume *n* volum
volunteer *n* vullnetar
vomit *v* vjell
vomit *n* vjellje
vote *v* votoj
vote *n* votë
voting *n* votim
vouch for *v* them, pohoj
voucher *n* dorëzanë
vow *v* betim, zotim
vowel *n* zanore
voyage *n* udhëtim
voyager *n* udhëtar
vulgar *adj* i trashë
vulgarity *n* mendjetrashësi
vulnerable *adj* i prekshëm
vulture *n* hutë

W

wafer *n* biskotë
wag *v* tund, luaj
wage *n* rrogë, shpërblim
wagon *n* vagon, qerre
wail *v* vajtoj
wail *n* vajtim
waist *n* bel, mes
wait *v* pres
waiter *n* kamarier
waiting *n* pritje
waitress *n* kamariere
waive *v* heq dorë nga
wake up *iv* zgjohem
walk *v* ec
walk *n* ecje
walkout *n* dal në grevë
wall *n* mur
wallet *n* kuletë
walnut *n* arrë
walrus *n* elefant deti
waltz *n* vals
wander *v* bredhje
wanderer *n* endacak
wane *v* hahet, thyhet
want *v* dua, dëshiroj
war *n* luftë
ward *n* rojë, ruajtje
warden *n* kujdestar, rojë
wardrobe *n* dollap rrobash

wedge

warehouse *n* magazinë, depo
warfare *n* luftë
warm *adj* ngrohtë
warm up *v* nxehje
warmth *n* ngrohtësi
warn *v* paralajmëroj
warning *n* paralajmërim
warp *v* shtrembëroj
warped *adj* i shtrembëruar
warrant *v* siguroj, garantoj
warrant *n* autorizim
warranty *n* autorizim
warrior *n* luftëtar
warship *n* luftanije
wart *n* lyth, iriq
wary *adj* i matur
wash *v* laj
wasp *n* grerëz, arëz
waste *v* shpërdoroj
waste *n* rrënore, hapësirë
waste basket *n* kosh plehrash
wasteful *adj* dorëlëshuar
watch *n* roje, orë dore
watch *v* shikoj, ruaj
watch out *v* bëj kujdes
watchful *adj* vigjilent
watchmaker *n* orëbërës
water *n* ujë
water *v* ujit
water down *v* holloj me ujë
waterfall *n* ujëvarë
waterheater *n* ujëngrohëse

watermelon *n* shalqi
waterproof *adj* kundra ujit
watershed *n* ujëndarëse
watertight *adj* i përkryer
watery *adj* ujor
watt *n* vat
wave *n* valë, dallgë
waver *v* lëkundet, dridhet
wavy *adj* i valëzuar
wax *n* dyllë
way *n* rrugë
way in *n* rrugëhyrje
way out *n* rrugëdalje
we *pro* ne
weak *adj* i dobët
weaken *v* dobësoj
weakness *n* dobësi
wealth *n* pasuri
wealthy *adj* i pasur
weapon *n* armë
wear *n* veshje
wear *iv* vesh
wear down *v* vjetërohet
wear out *v* konsumohet
weary *adj* i lodhur
weather *n* mot
weave *iv* en, thur
web *n* rrjetë
web site *n* uebsajt
wed *iv* martohem
wedding *n* martesë
wedge *n* kunj, pykë

W

Wednesday *n* e mërkurë
weed *n* barishte
weed *v* spastroj
week *n* javë
weekday *adj* ditë jave
weekend *n* fundjavë
weekly *adv* çdo javë
weep *iv* qaj, lotoj
weigh *v* peshoj
weight *n* peshë
weird *adj* i çuditshëm
welcome *v* mirëpres
welcome *n* mirëseardhje
weld *v* ngjit, saldoj
welder *n* saldator
welfare *n* mirëqënie
well *n* pus
well-known *adj* i mirënjohur
well-to-do *adj* i pasur
west *n* perëndim
western *adj* perëndimor
westerner *adj* perëndimor
wet *adj* i lagur
whale *n* balenë
wharf *n* mol
what *adj* çfarë
whatever *adj* çfarëdoqoftë
wheat *n* grurë
wheel *n* rrotë
wheelbarrow *n* karrocë dore
wheelchair *n* karrige me rrota
wheeze *v* dihatje, gulçim

when *adv* kur
whenever *adv* kurdoqoftë
where *adv* ku
whereabouts *n* ku, nga
whereas *c* ndërsa
whereupon *c* prandaj
wherever *c* kudoqoftë
whether *c* nëse, në
which *adj* i cili
while *c* ndërsa
whim *n* tekë
whine *v* dënes
whip *v* fshikulloj
whip *n* shufër, thupër
whirl *v* rrotullohem
whirlpool *n* dredhë, shtjellë
whisper *v* përshpërit
whisper *n* përshpëritje
whistle *v* fishkëllej
whistle *n* fishkëllimë
white *adj* e bardhë
whiten *v* zbardh
whittle *v* holloj
who *pro* kush
whoever *pro* cilido
whole *adj* i tërë
wholehearted *adj* i përzemërt
wholesome *adj* i shëndetshëm
whom *pro* kë, cilin
why *adv* pse
wicked *adj* i lig, i keq
wickedness *n* ligësi

wizard

wide *adj* i gjerë
widely *adv* gjerësisht
widen *v* zgjeroj
widespread *adj* të hapura
widow *n* e ve, vejushë
widower *n* vejan, i ve
width *n* gjerësi
wield *v* përdor
wife *n* grua
wig *n* parukë
wiggle *v* përdridhem
wild *adj* i egër
wild boar *n* derr i egër
wilderness *n* shkretëtirë
wildlife *n* kafshë të egra
will *n* vullnet, dëshirë
willfully *adv* me vullnet
willing *adj* i vullnetshëm
willingly *adv* vullnetarisht
willingness *n* dëshirë, gatishmëri
willow *n* shelg
wily *adj* finok, dredharak
win *iv* fitoj
win back *v* rifitoj
wind *n* erë
wind *iv* fryj
wind up *v* mbyll, likuidoj
winding *adj* gjarpërues
windmill *n* mulli me erë
window *n* dritare
windpipe *n* laring
windshield *n* xham i përparëm

windy *adj* me erë
wine *n* verë
winery *n* punishte vere
wing *n* krah, fletë
wink *n* shkelje e syrit
wink *v* shkel syrin
winner *n* fitues
winter *n* dimër
wipe *v* fshij
wipe out *v* fshij, laj
wire *n* tel, fill
wireless *adj* pa filla
wisdom *n* mençuri
wise *adj* i mençur
wish *v* dëshiroj
wish *n* dëshirë
wit *n* mendje
witch *n* shtrigë
witchcraft *n* shtrigëri
with *pre* me
withdraw *v* tërheq
withdrawal *n* tërheqje
withdrawn *adj* të tërhequra
wither *v* thahet, fishket
withhold *iv* fsheh, nuk ia jap
within *pre* brenda
without *pre* pa
withstand *v* qëndroj, bëj ballë
witness *n* dëshmitar
witty *adj* mendjeprehtë
wives *n* gra, bashkëshorte
wizard *n* magjistar

W

wobble v lëkundem, luhatem
woes n dhembje, vuajtje
wolf n ujk
woman n grua
womb n krimb
women n gra
wonder v habitem
wonder n mrekulli
wonderful adj e mrekullueshme
wood n dru, pyll
wooden adj prej druri
wool n lesh
woolen adj prej leshi
word n fjalë
wording n formulë
work n punë
work v punoj
work out v zgjidh
workable adj e punueshme
workbook n libër pune
worker n punëtor
workshop n punishte
world n botë
worldly adj botërisht
worldwide adj mbarëbotëror
worm n krimb
worn-out adj i lodhur
worrisome adj shqetësues
worry v shqetësoj
worry n shqetësim
worse adj më keq
worsen v përkeqësoj
worship n adhurim
worst adj më keq
worthless adj pa vlerë
worthwhile adj që vlen
worthy adj me vlerë
would-be adj që aspiron
wound n dëmtim, plagë
wound v plagos
woven adj thurrur
wrap v mbështjell
wrap up v mbështillem
wrapping n mbështjellje
wrath n zemërim
wreath n kurorë
wreck v thyej, mbyt
wreckage n anijethyerje
wrench n përdredhje
wrestle v mundem, shtrij
wrestler n mundës
wrestling n mundje
wretched adj fatkeq
wring iv shtrydh
wrinkle v rrudh, zhubros
wrinkle n rrudhë
wrist n kyç
write iv shkruaj
write down v shkruaj
writer n shkrimtar
writhe v përpëlitem
writing n shkrim
written adj e shkruar
wrong adj i gabuar

X

X-mas *n* krishtlindje
X-ray *n* rreze X

Y

yacht *n* jaht
yam *n* jams
yard *n* jard
yarn *n* fije
yawn *n* gogësimë
yawn *v* gogësij
year *n* vit
yearly *adv* çdo vit
yearn *v* dëshiroj
yeast *n* tharm, farë
yell *v* klith, bërtas
yellow *adj* e verdhë
yes *adv* po
yesterday *adv* dje
yet *c* akoma
yield *v* lëshoj, jap
yield *n* rendiment, prodhim
yoke *n* zgjedhë
you *pro* ti
young *adj* i ri
youngster *n* djalosh
your *adj* tënde
yours *pro* tëndja
yourself *pro* vetë
youth *n* rini
youthful *adj* rinor

Z

zap v bombardoj
zeal n zell, dëshirë
zealous adj i zellshëm
zebra n zebër
zero n zero
zest n lëkurë limoni
zinc n zink
zip code n kod zip
zipper n zinxhir
zone n zonë
zoo n kopsht zoologjik
zoology n zoologji

Albanian-English

Bilingual Dictionaries, Inc.

Abbreviations

a - article
n - noun
e - exclamation
pro - pronoun
adj - adjective
adv - adverb
v - verb
iv - irregular verb
pre - preposition
c - conjunction

A

abaci *f* abbey
abazhur *m* lampshade
abdikim *m* abdication
abdikoj *v* abdicate
abdomen *f* abdomen
abort *m* abortion
abot *m* abbot
absolut *adj* absolute
abstrakt *adj* abstract
absurd *adj* absurd
abuzim *m* abuse
abuzoj *v* abuse
acar *m* frost
acarohet *v* fester
acartë : i *adj* crisp, chill
acid *m* acid
aciditet *m* acidity
adaptoj *v* adapt
adaptueshëm : i *adj* adaptable
aderoj *v* adhere
adet *m* custom
adhurim *m* worship
adhuroj *v* adore
adhurueshëm : i *adj* adorable
admiral *m* admiral
admirim *m* admiration
admiroj *v* admire
admirues *m* admirer
adoleshencë *m* adolescence
adoleshent *m* teenager
adresë *f* address
adresoj *v* address
adresuar : i *m* addressee
aeroplan *m* airplane
aeroport *m* airport
afat i fundit *m* deadline
afat i gjatë *adj* long-term
afatkeqësi *f* casualty
afekt *v* affect
afër *pre* about
afërm : i *adj* adjacent
afërm : i *m* relative
afërsi *m* proximity
afërt : i *adj* close, imminent
afishues *f* poster
afrim *m* approach
afrohem : i *adj* sap
afruar : i *adj* approachable
aftë : i *adj* skillful, capable
aftësi *f* ability, skill
agim *m* dawn
agjenci *f* agency
agjendë *m* agenda
agjent *m* agent
agjitator *m* agitator
aglomerat *v* agglomerate
agnostik *m* agnostic
agoni *f* agony
agresion *m* assault
agresor *adj* aggressive
aheng *m* feast

ai

ai *pro* he
ai që fiton *m* beneficiary
ajër *f* air
ajkë *f* cream
ajo *pro* she
ajrim *m* ventilation
ajros *v* air, ventilate
ajsberg *m* iceberg
akademi *m* academy
akademik *adj* academic
akër *m* acre
aklimatizoj *v* acclimatize
akoma *c* yet
akoma *adv* else
akord *m* accord
akordohet *v* tune up
akordoj *v* confer, tune
akrep *m* scorpion
akrobat *m* acrobat
aks *m* axis
aksident *m* accident
aksiomë *m* axiom
aksionar *m* shareholder
akt *m* action
akt heroik *m* exploit, feat
aktiv *adj* active, bustling
aktivitet *m* activity
aktivizim *m* activation
aktivizoj *v* activate
aktor *m* actor
aktore *f* actress
aktual *adj* current, recent

aktualisht *adv* currently
akuarium *m* aquarium
akull *m* ice
akullin *v* defrost
akullnajë *f* glacier
akullore *f* ice cream
akullt : i *adj* frigid, frozen, icy
akustikë *adj* acoustic
akuzë *f* accusation
akuzoj *v* accuse, indict
alarm *m* alarm, alert
alarmues *adj* alarming
aleat *adj* allied
aleat *m* ally
alegori *f* allegory
alergji *f* allergy
alergjik *adj* allergic
alfabet *m* alphabet
algjebër *f* algebra
aliazh *m* alloy
aligator *m* alligator
alkoolik *adj* alcoholic
alkoolizëm *m* alcoholism
altar *m* altar
alternativ *adj* alternate
alternativë *m* alternative
alternim *m* altercation
alternoj *v* alternate
altoparlantë *m* loudspeaker
alumin *m* aluminum
aluzion *m* allusion, hint
amator *adj* amateur

anoj

ambasadë *f* embassy
ambasador *m* ambassador
ambicie *f* ambition
ambicioz *adj* ambitious
ambient *m* environment
ambivalent *adj* ambivalent
ambulancë *f* ambulance
amendament *m* amendment
amënor *adj* maternal
amerikan *adj* American
amësi *f* motherhood
amfib *adj* amphibious
amfiteatër *m* amphitheater
amidon *m* starch
amiloid *adj* starchy
amnesti *f* amnesty
amnezi *f* amnesia
amoniak *m* ammonia
amoral *adj* amoral
amorf *adj* amorphous
amortizoj *v* amortize
amplifikoj *v* amplify
amputim *m* amputation
amputoj *v* amputate
amulli *f* stagnation
amullohet *v* stagnate
amvise *f* housewife
analfabet *adj* illiterate
analizë *f* analysis
analizoj *v* analyze
analogji *f* analogy
ananas *m* pineapple

anarki *f* anarchy
anarkist *m* anarchist
anash *adv* sideways
anashkalim *m* skip
anashkaloj *v* skip
anasjelltas *adv* conversely
anatomi *f* anatomy
anë *f* margin, side
anekdotë *f* anecdote
aneksim *m* annexation
anemi *f* anemia
anemik *adj* anemic
anësi *m* bias
anësor *adj* collateral
anestezi *f* anesthesia
anëtar *m* member
anëtarësi *m* membership
angazhim *m* engagement
angazhoj *v* engage
angjinë *f* angina
anglez *adj* English
Angli *m* England
anglikan *adj* Anglican
anije *f* ship
anijethyerje *m* wreckage
ankand *m* auction
ankim *m* complaint
ankohem *v* moan, complain
ankth *m* obsession
ankues *m* plaintiff
anohem *v* lean
anoj *v* tilt

anomali *f* abnormality
anonim *adj* anonymous
anonimitet *m* anonymity
antenë *f* antenna
antibiotik *m* antibiotic
antik *adj* ancient
antilopë *f* antelope
antipastë *m* appetizer
antipati *f* antipathy
anulim *m* annulment
anuloj *v* annul
ao vetë *pro* herself
aparaturë *f* equipment
apartament *m* apartment, flat
apati *f* apathy
apelim *m* appeal
apeloj *v* appeal
apendicit *m* appendicitis
aperitiv *m* aperitif
apetit *m* appetite
aplikacion *m* application
aplikues *m* applicant
apo *c* or
apokalips *m* apocalypse
apologji *f* apology
apostolik *adj* apostolic
apostrofë *m* apostrophe
aprovim *m* approbation
aprovoj *v* assent
aq sa *adv* as
arab *adj* Arabic
aranzhim *m* arrangement

aranzhoj *v* arrange
arbitër *m* arbiter
arbitrim *adj* arbitrary
arbitrim *m* arbitration
arbitroj *v* arbitrate
ardhës *m* settler
ardhje *f* approach, coming
ardhshëm : i *adj* coming
ardhur : e *adj* revenue
ardhur rrotull : të *m* courtship
ardhura : të *f* increment
arenë *f* arena
arësyeshëm : i *adj* legitimate
argëtim *m* recreation
argëtues *adj* humorous
argjend *m* silver
argjendar *m* jeweler
argjendurina *m* silverware
argjilë *f* clay
argument *m* argument
argumentoj *v* argue
ari *m* bear
arikuloj *v* articulate
aristokraci *m* aristocracy
aristoktrat *m* aristocrat
aritmetik *adj* arithmetic
arkaik *adj* archaic
arkeologji *f* archaeology
arkëtar *m* treasurer
arkitekturë *m* architecture
arkitetk *m* architect
arkivë *m* archive

ashpërsi

arkivol *m* casket, coffin
arktik *adj* arctic
armatim *m* armaments
armatos *v* arm
armatosur : i *adj* armed
armë *m* weapon, gun
armë zjarri *m* firearm
armëpushim *m* truce
armik *m* enemy, foe
armik *adj* hostile
armiqësi *f* animosity
armiqësoj *v* antagonize
armiqësor *adj* unfriendly
arnë *m* patch
arnoj *v* mend
aromatik *adj* spicy
aromatike *adj* aromatic
aromë *f* fragrance
arrakat *adj* stray
arrakatem *v* stray
arrati *v* escape
arratisur : i *adj* fugitive
arrdhje *m* arrival
arrë *m* walnut
arrë kokosi *m* coconut
arrestim *m* arrest
arrestoj *v* arrest
arrij *v* achieve, attain
arrij : të *m* arrive
arrij kulmin *v* culminate
arritje *f* achievement
arritshëm : i *adj* attainable

arrogancë *f* arrogance
arrogant *adj* arrogant
arsenal *m* arsenal
arsenik *m* arsenic
arsimoj *v* train
arsonist *m* arsonist
arsye *f* motive, reason, cause
arsye : pa *adj* groundless
arsyetim *m* reasoning
arsyetoj *v* reason
art *m* art
artë : i *adj* golden
arterie *f* artery
artificial *adj* artificial
artikulim *m* articulation
artikull *m* clause, article
artileri *f* artillery
artist *m* artist
artistike *adj* artistic
artrit *m* arthritis
as *m* ace
as *c* nor
asfalt *m* asphalt
asgjëkund *adv* nowhere
asgjësim *m* annihilation
asgjësoj *v* annihilate
ashensor *m* elevator
ashkël *f* splinter
ashpër *adv* harshly
ashpër : i *adj* rough, harsh
ashpërisht *adv* gravely
ashpërsi *f* harshness

ashtuquajtur : i *adj* so-called
asimilim *m* assimilation
asimiloj *v* assimilate
asketik *adj* ascetic
askush *pre* none, no one
asnjë *adj* neither
asnjëherë *adv* never
asociacion *m* association
asortiment *m* assortment
aspak *adv* nothing
aspekt *m* aspect, facet
aspiratë *f* aspiration
aspirinë *f* aspirin
aspiroj *v* aspire
aspiron : që *adj* would-be
astar *m* lining
asteroid *m* asteroid
astmatike *adj* asthmatic
astmë *f* asthma
astrolog *m* astrologer
astrologji *f* astrology
astronaut *m* astronaut
astronom *m* astronomer
astronomi *f* astronomy
astronomik *adj* astronomic
ata *pro* they
atdhe *m* homeland
atdhetar *adj* patriotic
atë *adj* her
atëherë : që *adv* since then
ateist *m* atheist
ateizëm *m* atheism

atëror *adj* fatherly
atësi *m* fatherhood
atje *adv* there
atlet *m* athlete
atletik *adj* athletic
atmosferë *f* atmosphere
atmosferike *adj* atmospheric
ato *adj* those
atom *m* atom
atomike *adj* atomic
atrofi *v* atrophy
auditorium *m* auditorium
autencitet *m* authenticity
auto *m* auto
autobus *m* bus
autograf *m* autograph
automatik *adj* automatic
automjet *m* vehicle
automobil *m* automobile
autonom *adj* autonomous
autonomi *f* autonomy
autopsi *f* autopsy
autor *m* author
autoritar *adj* domineering
autoritativ *adj* authoritarian
autoritet *m* authority
autorizim *m* authorization
autorizoj *v* authorize
autostop *m* hitchhike
autostradë *m* highway
avancim *m* advance
avancoj *v* advance

avantazh *m* advantage
aventurë *f* adventure
aviacion *m* aviation
avion *m* aircraft
avokat populli *m* attorney
avull *m* steam
avulloj *v* boil
avullon *v* evaporate
azil *m* asylum, exile
azot *m* nitrogen

B

baba *m* dad, father
babagjysh *m* grandfather
bagazh *m* luggage
bagëti *f* cattle, livestock
bajame *f* almond
bajat *adj* mouldy
bajgë *f* dung
bajonetë *f* bayonet
bakër *m* copper
bakshish *m* gratuity
baktere *m* bacteria
balancoj *v* balance
balenë *f* whale
ballafaqim *pre* facing
ballafaqohem *v* face up to

ballë *m* front
ballkon *m* balcony
balonë *f* balloon
balsam *m* balm
balsamoj *v* embalm
baltë *m* clay, mud
baltë : me *adj* muddy
bambu *f* bamboo
bamirës *adj* charitable
bamirësi *f* charity
banakier *m* barman
banakiere *f* barmaid
banalitet *m* banality
banane *f* banana
bandazh *m* bandage
bandit *m* bandit, gunman
banesë *f* lodging, dwelling
banim *m* residence
banjë *f* bathroom
bankë *f* bank
banket *m* banquet
banoj *v* dwell, reside
banor *m* inhabitant, inmate
banor i lindjes *m* easterner
banor i veriut *adj* northerner
banueshëm : i *adj* habitable
baptizëm *m* baptism
baptizoj *v* baptize
barabartë : i *adj* equal
barakë *f* barracks
barazi *f* equality, parity
barazoj *v* equate

barbar *m* barbarian
barbarizëm *m* barbarism
bardhë : e *adj* white
bari *m* pastor, shepherd
barishte *f* grass, herb
baritor *adj* pastoral
bark *m* belly, tummy
barkë *f* boat
barnatore *f* drugstore
barometër *m* barometer
barrë *f* burden
barrikadë *f* barricade
bartë *v* convey, cart
bartës *m* bearer
barut *m* gunpowder
bashkangjes *v* attach
bashkangjitur *adj* attached
bashkatdhetar *m* compatriot
bashkë *adv* jointly
bashkëfajtor *m* accomplice
bashkëjetoj *v* coexist, cohabit
bashkëkohor *adj* opportune
bashkëpunëtor *m* collaborator
bashkëpunim *m* cooperation
bashkëpunoj *v* collaborate
bashkëshorte *f* wives
bashkëshortor *v* conjugal
bashkësi *f* communion
bashkim *m* alliance, union
bashkohem *v* affiliate
bashkohës *adj* contemporary
bashkoj *v* unite, unify

basketboll *m* basketball
bast *m* bet
bast : vë *v* bet
bastard *m* bastard
batalion *m* battalion
batanije *f* blanket
bateri *f* battery
bathë *f* bean
baxhë *f* skylight
bazament *f* basis
bazë *f* basis, base
bazoj *v* base
befas *adv* abruptly
befasues *adj* breathtaking
begati *f* affluence
begenis *v* deign
bëhem *v* become
bëhem shok *v* befriend
bëhet pjesë *v* come apart
bëhet publik *v* come out
bëj *v* make, do, act
bejsbol *m* baseball
bekim *m* blessing
bekoj *v* bless
bekuar : i *adj* blessed
bel *m* waist
belbëzoj *v* stammer
belgjian *adj* Belgian
Belgjikë *f* Belgium
bën ngricë *v* freeze
beqar *m* bachelor, single
beqar *adj* celibate

biznesmen

beqari *m* celibacy
berber *m* barber
bërë vetë : i *adj* homemade
bërë zakon : i *adj* customary
beretë *f* beret
bërje gjestesh *v* gesticulate
bërryl *m* elbow
bërtas *v* clamor, scream
bërthamë *f* core
besim *m* faith, creed, belief
besimplotë *adj* unsuspecting
besimtar *n* believer
besnik *adj* faithful, loyal
besnikëri *n* fidelity
besoj *v* confide, trust
besuar : i *adj* credible
besueshëm : i *adj* plausible
besueshmëri *n* credibility
betejë *n* combat
betim *n* oath, vow
betim i rremë *n* perjury
betohem *v* swear
beton *m* concrete
bibël *f* bible
biblik *adj* biblical
bibliografi *f* bibliography
bibliotek *m* library
bibliotekar *m* librarian
biçikletë *f* bicycle
bie *v* fall, drop, descend
biftek *m* steak
bigami *f* bigamy

bijë *f* daughter
bilbil *m* nightingale
biletari *f* box office
bimë *f* plant
bind *v* convince
bindem *v* obey
bindës *adj* persuasive
bindëse *adj* convincing
bindje *f* conviction
bindur : i *adj* obedient
binjak *m* twin
biografi *f* biography
biologji *f* biology
biologjik *adj* biological
bir *m* son
birësim *m* adoption
birësoj *v* adopt
birësues *adj* adoptive
birim *m* perforation
biroj *v* perforate
birrë *m* beer
birrë : bëj *v* brew
birucë *f* dungeon
bisedoj *v* chat, converse
bishë *f* beast
bisht *m* tail, tag
bishtajë *f* green bean
bishtnues *adj* evasive
biskotë *f* biscuit, cookie
bizele *f* pea
biznes *m* business
biznesmen *m* businessman

bizon

bizon *m* bison
blej *v* buy, purchase
blerës *m* buyer
blerje *f* shopping
bletë *f* bee
blic *m* flash
bllok *m* block
bllok çeqesh *m* checkbook
bllok shënimesh *m* notebook
bllokadë *f* blockade
bllokim *m* blockage
bllokim *adj* deadlock
bllokoj *v* bar, block, clog
blozë *adj* pitch-black
blu *adj* blue
blu e thellë *adj* navy blue
bluaj *v* digest, grind
bluzë *f* blouse
bodrum *m* basement
bojë *f* dye
bojë kafe *adj* brown
bojë shkrimi *f* ink
bojkotoj *v* boycott
bojler *m* boiler
boksier *m* boxer
boksim *m* boxing
bollëk *m* abundance
bollshëm : i *adj* roomy, affluent
bombardim *m* bombing
bombardoj *v* bomb
bombë *f* bomb, canister
bordel *m* brothel

borë : bie *v* snow
borgjez *adj* bourgeois
borxh *m* debt
borxhli *m* debtor
bos *m* boss
bosh *adj* empty, hollow
boshatis *v* empty
boshllëk *n* vacancy, gap
bosht *m* axle
botanik *adj* botany
botë *f* earth, world
botërisht *adj* worldly
botim *m* edition
bovë *f* buoy
braktis *v* forsake, abandon
braktisur : e *adj* deserted
braktisur : i *adj* desolate
bravandreqës *m* locksmith
bravë *f* lock
bredh *v* loiter, roam
bredhës *adj* vagrant
bredhje *v* wander
breg *m* coast
breg i rrëpirë *v* bluff
bregdet *m* coast
bregdetar *adj* coastal
brej *v* eat away, corrode
brejtës *m* rodent
brejtje *adj* crunchy
brenda *adj* inside
brenda *pre* within
brendi *f* brandy

busull

brendshëm : i *adj* interior, inner
brendshme : të *f* bowels
brengë *f* concern
brengosem *v* concern
brengosur : i *adj* dejected
breshkë *f* tortoise, turtle
bretkosë *f* frog
brez *m* belt
bri *m* horn
brigadë *f* brigade
brinjë *f* rib
brishtë : i *adj* brittle, frail
brishtësi *f* frailty
brisk rroje *m* razor
Britania *m* Britain
britanik *adj* British
britmë *f* outcry, shout
brohorit *v* acclaim
brohoritje *f* hail, ovation
bronkit *m* bronchitis
bronz *m* bronze
broshurë *f* brochure
brumbull *m* beetle
brumë *m* dough, paste
buall *m* buffalo
bubullimë *f* thunder
bucelë *m* keg
buçet *v* boom
buçitje *f* boom
budalla *m* fool, idiot
budallallëk *m* folly
buding *m* pudding

bufe *n* canteen
bufetier *n* bartender
bujar *adj* lavish
bujari *f* bounty
bujë *f* furor, fuss
bujk *m* farmer
bujqësi *f* farming
bujqësor *adj* agricultural
bukë *f* bread
bukë e thekur *f* toast
bukëthekës *f* toaster
bukur : e *adj* pretty
bukur : i *adj* beautiful
bukuri *f* beauty
buletin *f* bulletin
bulevard *m* boulevard
bulon *m* bolt
bunker *m* bunker
burbuqe *f* bud
burgos *v* incarcerate
burgosur : i *adj* prisoner
burim *v* resort
burim *m* resource
burokraci *f* bureaucracy
burokrat *m* bureaucrat
buron *v* emanate
burra *m* men
burrë *m* husband
burrë i ndarë *m* divorcee
burrëri *m* manliness
burrëror *adj* manly
busull *f* compass

but *m* butt
butë *adj* indulgent
butë *adv* smoothly
butë : i *adj* soft, mild, tender
butësi *f* softness
butësi : me *adv* softly
buton *m* button
buton stomaku *m* belly button
buxhet *m* budget
buzë *f* verge, brim, edge, rim
buzë trotuari *m* curb
buzëqesh *v* smile
buzëqeshje *f* smile
byro *f* bureau
byzylyk *m* bracelet

C

cak *m* limit
caktim *m* allotment
caktoj *v* designate, assign
caktuar : i *adj* definite, certain
car *m* czar
cekët : i *adj* shallow
celularë *f* cellphone
cement *m* cement
censurium *m* censorship
cent *m* cent
centimetër *m* centimeter
centralizoj *v* centralize
cerebrale *adj* cerebral
ceremoni *f* ceremony
cermë *f* gout
cicërimë *f* carol
cicëron *v* peep
cigare *f* cigarette
cikël *m* cycle
ciklon *m* cyclone
cilësi *f* quality
cilësoj *v* qualify
cili : i *adj* which
cilido *adj* every, any
cilin *pro* whom
cilindër *m* cylinder
cinik *adj* cynic
cinizëm *m* cynicism
cirkus *m* circus
cist *m* cyst
cisternë *f* cistern
citat *m* quotation
citoj *v* quote
civilizim *m* civilization
civilizoj *v* civilize
copë *f* chunk, fragment
copë-copë *adv* apiece
copëra *f* debris
copëtohem *v* disintegrate
copëtoj *v* maul, mangle, chop
copëz *m* bit, scrap
cung *m* stub

Ç

çadër *m* tent, umbrella
çafkë *f* gull
çahem *v* split up
çaj *m* tea
çaj *v* split
çajnik *m* kettle, teapot
çakall *m* jackal
çalë : i *adj* lame
çalim *m* limp
çaloj *v* limp
çamçakëz *m* gum
çantë *f* bag
çantë shpine *f* backpack
çapua *f* spur
çarë : e *adj* crevice
çarje *f* cleft, split
çarje toke *f* chasm
çarmatos *v* disarm
çarmatosje *f* disarmament
çartifikatë *f* certificate
çartifikoj *v* certify
çasje *v* approach
çast *m* instant
çatall *m* fang, tusk
çati *f* roof
çdo *adj* each
çdo javë *adv* weekly
çdo vit *adv* yearly
çekiç *m* hammer

çekuilibër *m* imbalance
çelës *m* key, clue
çelik *m* steel
çelitem *v* thrive
çengel *m* hook
çepkat *v* peck
çerek *m* quarter
çështje *f* affair, issue
çfarë *adj* what
çfarëdoqoftë *pro* anything
çift *m* match
çifte *f* shotgun
çifut *m* Jew
çifut *adj* Jewish
çik *v* patch
çikje *f* pat
çiklist *m* cyclist
çiltër : i *adj* forthright
çiltërsi *f* candor
çip *m* chip
çizme *f* boot
çjerrë : e *adj* squeaky
çlirim *m* liberation
çlirohem *v* rid of
çliroj *v* disentangle
çlodhem *v* relax
çlodhës *adj* relaxing
çlodhje *f* relax
çmagjepsur : i *adj* disenchanted
çmendur : i *adj* crazy, insane
çmenduri *f* craziness
çmenduri *adv* madly

çmërs *m* tartar
çmim *m* price, cost
çmim i parë *m* jackpot
çmoj *v* evaluate
çmontohem *v* take apart
çmontoj *v* dismount
çmuar : i *adj* precious
çoj *v* haul, lift
çoj me autobus *v* bus
çokollatë *f* chocolate
çomange *v* bludgeon
çorap *m* sock
çorapë *f* hose
çorientuar : i *adj* disoriented
çoroditur : i *adj* pervert
çrregullim *m* excess
çrregulloj *v* dislocate
çrregulluar : i *adj* disorganized
çrrënjos *v* eradicate
çudi *f* marvel, portent
çudis *v* astonish, amaze
çuditshëm : i *adj* bizarre, weird
çuditshme *adj* astonishing
çukit *v* peck
çyçë *f* nozzle
çyrek *m* loaf

D

dackë *n* slap
dado *f* nurse, nanny
dakord *adv* alright
dakord : bie *v* agree
dal *v* log off, step out
dal jashtë *v* move out
dal në grevë *f* walkout
dal përpara *v* pull ahead
dalë : i *adj* prominent
dalë mode : i *adj* outmoded
dalje *f* exit, outlet
dallgë *f* wave
dallim *m* distinction
dallimin : heq *v* desegregate
dallohem *v* excel
dalloj *v* distinguish
dallueshëm : i *adj* visible
daltë *f* chisel
damkoj *v* earmark
Danimarkë *m* Denmark
dardhë *f* pear
darë *f* pincers
darkë *f* dinner, supper
darkues *f* diner
dash *m* ram
dash i kurbanit *m* scapegoat
dashamirë *adj* benign
dashamirësi *m* goodwill
dashnor *m* lover

demokraci

dashurë : e *adj* girlfriend
dashur : i *adj* loving, dear
dashuri *f* fondness, love
datë *f* date
datë : vë *v* date
datoj *v* date
daulle *f* drum
daulle e veshit *f* eardrum
debat *m* debate
debatoj *v* debate
dëbim *m* expulsion, exile
debit *m* debit
dëboj *v* banish, deport
dëborë *f* snow
debutim *m* debut
decimal *adj* decimal
dede *v* dupe
dedikim *m* dedication
dedikoj *v* dedicate
deduktiv *adj* deductible
defekt *m* defect
deformoj *v* deform
dëfrej *v* amuse
dëfrim *m* pastime
dëfryes *adj* amusing
degë *f* bough, branch
degëzim *m* ramification
degjenerim *m* degeneration
degjenerohem *v* deteriorate
degjeneroj *v* degenerate
degjeneruar : i *adj* degenerate
dëgjim *m* hearing

dëgjo *v* listen
dëgjoj *v* hear
dëgjues *m* audience
dëgjueshëm : i *adj* audible
degradim *m* degradation
degradim *adj* degrading
degradoj *v* degrade
dehur : i *adj* drunk
dekadë *f* decade
dekadentizëm *m* decadence
dekafeinato *adj* decaff
dekan *m* dean
deklaratë *n* declaration
deklaroj *v* claim, declare
dekret *m* decree
dekretoj *v* decree
dekurajim *f* discouragement
dekurajoj *v* discourage
dekurajuese *adj* discouraging
del nga binarët *v* derail
dele *f* sheep
delegacion *m* delegation
delegat *m* delegate
delegoj *v* delegate
delfin *m* dolphin
delikat *adj* fragile
dëlirë : i *adj* chaste, candid
dëlirësi *f* chastity
dem *m* bull, ox
dëm *m* damage, harm
demaskoj *v* unmask
demokraci *f* democracy

demokratik

demokratik *adj* democratic
demon *m* demon
demonstrativ *adj* demonstrative
demonstroj *v* demonstrate
dëmshëm : i *adj* harmful
dëmshshëm : i *adj* detrimental
dëmtim *m* injury, wound
dëmtoj *v* damage, harm
dëmtues *adj* injurious
dëmtuese *adj* damaging
denaskoj *v* debunk
dendësi *f* density
dënduar : i *adj* heavy
dendur : i *adj* frequent
dënes *v* whine
dënesë *f* sob
deng *m* bale
dënim *m* sentence
denjoj *v* condescend
dënoj *v* sentence
denoncoj *v* denounce
dentar *adj* dental
dentist *m* dentist
denuar : i *adj* doomed
deodorant *m* deodorant
departament *m* department
depërtim *m* infiltration
depërtoj *v* penetrate
depo *f* warehouse
depozitë *f* deposit
depresion *m* depression
derdh *v* spill, pour

derdhje *f* outpouring
derë *f* door
derëtar *m* porter
dërgesë *f* delivery
dërgim *v* dispatch, send
dërgoj me postë *v* mail
dërgues *m* sender
derisa *pre* until
derr *m* pig, boar
derr i egër *m* wild boar
dërrasë *f* board
dërrasë e zezë *f* blackboard
dërrmues *adj* shattering
deshifroj *v* decipher
dëshirë *f* craving, desire
dëshirë : pa *adv* reluctantly
dëshiroj *v* wish, desire
dëshiruar : i *adj* avid
dëshirueshëm : i *adj* desirable
dëshmi *f* testimony
dëshmitar *m* eyewitness
dëshmoj *v* testify
dëshpërim *m* despair
dëshpëroj *v* dishearten
dëshpëruar : i *adj* desperate
dështim *m* failure
dështoj *v* abort, fail
desinjator *m* drawer
deskriditoj *v* discredit
despot *m* despot
despotik *adj* despotic
destinacion *m* destination

dioqezë

det *m* sea
detaj *m* detail
detajizoj *v* detail
detajuar : i *adj* itemize
detar *adj* marine
detektiv *m* detective
detektoj *v* detect
detektor *m* detector
deterxhent *m* detergent
detyrë *f* duty, task
detyrim *m* constraint
detyrohem *adj* obliged
detyroj *adj* bully
detyroj *v* compel, enforce
detyruar : i *adj* liable
detyrues *adj* compelling
detyrueshëm : i *adj* obligatory, cumpulsory
deve *f* camel
devijim *m* deviation
devijoj *v* digress
devijues *adj* devious
devotshëm : i *adj* devout
dezertoj *v* desert
dezertor *m* deserter
dezinfektoj *v* disinfect
dezinfektues *v* disinfectant
di *v* know
diabet *m* diabetes
diabetik *adj* diabetic
diagnozë *f* diagnosis
diagnozë : bëj *v* diagnose

diagonal *adj* diagonal
diagram *m* diagram
dialekt *m* dialect
dialog *m* dialogue
diamant *m* diamond
diametër *m* diameter
diarre *f* diarrhea
diçka *pro* something
diel : e *f* Sunday
diell *m* sun
diell : me *adj* sunny
diellor *adj* solar
dietë *f* diet
diftongë *m* diphthong
digë *n* pier
digjem *v* burn
dihatje *v* wheeze
diktarial *adj* dictatorial
diktator *m* dictator
diktatur *m* dictatorship
diktoj *v* dictate
dikush *pro* somebody
dilemë *f* dilemma
dimension *m* dimension
dimër *m* winter
dinakëri *f* mischief
dinamikë *adj* dynamic
dinamit *m* dynamite
dinasti *f* dynasty
dinjitet *m* dignity
dinozaur *m* dinosaur
dioqezë *f* diocese

diplomaci

diplomaci *f* diplomacy	**ditur : i** *adj* learned
diplomat *m* diplomat	**dituri** *f* scholarship
diplomatik *adj* diplomatic	**divan** *m* couch, sofa
diplomë *f* diploma	**diversitet** *m* diversity
diplomim *m* graduation	**divorc** *m* divorce
direk *m* mast	**divorcoj** *v* divorce
direktiva *f* guidelines	**dizajn** *m* design
disa *adj* some	**diziluzion** *m* disillusion
disfatë *f* defeat	**djalë** *m* boy, lad
disfavor *m* drawback	**djalë i gjetur** *m* stepson
disi *adv* somehow	**djalëri** *f* boyhood
disident *adj* dissident	**djallë** *f* demon
disiplinë *f* discipline	**djallëzor** *adj* diabolical
disk *m* disk	**djallëzuar : i** *adj* arch
disk telefoni *m* dial	**djalosh** *m* youngster
diskreditoj *v* defame	**djaloshar** *m* adolescent
diskrepancë *m* discrepancy	**djath** *m* cheese
diskriminim *m* discrimination	**dje** *adv* yesterday
diskriminoj *v* discriminate	**djeg** *v* char, grill
diskutim *m* discussion	**djegës** *adj* poignant
diskutoj *v* debate, discuss	**djegie** *f* burn
diskutueshëm : i *adj* debatable	**djegshëm : i** *adj* combustible
disponueshëm : i *adj* disposable	**djep** *m* cradle
dispozicion *adj* available	**djersë** *f* sweat
distancë *f* distance	**djersit** *v* perspire, sweat
distiloj *v* distill	**djersitje** *f* perspiration
distinktiv *m* badge	**dobësi** *f* weakness
ditar *m* diary, journal	**dobësim** *m* exhaustion
ditë *f* day	**dobësohem** *v* ebb
ditë jave *adj* weekday	**dobësoj** *v* weaken
ditëlindje *f* birthday	**dobësuar : i** *adj* emaciated
ditor *adv* daily	**dobët : e** *adj* shaky

dobët : i *adj* faint, weak
dobi *f* usefulness
dobishëm : i *adj* beneficial
doganë *f* customs
dogmatik *adj* dogmatic
dok *m* dock
doktrinë *f* doctrine
dokument *m* document
dokumentar *m* documentary
dokumentim *m* documentation
dollap rrobash *m* cupboard
dollar *m* buck
dollarë *m* dollar
domate *f* tomato
domethënë *adv* namely
dominim *m* domination
dominoj *v* dominate
donacion *m* donation
donatorë *m* donor
doracak *m* directory
dorashkë *f* muffler
dorë *f* hand
dorë : heq *v* relinquish
dorë nga : heq *v* waive
dorëheqje *f* resignation
dorëlëshuar *adj* wasteful
dorëshkrim *m* manuscript
dorëshpuar : i *adj* extravagant
dorëz *f* handle
dorëzanë *m* voucher
dorezë *f* glove
dorezë thike *f* hilt

dorëzohem *v* give in
dorëzoj *v* surrender
dosido *pro* anyhow
dosje *f* dossier, file
dozim *m* dosage
draft *m* draft
dragua *m* dragon
dramatike *adj* dramatic
dramatizoj *v* dramatize
drapër *m* sickle
drastike *adj* drastic
dre *m* deer
dredh *v* shake, twist
dredhë *f* whirlpool
dredhi *f* trick, ruse
dredhoj *v* evade
dredhur : i *adj* twisted
drejt *pre* towards
drejtë *f* right
drejtë : i *adj* just, right, fair
drejtëpërdrejtë : i *adj* direct
drejtësi *f* justice
drejtësisht *adv* justly
drejtim *m* direction
drejtkëndësh *m* rectangle
drejtkëndëshe *adj* rectangular
drejtohem *v* call on
drejtoj *v* direct, lead
drejtor *m* director
drejtpeshim *m* poise
drejtshkrim *m* spelling
drejtues *m* drifter

drejtueshëm : i *adj* manageable
drekë *f* lunch
dremis *v* doze, nod
dremit *v* snooze
dremitje *f* doze, nap
drenazh *m* drainage
dreq *m* devil
dridhem *v* shiver, shudder
dridhërimë *f* shiver
dridhës *adj* vibrant
dridhje *v* tremble
dridhje *f* tremor, shudder
dridhur : i *adj* shaken
dritë *f* light
dritë rruge *f* streetlight
dritëshkurtër *adj* nearsighted
dritëz *f* glimmer
drithë *m* cereal, corn
drogë *f* dope
drogohem *v* dope, drug
dru *m* wood
dru i fortë *m* hardwood
dru zjarri *m* firewood
druajtje *f* dismay
drurë *m* forest
dua *v* want, love
dua fort *v* cherish
duartrokas *v* applaud, clap
duartrokitje *f* applause
duhan *m* tobacco
duhanpirës *m* smoker
duhet *v* have to, need

duhur : i *adj* fitting
dukë *m* duke
dukem *v* show up, appear
dukeshë *f* duchess
duket *v* looks
dukje *f* appearance
dukje : në *adv* apparently
dukshëm : i *adj* conspicuous
duplifikim *m* duplication
durim *m* patience
duroj *v* endure
durueshëm : i *adj* bearable
durueshme : e *adj* tolerable
dush *m* shower
dushk *m* oak
dy *adj* two
dy : të *adj* both
dy herë *adv* twice
dy mujësh *adj* bimonthly
dy pika *m* colon
dyfishoj *v* double
dyfishtë *adj* dual
dyfishtë : i *adj* double
dygjuhësh *adj* bilingual
dykuptueshëm : i *adj* ambiguous
dylbi *f* binoculars
dyll beshi *m* earwax
dyllë *m* wax
dyluftim *m* duel
dymbëdhjetë *m* dozen
dymbëdhjetë *adj* twelve
dymbëdhjetë : i *adj* twelfth

dyndur *adj* congested
dyqan *m* shop
dyshe *f* couple
dyshek *m* mattress
dysheme *f* carpet, floor
dyshim *m* suspicion, doubt
dyshimt : i *adj* fishy
dyshimtë : i *adj* doubtful
dyshoj *v* doubt, suspect
dytësor *adj* secondary
dyzetë *adj* forty

DH

dhe *c* and
dhelparak *adj* foxy
dhelpër *f* fox
dhëmb *m* tooth
dhëmballë *f* molar
dhëmbë *f* teeth
dhëmbëz *f* dent
dhembje *f* pain, sorrow
dhembshëm : i *adj* compassionate
dhembshur : i *adj* affectionate
dhembshuri *f* compassion
dhëna : të *f* data, input
dhëndër *m* brother-in-law
dhëndërr *m* fiancé, groom
dhëndrri *m* bridegroom
dhënë : e *adj* clue
dhënë pas : i *adj* addicted
dhënie pas *m* addiction
dhi *f* goat
dhimbje *f* ache, anguish
dhimbje : pa *adj* painless
dhimbje barku *f* colic
dhimbje dhëmbi *f* toothache
dhimbje koke *f* headache
dhimbje veshi *f* earache
dhimbshëm : i *adj* sorrowful
dhimbshm : e *adj* painful
dhjak *m* deacon
dhjamë *m* fat, grease
dhjamor *adj* fatty
dhjamosur : i *adj* obese
dhjetë *adj* ten
dhjetë : i *adj* tenth
dhjetëcenëshe *m* dime
Dhjetor *m* December
dhoma ushqimi *f* dining room
dhomë *f* room
dhomë fëmijësh *f* nursery
dhomë gjumi *f* bedroom
dhunë *f* violence
dhunshëm : i *adj* violent
dhunti *f* dowry
dhuratë *f* grant, gift
dhuroj *v* bestow, grant

E

e *pre* of
ec *v* pace, walk
ec rëndë *v* trample
eci *v* hike
eci lehtë *v* trip
eci më tej *v* carry on
ecje *f* pace, walk
edhe më tepër *c* even more
edhe nuk *adv* neither
edhe sikur *c* even if
edukim *m* upbringing
edukoj *v* bring up, foster
edukuar : i *adj* ladylike
efekt *m* effect
efektshëm : i *adj* effective
efektshmëri *m* effectiveness
efikas *adj* efficient
efikasitet *m* efficiency
egër : i *adj* fierce, ruthless
egërsi *f* cruelty, ferocity
egoist *adj* selfish, egoist
egoizëm *m* selfishness
eklips *m* eclipse
ekologji *f* ecology
ekonomi *f* economy
ekonomik *adj* economical
ekonomizoj *v* economize

ekran *m* screen
ekscentrik *adj* eccentric
eksistuar : i *adj* feverish
eksitim *m* excitement
ekskursion *m* excursion
ekspansion *m* expansion
ekspeditë *f* expedition
eksperiencë *f* experience
eksperiment *m* experiment
ekspert *adj* expert
eksploatim *m* exploitation
eksplodim *m* explosion
eksplorator *m* scout
eksploroj *v* explore
eksploziv *adj* explosive
ekspolorues *m* explorer
eksportoj *v* export
ekspozim *m* layout
ekspozitë *m* exhibition, fair
ekspozoj *v* display, exhibit
ekstazë *f* ecstasy
ekstazë : në *adj* ecstatic
ekstradim *m* extradition
ekstradoj *v* extradite
ekstrakt *m* excerpt
ekstravagant *adj* fancy
ekstremist *adj* extremist
ekuacion *m* equation
ekuator *m* equator
ekuilibër *m* balance
ekuipazh *m* crew
ekuivalent *adj* equivalent

ese

ekzaminim *m* examination
ekzaminoj *v* examine
ekzekutoj *v* decimate
ekzekutues *m* executive
ekzistencë *f* existence
ekzistoj *v* exist, be
ekziston *v* subsist
ekzistues *adj* actual
ekzodus *m* exodus
ekzorcist *m* exorcist
ekzotik *adj* exotic
elastik *adj* elastic, supple
elb *m* barley
elefant *m* elephant
elefant deti *m* walrus
elegancë *f* elegance
elegant *adj* genteel
elektricitet *m* electricity
elektrifikoj *v* electrify
elektrik *adj* electric
elektronik *adj* electronic
element *m* element, factor
embrion *m* embryo
emër *m* name, noun
emër foljor *m* gerund
emër të : në *adv* behalf (on)
emërtues *adj* denominator
emetim *m* emission
emetoj *v* emit
emigrant *m* emigrant
emigroj *v* emigrate
enciklopedi *f* encyclopedia

endacak *m* wanderer
ende *adv* else
enë *f* dish, container
energji *f* energy
energjik *adj* energetic
engjëll *m* angel
engjëllor *adj* angelic
enklavë *m* enclave
entiziast *adj* ardent
entuziazëm *m* enthusiasm
epërsi *f* ascendancy
epidemi *f* epidemic
epikran *m* scalp
epilepsi *f* epilepsy
episod *m* episode
epitaf *m* epitaph
epokë *f* era, epoch
epror *adj* paramount
epsh *m* lust
epshor *adj* lustful
erë *f* odor, scent
erë : me *adj* smelly
erëkeq *adj* stinking
erëmirë *adj* fragrant
erëza *f* condiment
errësi *m* darkness
errësij *v* tarnish
errësim i plotë *m* blackout
errësirë *f* obscurity
errësoj *v* darken
errët : i *adj* gloomy, dark
ese *f* essay

esencë *f* essence
eshtër *f* bone
eskortë *m* escort
estetik *adj* aesthetic
ethe *f* fever
ethshëm : i *adj* hectic
etik *adj* ethical
etikë *f* ethics
etiketë *f* decorum, label
etje *f* eagerness
etur : i *adj* thirsty, eager
eufori *f* euphoria
evakuoj *v* evacuate
evgjit *m* gypsy
evidencë *f* evidence
evoluoj *v* evolve
Evropë *m* Europe
evropian *adj* European
ezofag *m* esophagus

Ë

ëkundshëm : i *adj* jumpy
ëmbël : i *adj* sweet
ëmbëlsi *f* sweetness
ëmbëlsira *f* sweets
ëmbëlsirë *f* dessert
ëmbëlsoj *v* sweeten
ëndërr *f* dream
ëndërroj *v* daydream, dream
ënjtur : i *adj* swollen

F

fabrikë *f* factory
fabrikë birre *f* brewery
fabrikoj *v* manufacture
fabulë *f* fable
faj *m* blame, guilt, fault
fajancë *f* crockery
fajësi *f* culpability
fajësoj *v* blame
fajtor *m* culprit
fajtor *adj* delinquent
fakt *m* fact
faktik *adj* factual
faktor *m* factor
fakultet *m* faculty
fal *v* forgive, pardon
fala : të *f* greetings
falenderim *m* thanks
falenderoj *v* thank
falimentim *m* bankruptcy
falimentoj *v* bankrupt
falimentuar *adj* bankrupt

fëmijëror

falje *f* forgiveness
fals *adj* phoney
falshëm : i *adj* forgivable
falsifikim *m* forgery
falsifikoj *v* falsify
falsifikuar : i *adj* counterfeit
falsitet *m* falsehood
falso *adj* fake
faltore *f* chapel
famë *f* fame
famëkeq *adj* notorious
famëmadh *adj* famous
familjar *adj* homely
familjaritet *m* intimacy
familjarizuar : i *adj* familiar
familje *f* family
famshëm : i *adj* illustrious
famulli *f* parish
famullisë : i *adj* parochial
fanar *m* lantern
fanatik *adj* bigot, fanatic
fanatizëm *m* bigotry
fanitet *v* haunt
fantastik *adj* fantastic
fantazi *f* fantasy
fantazmë *f* ghost
faqe *f* page
fara : me *adj* seedy
farë *f* egg, embryo
farefis *adj* akin
farkëtar *n* blacksmith
farkëtoj *v* forge

farmaci *f* pharmacy
farmacist *m* pharmacist
faros *v* exterminate
farsë *f* farce
fasadë *f* frontage
fashë *f* gauze
fashoj *v* bandage
fasule *f* bean
fat *m* destiny, fate
fat : me *adj* lucky
fatal *adj* fatal, fateful
fatkeq *adj* wretched
fatkeqësi *f* calamity, adversity
fatlum *adj* fortunate
faturë *f* bill, invoice
favorizues *adj* favorable
fazan *m* pheasant
fazë *f* phase
fe *f* faith, religion
federal *adj* federal
fejuar : i *adj* engaged
fejzë *f* nostril
fekondoj *v* fertilize
fëlliq *v* blur, defile
fëlliqësi *f* dirt
fëlliqur : i *adj* blurred, dirty
femër *f* female
femëror *adj* feminine
fëmijë *m* child, kid
fëmijë : pa *adj* childless
fëmijëri *f* childhood
fëmijëror *adj* childish

fener *m* beacon
fenomen *m* phenomenon
fërgoj *v* fry
fërkoj *v* scrub, rub
fermë *f* farm, ranch
ferment *m* ferment
fermentoj *v* ferment
ferr *m* hell
ferrë *f* prune
ferrëgjatë *m* porcupine
ferribot *m* ferry
fërshëllimë *v* hiss
festë *f* treat
festim *m* celebration
festiv *adj* festive
festoj *v* celebrate
fetar *adj* religious
fetari *f* piety
fetus *f* fetus
fibër *f* fiber
figurë *f* figure, image
fije *f* yarn
fik *v* extinguish
fik *m* fig
fikët : të *m* faint
fiksoj *v* affix
fiktiv *adj* fictitious
fildishtë : i *adj* ivory
filetë *f* sirloin
fileto mishi *f* loin
filiz *f* offspring
filla : pa *adj* wireless
fillestar *adj* beginner
fillim : në *adv* early
fillimi *m* beginning
fillimisht *adv* initially
filloj *v* begin, start
film *m* film, movie
film vizatimor *m* cartoon
filozof *m* philosopher
filtroj *v* filter
filxhan *m* cup
financiar *adj* financial
financoj *v* finance, fund
Finlandë *m* Finland
finlandez *adj* Finnish
finok *adj* sly, wily
fiord *m* fjord
firmë *f* signature
firmos *v* sign
fis *m* tribe
fishek *m* cartridge
fishekzjarr *m* fireworks
fishkëllej *v* whistle
fishkëllimë *m* whistle
fisnik *adj* noble, gallant
fisnikëri *f* nobility
fitil *m* fuse
fitim *m* benefit, gain
fitimprurës *adj* profitable
fitimtar *m* victor
fitnes *m* fitness
fitoj *v* gain, earn
fitore *f* victory

fortësi

fitues *adj* victorious
fitues *m* winner
fizarmonikë *f* accordion
fizik *adj* carnal
fizikë *f* physics
fizikisht *adj* physically
fjalë *f* hearsay, word
fjalë për fjalë *adv* verbatim
fjalëkalim *m* password
fjalëkryq *m* crossword
fjalor *m* dictionary
flak *v* cast
flakë *v* blaze
flakë *f* flame
flakë : në *adj* ablaze
flakërim *m* flare
flakërues *adj* flashy
flakur : i *adj* outcast
flamur *m* banner, flag
flas *v* talk, speak
flaut *m* flute
fle *v* sleep
fletë *f* sheets
fletë votimi *f* ballot
fletëpagesë *f* payslip
fletëpalosje *f* leaflet
flirtoj *v* flirt
fllad *m* breeze
flluskë *f* bubble
flok *m* hair
flok bore *m* snowflake
flokë *m* fringe

flokë : me *adj* hairy
flokëverdhë *adj* blond
floktar *m* hairdresser
flori *m* gold
flotë *f* fleet
flutur *f* butterfly
fluturim *m* flight
fluturoj *v* fly, soar
fluturor *adj* volatile
fobi *m* phobia
folës *m* newscast
foli *v* foil
folje *f* verb
folur : të *m* speech
fond *m* fund
fonde *m* funds
fondëri *f* foundry
fontanë *f* fountain
forcë *f* energy, force
forcoj *v* strengthen
formal *adj* formal
formalitet *m* formality
formalizoj *v* formalize
format *m* format
formë *f* shape
formim *m* buildup
formoj *v* shape
formoj numrin *v* dial
formular *m* form
formulë *f* formula
fortë : i *adj* tough, dirty, firm
fortësi *f* firmness

fortifikoj *v* fortify
fosfor *m* phosphorus
foshnjë *f* baby, infant
foshnjëri *f* infancy
fosil *m* fossil
fotografi *v* photograph
fotografi *f* photography
fotokopje *f* photocopy
fotokopjoj *v* copy
fotokopjues *f* copier
fqinj *adj* adjoining
fqinjë *f* neighbor
fqinjësi *f* vicinity
Francë *m* France
frazë *f* expression
fre *m* bridle, rein
fregatë *f* frigate
frekuencë *f* frequency
frekuentoj *v* frequent
frena *m* brake
frëngji *f* loophole
frëngjisht *adj* French
frenim *m* setback
frenoj *v* brake, rein
freskën : i *adj* crispy
freskët : i *adj* chilly, cool
freski *f* coolness
freskoj *v* cool, freshen
freskues *adj* cooling
frigorifer *m* icebox
frikacak *adv* cowardly
frikacak *adj* coward

frikë *v* dread
frikë *f* scare, fright
frikësoj *v* frighten
frikësuar : i *adj* afraid
frikësues *adj* frightening
frikshëm : i *adj* scary, fearful
friksion *m* clutch
fron *m* pew, throne
fruta *f* fruit
fruth *m* measles
fryerje *f* blow
fryhem *v* bloat, bulge
fryj *v* blow, swell
frymë *f* breath, puff
frymëmarrje *f* breathing
frymënxjerrje *f* expiration
frymëzues *adj* rousing
fryrë : e *adj* puffed
fryrë : i *adj* bloated
fryrje *f* swelling
fshat *m* village
fshat i vogël *m* hamlet
fshatar *m* peasant, villager
fshatar *adj* rustic
fsheh *v* hide, disguise
fsheharak *adj* hidden
fshehje *f* disguise
fshehtas *adv* secretly
fshehtë : i *adj* confidential
fshehtësi *f* secrecy
fshihem *v* lurk
fshij *v* delete, erase

fytyrë

fshikë *f* blister
fshikëz *f* bladder
fshikulloj *v* flog, lash
fshirëse *f* eraser
ftesë *f* invitation
ftoh *v* cool
ftohët : i *adj* frosty, cold
ftohët si akulli *adj* ice-cold
ftohtë : të *f* coldness
ftohtësi *m* coolness
ftoj *v* invite
fuçi *f* barrel, tub
fund *m* base, bottom
fund : bie në *v* gravitate
fund : me në *adv* lastly
fundit : i *adj* final, last
fundjavë *m* weekend
fundosem *v* sink
fundosur : i *adj* sunken
funeral *m* funeral
funksion *m* function
funksionim *m* operation
fuqi *m* power, strength
fuqi : pa *adj* powerless
fuqi punëtore *m* manpower
fuqishëm *adv* forcibly
fuqishëm: i *adj* powerful
furçë *f* brush
furgon *m* van
furi *f* fury
furniturë *f* trimmings
furnizim *m* store

furnizime *f* supplies
furnizoj *v* provide, supply
furnizues *m* supplier
furrë *f* bakery, oven
furrtar *m* baker
fus *v* embroil
fus në shishe *v* bottle
fushatë *f* campaign
fushatë : bëj *v* campaign
fushë *f* field, plain
fushëpamje *f* horizon
fustan *m* gown
fut *v* insert
fut brenda *v* take in
fut në kujtesë *v* memorize
futboll *n* football
futem *v* break in
futje *f* entrance, entry
fuzhnjë *f* harpoon
fyej *v* affront, insult
fyerje *f* grievance
fyes *adj* abusive
fytyrë *f* face

G

gabim *m* error, mistake
gabim : vë *v* misplace
gabim shtypi *m* misprint
gaboj *v* err, mistake
gabuar : i *adj* faulty, wrong
gadishull *m* peninsula
gafë *f* blunder
gaforre *f* crab
gagarit *v* honk
galaktikë *f* gale
galeri *f* gallery
galetë *f* biscuit
gallon *m* gallon
galvanizoj *v* galvanize
gangrenë *f* gangrene
gangster *m* gangster
garanci *f* guarantee
garant *m* bail
garantoj *v* guarantee
garantues *m* guarantor
garazh *m* garage
gardërobist *m* dresser
gardh *m* barrier, fence
gardh *adj* pale
gardhoj *v* hinder
garë *f* contest
gargaris *v* gargle
garnizon *m* garrison
garoj *v* compete

gati *adv* about
gati *adj* ready
gatim *m* cooking
gatishmëri *f* readiness
gatshëm : i *adj* prompt
gatuaj *v* cook
gaz *m* gas
gaz i botës *m* laughing stock
gazetar *m* journalist
gazetë *f* newspaper
gazmor *adj* jovial, jolly
gazolinë *f* gasoline
gaztor *m* clown
gdhend *v* engrave
gdhendje *f* engraving
geizer *m* geyser
gëlltis *v* devour, consume
gëlltit *v* ingest, swallow
gëlltitje *f* gulp
gëlon *v* abound
gëlqere *f* lime
gëlqeror : gur *m* limestone
gënjej *v* deceive, lie
gënjeshtar *adj* liar
gërhas *v* snore
gërhitje *f* snore
gërmëzoj *v* spell
gërmis *v* gnaw
gërmoj *v* excavate
gërnjar *v* grouch
gërnjar *adj* nagging
gërryej *v* corrode

gjeraqinë

gërshërë *f* scissors
gërshetoj *v* intertwine
gërvisht *v* claw, scratch
gërvishtje *f* scratch
gështenjë *f* chestnut
geta *f* pantyhose
gëzhdallë *f* splint
gëzhojë *f* cartridge
gëzim *m* enjoyment
gëzim : me *adv* joyfully
gëzof *m* fur
gëzoj *v* enjoy, rejoice
gëzuar : i *adj* joyful, glad, cheers
gijotinë *f* guillotine
gisht *m* finger
gitar *m* guitar
gjak *m* blood
gjakatar *adj* bloodthirsty
gjakosje *f* bleeding
gjakosur : i *adj* gory
gjalë : i *adj* strenuous
gjallë *adv* alive, lively
gjallë : i *adj* vivid, brisk
gjallërim *m* animation
gjallëroj *v* animate
gjalpë *f* butter
gjarpër *m* serpent, snake
gjarpërues *adj* winding
gjashtë *adj* six
gjashtëdhjetë *adj* sixty
gjashti : i *adj* sixth
gjasim *m* affinity

gjatë *pre* during
gjatë *v* long for
gjatësi *f* length
gjë *f* article, item, thing
gjë e çuditshme *f* oddity
gjë e turpshme *f* obscenity
gjej *v* figure out, guess
gjej vendodhjen *v* locate
gjel *m* cock
gjemb *m* thorn, sting
gjembak *adj* thorny
gjëmim *m* rumble
gjëmoj *v* grumble
gjëmon *v* rumble
gjen *m* gene
gjëndër *m* gland
gjendje *f* condition, state
gjendje e keqe *f* disrepair
gjendje lufte *f* hostility
gjeneral *m* general
gjeneratë *f* generation
gjenerator *m* generator
gjenetik *adj* genetic
gjeni *f* genius, prodigy
gjenocid *m* genocide
gjeografi *f* geography
gjeologji *f* geology
gjeometri *f* geometry
gjep *m* spool
gjepura *f* nonsense
gjer këtu *adv* hitherto
gjeraqinë *f* hawk

gjerdan

gjerdan *m* necklace
gjerë : i *adj* wide, broad
gjerësi *f* breadth, width
gjerësisht *adv* widely
gjergjef *m* loom
gjerman *adj* German
Gjermani *f* Germany
gjest *m* gesture
gjeth *m* leaf
gjetje *f* recovery
gjëzë *f* riddle
gji *f* bay
gji deti *f* gulf
gji i vogël *f* cove
gjigant *m* giant
gjigant *adj* gigantic, huge
gjilpërë *f* needle, pin
gjimnaz *m* gymnasium
gjinekologji *f* gynecology
gjineshtër *m* broom
gjini *f* gender
gjinisor *adj* generic
gjirafë *f* giraffe
gjithashtu *adv* also, too
gjithashtu jo *adv* either
gjithçka *pro* everything
gjithë : të *pro* everybody
gjithë ngjyra *adj* colorful
gjithmonë *adv* always
gjithsej *adj* altogether
gjobë *f* fine
gjobis *v* fine

gjoja *adv* allegedly
gjoks *m* breast, chest
gju *m* knee
gjuaj *m* hunt, chase
gjuajtje *f* shot
gjuetar *m* hunter
gjueti *m* hunting
gjuhë *f* language, tongue
gjumë *f* sleep
gjunjëzohem *v* kneel
gjunjëzuar : i *adj* prostrate
gjurmë *f* footprint, track
gjurmë gishtash *f* fingerprint
gjurmoj *v* trace
gjykatë *f* court
gjykatës *m* judge
gjykim *m* judgment
gjymtoj *v* cripple, maim
gjymtyrë *f* extremities
gjyq *m* lawsuit, trial
gjyqësor *m* tribunal
gjyqtar *m* magistrate
gjysh *m* granddad
gjyshe *f* grandmother
gjyshërit *m* grandparents
gjysmë *f* half
gjysmë-gjysmë *adv* fifty-fifty
gjyveç *m* stew
gladiator *m* gladiator
gllabëroj *v* engulf
gllënjkë *f* sip
glukozë *f* glucose

gocë deti *f* oyster
godas *v* defeat, beat
godinë *f* premises
godinë e gjyqit *f* courthouse
godit *v* deal
goditje *v* bang
goditje *f* hit, strike
gogël *m* acorn
gogësij *v* yawn
gogësimë *f* yawn
gojarisht *adv* orally
gojë *f* mouth
gojëtari *f* eloquence
gojëz *v* muzzle
gojos *v* gossip
gomar *m* donkey
gomë *f* eraser
gopc *m* hog
gorillë *f* gorilla
gosti *m* entertainment
gostit *v* entertain
govatë *f* chute
gozhdoj *v* chain
gra *f* women
grabit *v* rob, loot
grabitës *m* robber
grabitje *f* robbery
grabitur : i *adj* deprived
grackë *f* noose
gradë *f* grade, degree
gradoj *v* graduate
gradual *adj* gradual

grafikë *adj* graphic
grahmë *f* stench, stink
gram *m* gram
gramatikë *f* grammar
granatë *f* grenade
granit *m* granite
gravitet *m* gravity
grazhd *m* stall
grazhdoj *v* stall
grejpfruit *m* grapefruit
grek *adj* Greek
gremisem *v* fall down
Grenlandë *f* Greenland
grep *m* staple
Greqi *f* Greece
grerëz *m* wasp
gri *adj* gray
grij *v* mince
grila *m* rail
grimasë *f* grimace
grimcë *f* particle
grimë *f* drop
grindavec *adj* quarrelsome
grindem *v* quarrel
grindje *f* brawl, quarrel
grip *m* influenza
grirë : i *adj* obsolete
gris *v* tear
grisur : i *adj* ragged
gromësij *v* belch, burp
gromësoj *v* burp
gropë *f* pit

gropë : bëj v dent
groposje f landfill
grotesk adj grotesque
grua f wife, woman
grua shtëpie f housekeeper
grumbull m bunch, heap
grumbullim m gathering
grumbulloj v amass, gather
grunar m barn
grup m crowd, group
grurë f corn, wheat
grusht m fist
grykë f throat
grykë shisheje f bottleneck
guaskë f shell
gudulis v tickle
gudulisës adj ticklish
gudulisje m tickle
guerilje f guerrilla
gugas v crow
gulçoj v gasp
gumëzhij v buzz
gunga : me adj bumpy
gungaç m hunchback
gungë f hunch
gungë : me adj hunched
gur m boulder, stone
guralec m pebble
Gusht m August
guvernator m governor
guxim m boldness
guxim adj intrepid
guximtar adj audacious
guxoj v dare

H

ha v consume, eat
ha darkë v dine
habis v astonish, astound
habit v surprise
habitem v wonder
habitje f amazement
habitshëm : i adj amazing
hahet v wane
hajdut m burglar, thief
hakmarrës adj vindictive
hakmarrje f revenge
hallakas v disperse
hallavitje f lounge
hallë f aunt
hamburger m hamburger
hamendësim m speculation
hamendësoj v speculate
hamendje f presumption
hap m footstep, step
hap v unlock, turn on
hap i sigurt m stalk
hap pas hapi adv step-by-step
hap sytë v beware

hermetik

hape *v* open
hapësirë *f* area, space
hapësirë : me *adj* spacious
hapësirë dere *f* doorway
hapje *f* opening
happen *v* clear
hapsirë ajrore *f* airspace
hapur *adv* plainly
hapur : i *adj* open, ajar
hapura : të *adj* widespread
haraç *m* tribute
harbuar : i *adj* frenetic
hardhi *f* grape, vine
hardhucë *f* lizard
hare *f* bliss
hareshëm : i *adj* blissful
hark *m* arc
harlisur : i *adj* lush
harmoni *f* harmony
harmonizoj *v* harmonize
harpë *f* harp
harraq *adj* oblivious
harresë *f* oblivion
harroj *v* condone
hartë *f* map, chart
hartoj *v* compose
has *v* come across
hashish *m* hashish
hazdisur : i *adj* gusty
hedh *v* discard, throw
hedh fjalën *v* insinuate
hedh një sy *v* run over

hedh përpjetë *v* throw up
hedh poshtë *v* refute, rebut
hedh sfidë : i *v* defy
hedh tutje *v* throw away
hedhje *f* leap
hedhur : i *adj* castaway
hedhurina *f* junk
hekur *m* iron
hekuros *v* iron
hekurudhë *f* railroad
helaq *adj* messy
helikopter *m* helicopter
helm *m* poison, venom
helmetë *f* helmet
helmim *m* poisoning
helmoj *v* poison
helmues *adj* poisonous
hemisferë *f* hemisphere
hemorragji *f* hemorrhage
hendek *m* sap
hënë *f* moon
Hënë : e *m* Monday
heq *v* remove, omit
heq (nga priza) *v* unplug
heq : i *v* deprive
heqës *m* collarbone
heqje *f* removal
hequr : i *adj* deprived
herët *adv* early
heretik *adj* heretic
herezi *f* heresy
hermetik *adj* hermetic

hernie *f* hernia
hero *f* hero
heroik *adj* heroic
heroinë *f* heroin
heroizëm *m* heroism
hershëm : i *adj* precocious
hesht *m* hush
heshtur : i *adj* mute
hetim *m* investigation
hetim gjyqësor *m* inquest
hetim zyrtar *m* inquisition
hetoj *v* investigate
hezitim *m* hesitation
hezitoj *v* hesitate
hi *f* ash
hidhem *v* hop, leap
hidhërim *m* affliction
hidhëroj *v* afflict, distress
hidhur *adv* bitterly
hidhur : i *adj* bitter
hidraulik *m* plumber
hidrogjen *m* hydrogen
hienë *f* hyena
hierarki *f* hierarchy
higjienë *f* hygiene
hije *f* shadow, shade
hije : në *adj* shady
hijeshi *f* delicacy
hijshëm : i *adj* graceful
himn *m* chant
himni *f* hymn
hipi *v* mount

hipnotizoj *v* hypnotize
hipnozë *f* hypnosis
hipokrit *adj* hypocrite
hipokrizi *f* hypocrisy
hipotezë *f* hypothesis
hir *m* grace
Hispanik *adj* Hispanic
histeri *f* hysteria
histerike *adj* hysterical
histori *f* history, story
historian *m* historian
hobi *f* hobby
Holandë *f* Holland
Holandez *adj* Dutch
hollë : i *adj* slender, thin
hollësi teknike *f* technicality
hollësishëm : i *adj* thorough
holloj *v* dilute, whittle
holloj me ujë *v* water down
holokaust *m* holocaust
honorar *m* fee
horizontal *adj* horizontal
hormon *m* hormone
horr *m* scoundrel
hotel *m* hotel, inn
hov *v* spring
hua *f* loan
huaj : i *adj* alien, foreigner
huazoj *v* borrow
hudhër *m* garlic
huligan *m* hooligan
humb *v* forfeit, lose

humb energji *v* deaden
humb ndjenjat *v* pass out
humbës *m* loser
humbje *f* loss
humnerë *f* precipice
humor *m* mood
humus *m* mold
hundë *f* nose
hungëroj *v* growl
hutë *f* owl, vulture
hutim *m* puzzle
hutoj *v* bewilder, confuse
hyj *v* go in, enter
hyjni *f* deity, divinity
hyjnor *adj* celestial
hymni *f* anthem
hyrje *f* entry, entrance

I

i *pre* of
ia dorëzoj *v* hand over
ia kaloj *v* hand down
ia plas *v* burst into
ide *f* idea
ideal *adj* ideal
identifikoj *v* identify
identik *adj* identical

identitet *m* identity
ideologji *f* ideology
idhujtar *m* heathen
idhujtari *f* idolatry
idhull *m* idol
idiom *m* idiom
idiot *adj* idiotic
ijë *f* flank
ik *v* go out, depart
ik befas *v* break away
ikës *adj* outgoing
ikje *v* escape
ikje *f* departure
ikonë *f* icon
ilaç *m* drug
ilegal *adj* illegal
ilustrim *m* illustration
ilustroj *v* illustrate
iluzion *m* illusion
imagjinatë *f* imagination
imagjinoj *v* imagine
imët : i *adj* cramped
imigrant *m* immigrant
imigrim *m* immigration
imigroj *v* immigrate
imitim *m* imitation
imitoj *v* imitate
imituar : i *adj* dummy
imja *pro* mine
imja : e *adj* my
imoral *adj* immoral
imoralitet *m* immorality

imperializëm

imperializëm *m* imperialism
implementoj *v* implement
imponim *m* imposition
imponoj *v* impose
importim *m* importation
importoj *v* import
improvizoj *v* improvise
impuls *m* impulse
impulsiv *adj* impulsive
imunitet *m* immunity
imunizoj *v* immunize
imunizuar : i *adj* immune
inat *m* anger, spite
inatçi *adj* cross
inatos *v* anger, enrage
inç *m* inch
incident *m* incident
ind *m* tissue
indeferencë *f* indifference
indeferent *adj* indifferent
indeks *m* index
industri *f* industry
infektim *m* contamination
infektoj *v* contaminate
infektues *adj* contagious
infektuese *adj* infectious
inferior *adj* inferior
infermieri *f* infirmary
inflacion *m* inflation
inflacionoj *v* inflate
influencë *f* influence
informatë *f* information

informator *m* informant
informoj *v* inform, notify
ingranazh *m* gear
inicialet *m* initials
iniciative *f* initiative
inicoj *v* initiate
injeksion *m* injection
injorant *adj* ignorant
injoroj *v* ignore
inkorporoj *v* incorporate
inkurajoj *v* encourage
inovacion *m* innovation
insekt *m* bug, insect
insinuatë *f* insinuation
insistoj *v* insist
inspektim *m* inspection
inspektor *m* inspector
inspirim *m* inspiration
inspiroj *v* inspire
instalim *m* installation
instaloj *v* install
instikt *m* instinct
institucion *m* institution
institut *m* institute
instruktor *m* instructor
integritet *m* integrity
integruar : i *adj* built-in
inteligjent *adj* intelligent
intenziv *adj* intensive
intereant *adj* enthralling
interes : pa *adj* disinterested
interes vetjak *m* self-interest

jashtë inçizimit

interesant *adj* interesting
interesohem *v* check up
interesuar : i *adj* interested
internoj *v* intern
interpretim *m* interpretation
interpretoj *v* interpret
interpretues *m* interpreter
interval *m* interval
intevistë *f* interview
intolerancë *f* intolerance
intravenoz *adj* intravenous
intrigë *f* intrigue
intrigues *adj* intriguing
intuitë *f* intuition
invadoj *v* invade
invalid *m* invalid
invazion *m* invasion
inventar *m* inventory
investim *m* investment
investoj *v* invest
investues *m* investor
inxhinier *m* engineer
irelavant *adj* irrelevant
Irlandë *f* ireland
irlandez *adj* irish
ironi *f* irony
ironik *adj* ironic
irritoj *v* exasperate
ishull *m* island, isle
islamik *adj* islamic
Itali *f* italy
italian *adj* italian

itinerar *m* itinerary
izbutur *adj* daunting
izolim *m* confinement, isolation

J

jaguar *m* jaguar
jaht *m* yacht
jak *m* collar
jam *v* be
jam i etur *v* lust
jam i inatosur *adj* disgruntled
jam në gjendje *v* afford, can
jams *m* yam
Janar *m* January
jap *v* assign, bestow
jap donacion *v* donate
jap hua *v* loan
jap me pikatore *v* dole out
jap me qira *v* lease
jap një dackë *v* inflict
japonez *adj* Japanese
Japoni *f* Japan
jard *m* yard
jasemi *f* jasmine
jashtë *adv* outside, out
jashtë bordit *adv* overboard
jashtë inçizimit *adj* off-the-record

jashtë orarit *adv* overtime
jashtë shtëpisë *adv* outdoor
jashtë vendit *adv* abroad
jashtëm : i *adj* exterior, outer
jastëk *m* cushion, pillow
javë *f* week
jehonë *f* echo
jele *f* crest
jelek *m* vest
jep *v* allow
jepem *v* give up
jeshil *adj* green
jetë *f* life
jetë *adj* lifetime
jetesë *f* livelihood
jetëshkurtër *adj* shortlived
jetësi *f* vitality
jetësor *adj* vital
jetim *m* orphan
jetimore *f* orphanage
jetoj *v* live, inhabit
jo fort *adv* hardly
jo i qartë *adj* fuzzy
jo normal *adj* abnormal
jo popullor *adj* unpopular
jo real *adj* unreal
jo realist *adj* unrealistic
jo zyrtarisht *adv* unofficially
jod *m* iodine
joformal *adj* informal
joharmonik *adj* dissonant
jokërbishtor *adj* spineless

jonë *adj* our
jopjellor *adj* infertile
jopraktik *adj* impractical
jopreciz *adj* imprecise
jorgan *m* quilt
josh *v* attract, lure
joshë *f* allure, charm
joshës *adj* alluring
joshje *f* attraction
judaizëm *m* Judaism
jug *m* south
juglindje *f* southeast
jugor *adj* southern
juperëndim *m* southwest
juri *f* jury
jurist *m* lawyer
justifikim *m* excuse
justifikoj *v* defend, justify

K

ka mundësi *adv* likely
kaba *adj* bulky
kabinë *f* booth, cabin
kabinet *m* cabinet
kabllo *f* cable
kacabu *f* cockroach
kaçavidë *f* screwdriver

kacavirrem *v* creep
kacavjerrës *adj* creepy
kaçurrel *m* curl
kaçurrel *adj* curly
kadife *f* velvet
kafaz *m* cage
kafe *f* coffee
kafiteri *f* cafeteria
kafkë *f* skull
kafshatë *f* morsel
kafshë *f* animal, brute
kafshë të egra *f* wildlife
kafshim *m* bite, nip
kafshoj *v* nip, bite
kaike *m* canoe
kajsi *f* apricot
kakao *f* cocoa
kala *f* fort, fortress
kalbem *v* decay
kalbësirë *f* rot
kalbet *v* rot
kalbje *f* decay
kalbur : i *adj* putrid, rotten
kalë *m* horse
kalendar *m* calendar
kalërm *m* mount
kalëroj *v* ride
kalibër *m* caliber
kalibroj *v* calibrate
kalim *m* passage
kalim anësor *m* bypass
kalimtar *m* passer-by

kalkulator *m* calculator
kalkulim *m* calculation
kalkuloj *v* calculate
kallaj *m* tin
kallam *m* reed
kallam sheqeri *m* cane
kalldrëmi : gur *m* cobblestone
kallëp *m* bar, ingot
kallëzoj *v* narrate
kalli *m* cob
kallo : me *adj* callous
kalof kufijtë *v* overrun
kaloj *v* get by, elapse
kalorës *m* knight
kalorësi *m* cavalry
kalori *f* calorie
kaltër : i *adj* saphire
kam *v* have, own
kam etje *v* thirst
kam zili *v* envy
kamarier *m* waiter
kamariere *f* waitress
kambanë *f* bell
kamë *f* dagger
kamion *m* truck
kamp *m* camp
kampion *m* champion
kampoj *v* camp
kamxhik *m* scourge, lash
kanaçe *f* can
kanal *m* duct, canal
kanarinë *f* canary

kancelar *m* chancellor
kancer *m* cancer
kanceroz *adj* cancerous
kandelë *f* spark plug
kandidat *m* candidate
kandidim *m* candidacy
kanë *f* jug
kanellë *f* cinnamon
kanibal *m* cannibal
kanion *m* canyon
kanonizoj *v* canonize
kantier detar *m* shipyard
kaos *m* chaos
kaotik *adj* chaotic
kap *v* grab, grasp
kapacitet *m* capacity
kapak *m* lid, cap
kapak i syrit *m* eyelid
kapelabërës *m* hatred
kapelan *m* chaplain
kapelë *f* hat
kapem *v* cling
kapem fort *v* hang on
kapem pas *v* hold on to
kapërcej *v* exceed
kapëse letrash *f* paperclip
kapital *m* capital
kapitalizëm *m* capitalism
kapitalizoj *v* capitalize
kapiten *m* captain
kapitull *m* chapter
kapitullim *m* surrender

kapitulloj *v* capitulate
kapje *f* grasp, grip
kaps *v* constipate
kaps : bëj *v* constipate
kapsllëk *m* constipation
kapsullë *f* capsule
kapuç *m* hood
karafil *m* carnation
karakter *m* character
karakteristik *adj* characteristic
karat *m* carat
karate *f* karate
karavan *m* caravan
karburant *m* fuel
karburator *m* carburetor
karçof *m* artichoke
kardiak *adj* cardiac
kardiologji *f* cardiology
kargo *f* cargo
karierë *f* career
karikaturë *f* caricature
karizmatik *adj* charismatic
karizmë *f* charisma
karkalec *m* locust
karkalec deti *m* shrimp
karotë *f* carrot
karpentier *m* carpenter
karpentieri *f* carpentry
karrem *m* bait
karrigë *f* chair
karrige me rrota *f* wheelchair
karrocë *f* carriage

keq

karrocë dore *f* trolley
kartë *f* card
kartolinë *f* postcard
karton *m* cardboard
kasap *m* butcher
kashtë *f* straw
kasketë *f* cap
kasolle *f* hut
kastë *f* caste
kastor *m* beaver
kat përdhes *m* ground floor
kataklizëm *m* cataclysm
katakomb *m* catacomb
katalog *m* catalog
katarakt *m* cataract
katastrofë *f* catastrophe
katastrofik *adj* disastrous
katedrale *f* cathedral
kategori *f* category
katër *adj* four
katërmbëdhjetë *adj* fourteen
katërt : i *adj* fourth
katolicizëm *m* Catholicism
katolik *adj* catholic
katran *m* tar
katror *m* square
katror *adj* square
kauboj *m* cowboy
kaush *m* cornet
kazino *m* casino
kë *pro* whom
këllëf jastëku *m* pillowcase

këllk *m* hip
këlysh *m* cub
këlysh qeni *m* puppy
këmbë *f* leg
këmbej *v* exchange
këmbëngul *v* persist
këmbëngulës *adj* persistent
këmbëngulje *f* insistence
këmbënofull *m* tentacle
këmbësor *m* pedestrian
këmbim *m* swap
kemikale *adj* chemical
këmishë *f* shirt
këmishë nate *f* nightgown
kënaq *v* gratify, please
kënaqem *v* delight
kënaqës *adj* satisfactory
kënaqësi *v* content
kënaqësi *f* satisfaction
kënaqshme : e *adj* pleasing
kënaqur : i *adj* content
kënd *m* angle, corner
këndes *m* rooster
këndoj *v* sing
këndshëm : i *adj* nice, gracious
këngë *f* song
këngëtar *m* singer
kengur *m* kangaroo
këpucë *f* footwear, shoe
këpurdhë *f* mushroom
këpus *v* exhaust
keq *adv* badly, poorly

K

keq : i *adj* bad, evil, lousy
keq : me *adj* worse, worst
keqadministroj *v* mismanage
keqbërje *f* misdemeanor
keqdashës *adj* malignant
keqdashje *f* malignancy
keqësim *m* deterioration
keqësoj *v* impair
keqfunksionim *m* malfunction
keqfunksionoj *v* malfunction
keqinterpretoj *v* misinterpret
keqkuptoj *v* misunderstand
keqtrajtim *m* mistreatment
keqtrajtoj *v* mistreat
kërcas *v* crack
kërcej *v* bounce, jump
kërcell *m* stem
kërcënim *m* blackmail
kërcënoj *v* threaten
kërcënues *adj* ominous
kërcim *m* jump, bounce
kërcitje *f* crack, creak
kërcnim *m* menace
kërdi *f* carnage
kërdis *v* pester
kërkesë *f* demand
kërkim *m* quest, search
kërkoj *v* claim, seek
kërkoj ndjesë *v* apologize
kërmë *f* carcass
kërmill *m* snail
kërrabë *f* crook

kërrusem *v* bend down
kërthizë *f* navel
këshill *m* council
këshillë *f* advice
këshillim *m* counsel
këshilloj *v* advise
këshilltar *m* counselor
kështjellë *f* castle
ketër *m* squirrel
këto *adj* these
këtu *adv* here
këtu afër *adj* nearby
këtu e tutje *adv* hereafter
kiç *m* stern
kikirik *m* peanut
kikiriki *f* crow
kilogram *m* kilogram
kilometër *m* kilometer
kilometrazh *m* mileage
kilovat *m* kilowatt
kimi *f* chemistry
kimist *m* chemist
kinema *f* cinema
kiosk *m* kiosk
kirurg *m* surgeon
kirurgjik *adv* surgical
kishë *f* church
kishëz *m* chapel
kjo *adj* this
klan *m* clan
klarinet *m* clarinet
klasë *f* class

koloni

klasës : i *adj* classy
klasifikoj *v* classify
klasifikuar : i *adj* assorted
klasik *adj* classic
kler *m* clergy
klerik *m* clergyman
klerikal *adj* clerical
klient *m* customer
klientelë *f* clientele
klik *v* click
klimatik *adj* climatic
klimë *f* climate
klinikë *f* clinic
klith *v* yell, shriek
klithmë *f* scream
kllapë *f* scarf
klloun *m* clown
klonim *m* cloning
klub *m* club
koalicion *m* coalition
kobshëm : i *adj* ghastly
kockë *f* bone
kod *m* code
kod zip *m* zip code
kodër *m* hill
kodifikoj *v* codify
kodoshllëk : bëj *v* pander
kodrinë *f* hump
kodrinor *adj* hilly
koeficient *m* coefficient
kofeinë *f* caffeine
kofirmoj *v* corroborate

kofshë *f* thigh
kohë *f* time, times
kohë e lirë *f* leisure
koherent *adj* coherent
kohët e fundit *adv* lately
kohezion *m* cohesion
koincidencë *f* coincidence
koincidoj *v* clash
kokainë *f* cocaine
kokë *f* head
kokë : me *adv* head-on
kokëfortë *adj* stubborn
kokërr *m* grain
koklavit *v* lump together
kokoshka *f* popcorn
kokrra *f* shack
koktej *m* cocktail
kolegë *f* colleague
kolegj *m* college
koleksion *m* collection
koleksionues *m* collector
kolera *f* cholera
kolesterol *m* cholesterol
kolibë *f* kennel
kolipostë *f* parcel post
kollë *f* cough
kollitem *v* cough
kolltuk *m* armchair
kolon francez *m* colon
kolonë *f* column
kolonel *m* colonel
koloni *f* colony

kolonial

kolonial *adj* colonial
kolonizim *m* colonization
kolonizoj *v* colonize
kolos *m* monster
kolosal *adj* colossal
kolt *m* colt
komandant *m* commander
komandoj *v* command
kombësi *f* nationality
kombëtar *adj* national
kombinim *m* combination
kombinoj *v* combine
komë *f* coma
komedi *f* comedy
komedian *m* comedian
koment *m* comment
komentoj *v* comment
komercial *m* commission
kometë *f* comet
komik *adj* funny
komision *m* committee
komitet *m* committee
komod *adj* cozy
komoditet *m* comfort
kompakt *adj* compact
kompani *f* company
kompas *m* compass
kompenzim *m* compensation
kompenzoj *v* compensate
kompetencë *f* competence
kompetent *adj* competent
kompjuter *m* computer

kompleksitet *m* complexity
kompletoj *v* complete
kompliment *m* compliment
komplot *m* conspiracy, plot
komplot : bëj *v* plot
komplotoj *v* connive
komponent *m* component
komposto *f* conserve
kompozitor *m* composer
kompromentoj *v* compromise
kompromis *m* compromise
komunë *f* city hall
komunës *m* parishioner
komunikim *m* communication
komunikoj *v* communicate
komunist *adj* communist
komunitet *m* community
komunizëm *m* communism
kon *m* cone
koncentrik *adj* concentric
koncept *m* concept
konceptim *m* conception
konceptoj *v* conceive
koncert *m* concert
koncesion *m* concession
konciz *adj* concise
kondensim *m* condensation
kondensoj *v* condense
kondo *f* condo
konferencë *f* conference
konfirmoj *v* confirm
konfiskim *m* confiscation

koprraci

konfiskoj *v* confiscate
konflikt *m* conflict
konformist *adj* conformist
kongres *m* congress
konjak *m* brandy
konkludim *m* conclusion
konkludoj *v* conclude
konkluzion *m* corollary
konkret *adj* concrete
konkurrencë *f* competition
konkurrent *m* competitor
konkurrim : me *adj* competitive
konkurroj *v* contend
konsekuencë *n* consistency
konsekuent *adj* consequent
konsensus *m* consensus
konservator *adj* conservative
konservoj *v* conserve
konsiston *v* consist
konsolidoj *v* consolidate
konspekt *m* compendium
konspirator *m* conspirator
konspiroj *v* conspire
konstatoj *v* notice
konstruktin *adj* constructive
konsull *m* consul
konsullatë *f* consulate
konsulltë *f* consultation
konsulltoj *v* consult
konsum *m* consumption
konsumator *m* consumer
konsumohet *v* wear out

kontaktoj *v* contact
konteiner *m* container
kontekst *m* context
konteshë *f* countess
kontinent *m* continent
kontrabandë *f* contraband
kontrabandist *m* smuggler
kontradiktë *f* contradiction
kontradiktoj *v* contradict
kontradiktor *adj* conflicting
kontrast *m* contrast
kontratë *f* contract
kontribues *m* contributor
kontribuoj *v* contribute
kontribut *m* contribution
kontroll *m* control
kontrollim *m* check
kontrolloj *v* check, control
kontu *f* contour
kontur *m* outline
konturoj *v* outline
konvenciale *adj* conventional
konvikt *m* dormitory
konvulsion *m* convulsion
konzervuar : i *adj* canned
koordinim *m* liaison
kopil *adj* brat
kopje *f* replica
kopje vizatimi *f* blueprint
kopjoj *v* duplicate
koprrac *adj* avaricious
koprraci *f* avarice

kopsht

kopsht *m* garden
kopsht frutor *m* orchard
kopshtar *m* gardener
kor *m* choir, chorus
korb *m* raven
kordë *f* cord
kordele *f* ribbon
kordinator *m* coordinator
kordinim *m* coordination
kordinoj *v* coordinate
kordon *m* braid
kordon njerëzish *m* cordon
kordon pa njerëz *v* cordon off
kore *f* crust
koridor *m* corridor
korier *m* courier
koritë *f* manger
kornetë *f* cornet
kornizë *f* frame
korporatë *f* corporation
korpus *m* bulk
korr *v* reap
korra : të *f* crop
korrespondent *m* correspondent
korrespondoj *v* correspond
korrigjoj *v* correct, rectify
Korrik *m* July
korrje *f* harvest
korrjes : i *adj* harvest
korrupsion *m* corruption
korruptoj *v* bribe, corrupt
korruptuar : i *adj* corrupt

kortezh : bëj *v* court
kosh plehrash *m* trash can
kosit *v* mow
kosto *f* cost
kostum *m* costume, suit
kot *adv* vainly
kotë : e *adj* vain
kotele *f* kitten
kotësi *f* futility, vanity
kovë *f* pail, bucket
kozmetikë *f* cosmetic
kozmik *adj* cosmic
kozmonaut *m* cosmonaut
krah *m* arm, wing
krah për krah *adv* abreast
kraharor *m* bosom, breast
krahasim *m* comparison
krahasoj *v* compare, contrast
krahasues *adj* comparative
krahër *m* comb
krahinë *f* province
krasit *v* prune
krater *m* crater
kravatë *f* necktie
kreativitet *m* creativity
kredi *f* credit
kreditor *m* creditor
kredo *f* creed
kreh *v* comb
krehër *m* scuffle
krejtësisht *adj* all
krejtësisht *adv* quite

kryqas

krem karamel *m* custard
krematorium *m* crematorium
kremtim *m* festivity
krenar *adj* proud
krenari *f* pride
krenari : me *adv* proudly
kreshmë *f* Lent
kreshtë *f* ridge
kreut : i *adj* leading
krevat fëmijësh *m* crib
krevat marinari *m* bunk bed
krijesë *f* creature
krijim *m* creation
krijoj *v* create
krijoj rezerva *v* hoard
krijues *m* creator
kriket *m* cricket
krim *m* crime, felony
krimb *m* womb
kriminel *adj* criminal
kriminel *m* thug, felon
kripë *adj* broke
kripë *f* salt
kripur : i *adj* salty
kris *v* crash, crack
krishterë *adj* christian
krishterizëm *m* Christianity
krishtlindje *f* Christmas
krisje *f* flaw
krismë *f* crack, crash
kristal *m* crystal
kriter *m* criterion

kriticizëm *m* criticism
kritik *adj* critical, crucial
kritikë *f* critique
kritikoj *v* criticize
krizë *f* crisis
krokodil *m* crocodile
kronik *m* chronicle
kronike *adj* chronic
kronologjike *f* chronology
kruaj *v* itch
kruarje *f* itchiness
krupë *f* disgust
kruspullohem *v* crouch
krye *f* heading
kryebandit *m* ringleader
kryej *v* accomplish
kryej detyrën *v* officiate
kryej nevojën *v* bog down
kryelartë *adj* conceited
kryeneçësi *f* obstinacy
kryengritje *f* insurrection
kryepeshkop *m* archbishop
kryepuntor *m* foreman
kryesisht *adv* chiefly, mainly
kryesoj *v* preside
kryesor *adj* main, prime
kryesore në *v* major in
kryetar *m* chairman, chief
kryetar bashkie *m* mayor
kryevepër *m* masterpiece
kryq *m* cross
kryqas *v* criss-cross

kryqëzatë *f* crucifix
kryqëzim *m* cross
kryqëzoj *v* crucify
kryqëzues *m* crusader
kthehem *v* come back
kthej *v* convert
kthej borxhin *v* repay
kthej goditjen *v* strike back
kthesë *v* bend
kthesë *f* curve, bow
kthetër *m* claw
kthim *m* restitution, return
kthjellët : i *adj* cloudless
kthjelltësi *f* clearness
kthyeshëm : i *adj* reversible
ku *adv* where
kub *m* cube
kub akulli *m* ice cube
kube *f* dome
kubik *m* cubicle, cubic
kudhër *f* anvil
kudoqoftë *f* wherever
kufi *f* border, frontier
kufitar *adj* marginal
kufizim *m* limitation
kufizohem *v* border on
kufizoj *v* limit, restrict
kufje *f* earphones
kufomë *f* corpse
kujdes *m* care, caution
kujdes : bëj *v* watch out
kujdes : me *adv* neatly

kujdesem *v* care, regard
kujdesem për *v* cater to
kujdesshëm : i *adj* accurate
kujdestar *m* custodian
kujdestar plazhi *m* lifeguard
kujdestari *f* custody
kujtesë *f* remembrance
kujtoj *v* remind
kujtues *m* reminder
kukull *m* doll, puppet
kulaç *m* bun
kular *m* collar
kuletë *f* wallet, purse
kullë *f* turret, tower
kulloj *v* exude
kullorë *f* filter
kullot *v* graze
kullotë *f* pasture
kullotje *f* graze
kulluar : i *adj* serene, lucid
kulm *m* apex, climax
kult *m* cult
kultivim *m* cultivation
kultivoj *v* cultivate
kulturë *m* culture
kulturor *adj* cultural
kumbara *f* piggy bank
kumbuese *adj* resounding
kumbull *m* plum
kumtoj *v* foreshadow
kunat *m* son-in-law
kunatë *f* sister-in-law

kuzhinier

kundër *pre* against, versus
kundërhelm *m* antidote
kundërpërplasje *f* backlash
kundërshoj *v* rebuff
kundërshtar *m* adversary
kundërshtim *m* rebuff
kundërshtoj *v* censure
kundërshtues *adj* averse
kundërt : i *adj* contrary
kundërvajtje *f* infraction
kundërvë *v* oppose
kundërvenie *f* confrontation
kundërveproj *v* counteract
kundërveprues *adj* retroactive
kundështim *m* objection
kundështoj *v* object
kundra diellit *f* sunblock
kundra ujit *adj* waterproof
kungull *m* pumpkin
kunj *m* wedge
kupe *f* compartment
kupë *f* chalice, cup
kupë e gjurit *f* kneecap
kupon *m* coupon
kuptim *m* significance
kuptim : me *adj* significant
kuptimplotë *adj* revealing
kuptoj *v* understand
kuq : i *adj* red
kur *adv* when
kurajë *f* courage
kurdoqoftë *adv* whenever

kureshtar *adj* curious, nosy
kureshtje *f* curiosity
kurorë *f* wreath
kurorëzim *m* coronation
kurorëzoj *v* crown
kurorëzon : që *f* crowning
kurs *m* course
kursej *v* spare
kursim *m* frugality
kursim : me *adv* sparingly
kursime *f* savings
kursimtar *adj* thrifty
kurth *m* pitfall, trap
kush *pro* who
kushdo *pro* anybody
kushëri *f* cousin
kusht *m* condition
kusht paraprak *m* prerequisite
kusht që : me *c* providing that
kushte *f* terms
kushtëzuar : i *adj* conditional
kushtim *m* consecration
kushtoj *v* dedicate
kushtueshëm : i *adj* costly
kuti *f* box, casket
kuti postare *f* mailbox
kuturi *f* venture
kuturis *v* venture
kuvend *m* convent
kuvertë *f* deck
kuzhinë *f* kitchen
kuzhinier *m* cook

kyç *m* padlock

L

labirint *m* labyrinth
laborator *m* lab
lafshë *f* crest
lag *v* dampen
lagësht : i *adj* humid
lagështi *f* humidity
lagët : i *adj* damp
lagje e varfër *f* slum
lagunë *f* lagoon
lagur : i *adj* wet, damp
lahem *v* bathe
laik *m* layman
laik *adj* profane
laj *v* bathe, wash
lajkatim *m* adulation
lajkatoj *v* flatter
lajme *f* news
lajmërim *m* placard
lajmëroj *v* herald
lajmëtar *m* envoy, herald
lajmëtor *m* messenger
lajthi *f* hazelnut
lajthis *v* err
lak *m* snare

lakër *m* cabbage
lakmi *f* greed, envy
lakmitar *adj* greedy
lakmoj *v* covet
lakoj *v* curve
laksativ *adj* laxative
lakueshëm : i *adj* flexible
lakuriq *adj* bare, naked
lakuriq nate *m* bat
lamtumirë *f* farewell
langua *f* hound
lapërdhar *adj* lewd
laps *m* pencil
laraskë *f* pie
larg *adv* afar, far
larg *adj* distant
largë : me *adv* farther
largët : i *adj* distant, remote
largim *m* parting
largohem *v* depart, leave
largoj *v* eliminate
larguar : i *adj* estranged
laring *m* larynx
larmi *f* variety
larmishëm : i *adj* varied
lart *adv* upstairs
lartë : i *adj* high, lofty
lartësi *f* height, Highness
lartësim *m* elevation
lartësohem *v* overlook
lartësoj *v* exalt, arise
laser *m* laser

lente

lashtësi *f* antiquity
lavaman *m* basin
lavanderi *f* laundry
lavdërim *m* praise
lavdëroj *v* glorify, praise
lavdi *f* glory
lavdiplotë *adj* glorious
lavjerrës *m* pendulum
lë *v* break off, dump
lë jashtë *v* leave out
lë me testament *v* devise
lë mënjanë *v* put aside
lë pas *v* outrun
lë pas dore *v* neglect
le të *v* let
le të hyjë *v* let in
lë të kuptohet *v* imply
lë trashëgim *v* bequeath
lebër *m* leprosy
lebroz *m* leper
leckë *v* mop
leckë *f* rag
ledhatoj *v* caress
legalizoj *v* legalize
legen *m* basin
legjendë *f* legend
legjion *m* legion
legjislaturë *f* legislature
lehtë *adv* easily
lehtë : i *adj* easy, subtle
lehtësi *f* ease
lehtësim *m* relief

lehtësisht *adv* easily
lehtësoj *v* alleviate
leje *v* permission
lejim *m* admission
lejlek *m* crane
lejoj *v* allow, permit
lejueshëm : i *adj* admissible
leksion *m* lecture
lëkundem *v* falter, stagger
lëkundet *v* waver
lëkundur : i *adj* hesitant
lëkurë *f* skin, peel
lëkurë limoni *f* zest
lëmoshë *f* alms
lëmuar : i *adj* smooth
lemzë *f* hiccup
lëna : të *f* leftovers
lëndë *f* matter, stuff
lëndë plasëse *f* detonator
lëndë plastike *f* plastic
lëndim *m* sore
lëndinë *f* lawn
lëndoj *v* hurt
lënduar : i *adj* sore
lëndueshëm : i/e *adj* hurtful
lëneshë *f* spinster
lëng *m* juice, liquid
lëng : me *adj* juicy
lëng mishi *m* gravy, broth
lëngësht : i *adj* succulent
lëngshëm : i *adj* fluid
lente *f* lense

L

leopard

leopard *m* leopard
lëpirje *v* lick
lepur *m* hare, rabbit
lëroj *v* plow
lesh *m* wool
lëshim *m* emission
leshko *v* dupe
leshko *adj* gullible
lëshohem *v* cave in
lëshoj *v* emit, discharge
letër *m* epistle
letër smerili *m* sandpaper
leukemi *f* leukemia
lëvdatë *f* commendation
lëvdohem *v* boast
lëvdoj *v* commend
levë *f* lever, crowbar
levend *adj* brisk
leverdi *f* interest
lëviz *v* budge, move
lëvizës *adj* mobile
lëvizje *f* motion, move
lëvizje : vë *v* propel
lëvore *v* bark
lëvore *f* hull
lëvore : me *adj* husky
lëvoren : heq *m* bark
lëvozhgë are *f* nut-shell
lëvroj *v* till
lexim *m* reading
lexoj *v* read
lexoj me zë *v* call off

lexues *m* reader
lexueshëm : i *adj* legible
lezet *m* delicacy
lezetshëm : i *adj* delightful
li *f* smallpox
li e dhenve *f* chicken pox
libër *m* book
libër i llogarive *m* ledger
libër katekizmi *m* catechism
libër mësimor *m* textbook
libër pune *m* workbook
libërth *m* pamphlet
librari *f* bookstore
librashitës *m* bookseller
liçencë *f* licence
lidh *v* bind, bundle, tie
lidhem *v* associate
lidhje *f* link, bond
lidhje : pa *adj* extraneous
lidhje me : në *pre* concerning
lidhur : i *adj* relative, related
lidhur me *pre* regarding
lig : i *adj* wicked, evil
ligament *m* ligament
ligë *f* league
ligështohem *v* faint
ligështoj *v* get down
ligësi *f* atrocity
ligj *m* law
ligjet *m* in-laws
ligjislacion *m* legislation
ligjit : i *adj* legal

lojtar

ligjor *adj* lawful
ligjshmëri *f* legality
ligjvënës *m* lawmaker
liker *m* liqueur
likuidim *m* liquidation
likuidoj *v* liquidate
liman *m* cove
limon *m* lemon
limonadë *f* lemonade
lind *v* bear, procreate
lindje *f* east, orient
lindje dielli *f* sunrise
lindor *adj* eastern
lindur : i *adj* born, innate
linjë *f* extension
linjë ajrore *f* airline
liqen *m* lake
lirë : i *adj* frugal, cheap
liri *f* freedom
lirim *m* dismissal
liroj *v* liberate, free
lirueshëm : i *adj* arable
lirwë : i *adj* free
listë *f* list
listë pagash *f* payroll
listoj *v* list
litani *f* litany
litar *m* rope
litër *m* liter, litre
literaturë *f* literature
liturgji *f* liturgy
livadh *m* meadow

llaç *m* mortar
llafazan *adj* garrulous
llahtarshëm : i *adj* dire
llakoj *v* varnish
llambadar *m* chandelier
llampë *f* lamp
llastoj *v* pamper
llixhë *f* spa
llogari *f* account
llogarimbajtje *f* bookkeeping
llogaris *v* compute
llogaris keq *v* miscalculate
llogarit *v* reckon
llogarit kohën *v* time
llogaritar *m* bookkeeper
lloj *m* type, sort
lloj sardeleje *m* anchovy
llup *v* gobble
llupës *m* glutton
lob *m* lobby
loboj *v* lobby
lobster *m* lobster
locion *m* lotion
lodër *m* game, toy
lodhës *adj* exhausting
lodhje *f* tiredness
lodhshëm : i *adj* tiresome
lodhur : i *adj* tired, worn-out
logjik *adj* logical
logjikë *f* logic
lojë *f* play
lojtar *m* player

lokacion *m* location
lokal *adj* local
lokalizoj *v* localize
lokalizuar : i *adj* located
lopar *m* cowboy
lopatë *f* shovel, spade
lopë *f* cow
lot *m* dew, tear
lotari *f* lottery
luaj *v* play
luan *m* lion
luaneshë *f* lioness
lubrifikim *m* lubrication
lubrifikoj *v* lubricate
luftanije *f* warship
luftë *f* struggle, war
luftëtar *m* warrior, fighter
luftim *m* fight, combat
luftoj *v* battle, combat
luftoj inflacionin *v* deflate
luftues *m* combatant
lugë *f* spoon
lugë buke *f* tablespoon
lugë çaji *f* teaspoon
lugë plot *f* spoonful
luginë *f* valley
luhatet *v* fluctuate
luksoz *adj* luxurious
lule *v* bloom
lule *f* flower
lulëkuqe *f* poppy
lulelakër *f* cauliflower

luleshtrydhe *f* strawberry
lulëzim *m* prosperity
lulëzoj *v* flourish
lulëzuar : i *adj* prosperous
lumë *f* river
lumtur : i *adj* happy
lumturi *f* happiness
lundër *m* barge
lundrim *v* cruise, navigate
lus *v* beg, beseech
lutem *v* implore, plead
lutem : i *adj* invoke
lutet : që *adj* appealing
lutje *f* plea, prayer
lyej *v* anoint, smear
lyerje *f* painting
lyp *v* beg
lypës *m* beggar, bum
lypje *f* mumps
lyth *m* wart

M

macë *f* cat
madh : i *adj* big, grand, great
madhështor *adj* magnificent
madhësi *f* greatness
madhor *adj* grave

magazinë *f* stockroom
magazinim *m* storage
magjeps *v* charm
magjepsës *adj* glamorous
magjepsje *f* charm
magji *f* magic, spell
magjik *adj* magical
magjistar *m* magician
magnet *m* magnet
magnetik *adj* magnetic
magnetizëm *m* magnetism
magnetofon *m* tape recorder
mahnitës *adj* marvelous
mahnitshëm : i *adj* stupendous
Maj *m* May
majdanoz *m* parsley
majë *f* peak, top, apex
majë e gishtit *f* fingertip
maje kodre *f* hilltop
majm *v* fatten
majmë : i *adj* fat
majmun *m* ape
majmunë *f* monkey
makijazh *m* makeup
makinë *f* car, machine
makinë qepëse *f* stapler
makinë tharëse *f* dryer
makinë varrimi *f* hearse
maksimal *adj* maximum
maksimum *m* maxim
mal *m* mountain
malaria *f* malaria

malcim *m* inflammation
mall *m* goods
mallëngjyes *adj* touching
mallkim *v* cuss, damn
mallkoj *v* darn, curse
mallra *f* merchandise
malor *adj* mountainous
mami *f* midwife
mamuth *m* mammoth
manaferrë *f* blackberry
manastir *m* monastery
manastiri *adj* monastic
mandat *m* mandate
manekin *m* dummy
manerizëm *m* mannerism
mangët : i *adj* defective
maniak *adj* maniac
manifestoj *v* manifest
manipuloj *v* manipulate
manivelë *f* crank
manovër *m* maneuver
manual *m* handbook
mar pushtetin *v* take over
margaritë *f* daisy
marifet *m* gimmick
marinar *m* sailor
marinë *f* navy
marinoj *v* marinate
markë *f* brand
marksist *adj* marxist
marmalatë *f* marmalade
marr *v* acquire, obtain

marr hak

marr hak *v* revenge
marr hakun *v* avenge
marr hua *v* lend
marr mbrapsht *v* take back
marr në pyetje *v* interrogate
marr pjesë *v* participate
marramendës *adj* dizzy
marramendje *f* dizziness
marrë frymë *v* breathe
marrëdhënie *f* relationship
marrëveshje *f* agreement
marrëzi *f* madness
marrje *f* receipt
marros *v* madden
Mars *m* March
marsh *m* march
marshal *m* marshal
marshim *m* hike
marshoj *v* march
martë : e *m* Tuesday
martesë *f* marriage
martesor *adj* marital
martir *m* martyr
martohem *v* marry, wed
martuar : i *adj* married
marule *f* lettuce
mas *v* measure
masakër *m* massacre
masazh *m* massage
masazh : bëj *v* massage
masazhist *m* masseur
masazhiste *f* masseuse

masë *f* mass, size
mashë *f* tongs
mashkull *m* male
mashkullor *adj* masculine
mashtrim *m* deception
mashtroj *v* deceive
mashtrues *m* cheater
mashtrues *adj* deceitful
masiv *adj* massive
mask *m* mask
maskara *f* rascal
maskaradë *v* masquerade
maskim *m* disguise
maskoj *v* camouflage
mat *m* mat
matanë *pre* below
matel *m* cloak
matematikë *f* math
material *m* material
materializëm *m* materialism
matje *f* measurement
matur : i *adj* prudent
maturi *f* prudence
mavijos *v* bruise
mazë *f* cream
mazoshizëm *m* masochism
mbaj *v* retain, keep
mbaj lartë *v* keep up
mbaj nën fre *v* curb
mbajtëse *f* bracket
mbajtje *f* deterrence
mban *v* last

mbarë : i *adj* auspicious
mbarëbotëror *adj* worldwide
mbarim *m* end, ending
mbaroj *v* finish, end
mbaron afati *v* expire
mbart *v* carry
mbathura : të *f* pants
mbërrij *v* turn up
mbërthej *v* buckle up
mbesë *f* niece
mbështet *v* support
mbështetem *v* reckon on
mbështetem në *v* rely on
mbështetës *m* supporter
mbështetje *f* backup
mbështillem *v* wrap up
mbështjell *v* envelop, wrap
mbështjellë : i *adj* shrouded
mbështjellëse *f* envelope
mbështjellje *f* wrapping
mbetem *v* remain
mbetem pas *v* fall behind
mbetje *f* remains
mbetur : i *adj* remaining
mbeturinë *f* garbage
mbi *pre* above, over, on
mbi ujë *adv* afloat
mbiçmoj *v* overrate
mbidozë *f* overdose
mbiemër *m* surname
mbijetesë *f* survival
mbijetoj *v* survive

mbijetues *m* survivor
mbikëqyr *v* supervise
mbikëqyrë *v* oversee
mbikëqyrje *f* supervision
mbikqyrë *v* observe
mbikqyrje *f* observation
mbiks *v* coagulate
mbiksje *f* clot
mbin *v* germinate
mbingarkesë *f* surcharge
mbingarkoj *v* overcharge
mbishkrim *m* inscription
mbiujëse *f* cork
mbivlerësoj *v* overestimate
mbizotëroj *v* prevail
mbizotërues *adj* prevalent
mbjell *v* plant, sow
mbledh *v* collect, compile
mbledh supet *v* shrug
mbledhje *f* assembly
mblidhem *v* cluster, crowd
mborj *v* shield
mbrapsht *adv* inside out
mbrapshtë : i *adj* perverse
mbrehtë : i *adj* acute, edgy
mbrëmë *adv* last night
mbrëmje *f* evening
mbresëlënës *adj* awesome
mbret *m* king
mbretëreshë *f* queen
mbretëri *f* kingdom
mbretërim *m* reign

mbretëroj *v* reign
mbretëror *adj* regal, royal
mbreti *m* crown
mbroj *v* protect, defend
mbrojtës *v* advocate
mbrojtës *m* defender
mbrojtje *f* protection
mbulesë *f* clothing, cover, rug
mbulesë krevati *f* bedspread
mbulim *m* coverup
mbullje *f* enclosure
mbuloj *v* clothe, cover
mbuluar : i *adj* covert
mburojë *f* bulwark, shield
mburrem *v* brag
mburrje *f* bounce
mbush *v* stuff, pad, cram
mbushje *f* filling, stuffing
mbushur *adj* congested
mbushur : i *adj* crowded, full
mbyll *v* confine, shut
mbyll gojën *v* gag
mbyllë *v* cancel
mbyllje *f* confinement
mbyllur : i *adj* closed
mbyt *v* suffocate
mbytem *v* choke
mbytëse *adj* stifling
mbytje *f* asphyxiation
me *pre* by, with, about
me shenjë : bëj *v* beckon
medal *m* medal

medaljon *m* medallion
mediokër *adj* mediocre
mediokritet *m* mediocrity
meditim *m* meditation
meditoj *v* meditate
megjithatë *c* however
mekanik *m* mechanic
mekanizëm *m* mechanism
mekanizoj *v* mechanize
mëkat *m* sin, evil
mëkatar *adj* sinful
mëkatar *m* sinner
mëkatoj *v* sin
meksikan *adj* Mexican
melankoli *f* melancholy
mëlçi *f* liver
melodi *f* melody, tune
melodioz *adj* melodic
membranë *f* membrane
mëmë *f* mother
memec *adj* speechless
memoare *f* memoirs
memorandum *m* memo
menaxher *m* manager
menaxhmenti *f* management
menaxhoj *v* manage
mençur : i *adj* clever, wise
mençuri *f* discretion
mend : me *adj* sane
mëndafsh *m* silk
mendër *m* mint
mendërisht *adv* mentally

mësymje

mendim *m* opinion, thought
mendje *f* mind, wit
mendjehollë *adj* shrewd
mendjelehtë *adj* frivolous
mendjemadh *adj* haughty
mendjemprehtë *adj* witty
mendjetrashësi *f* vulgarity
mendoj *v* ponder, think
mendor *adj* mental
menduar : i *adj* thoughtful
mëngë *f* creek
mëngë : pa *adj* sleeveless
mengene *f* clamp
mëngjes *m* breakfast
mëngjes i vonë *m* brunch
meningjit *m* meningitis
mënjanë *adv* aside
mënjanoj *v* elude
menjëherë *adv* instantly
menopauzë *f* menopause
mensë *f* canteen
menstruacion *m* menstruation
mentalitet *m* mentality
menteshë *f* hinge
meny *f* menu
mënyrë *f* manner, mode
mëparshëm : i *adj* former
meqenëse *c* inasmuch as
mëri *f* grudge
merimangë *f* spider
mërishëm : i *adj* spiteful
meritë *f* merit

meritë : me *adj* deserving
meritoj *v* merit, earn
mërkurë: *m* Wednesday
merluc *m* cod
mermertë : i *adj* marble
merr përsipër *v* commit
merrem me *v* look after
mërzi *f* boredom
mërzit *v* nag, bother
mërzitje *f* frustration
mërzitshëm : i *adj* tedious, annoying
mërzitur : i *adj* sorry, sad
mes *pre* between
mes i verës *m* midsummer
mësallë *f* tablecloth
mesatar *m* average
mesditë *f* midday
mëshirë *f* pity, mercy
mëshirëplotë *adj* pitiful
mësim *m* learning
mësimor *adj* educational
mesjetar *adj* medieval
mesnatë *f* midnight
mësoj *v* coach, teach
mësoj me *v* accustom
mësonjëtore *f* classroom
mësuar : i *adj* versed
mësuar me : i *adj* used to
mësues *m* teacher
mësues privat *m* tutor
mësymje *f* onset

M

metaforë

metaforë *f* metaphor
metal *m* metal
metalik *adj* metallic
metë : i *adj* moron
metë: e metë *adj* blemish
meteor *m* meteor
metër *m* meter
metodë *f* method
metodik *adj* methodical
metrik *adj* metric
metro *adj* underground
metropol *m* metropolis
mëvonshëm : i *adj* subsequent
mëz *m* colt
mezi *adv* barely
mi *f* mouse, rat
midis *pre* between
miel tërshëre *m* oatmeal
miell *m* flour
migrenë *f* migraine
migroj *v* emigrate
mijë *adj* thousand
mik *m* pal, crony
miklues *adj* complimentary
mikpritës *m* host
mikpritje *f* hospitality
mikrob *m* germ, microbe
mikrofon *m* microphone
mikroskop *m* microscope
mikrovalë *f* microwave
mikser *m* mixer
milenium *m* millennium

miliardë *f* billiards
miligram *m* milligram
milimetër *m* millimeter
milingonë *f* ant
milion *m* million
milioner *adj* millionaire
militant *adj* militant
miljardë *f* billion
miljarderë *f* billionaire
milje *f* mile
milje ajrore *f* airmail
minator *m* miner
mineral *m* mineral, ore
miniaturë *f* miniature
minierë *f* mine, quarry
minifund *m* miniskirt
minimizoj *v* minimize
minimum *m* minimum
ministër *m* minister
ministri *f* ministry
minjë *f* mice
minoj *v* mine
minutë *f* minute
miop *adj* shortsighted
miqësi *f* friendship
miqësor *adj* amicable
miratim *m* approval
miratoj *v* approve
mirazh *m* mirage
mirë *adv* nicely
mirë : i *adj* good
mirë : i me *adj* better, best

mirë : me *adv* instead
mirëbërës *m* benefactor
mirëdashës *adj* benevolent
mirëdashje *f* benevolence
mirëfilltë : i *adj* authentic
mirëmbaj *v* service
mirëmbajë *v* maintain
mirëmbajtje *f* upkeep
mirënjohës *adj* grateful
mirënjohje *f* gratitude
mirënjohur : i *adj* well-known
mirëpres *v* welcome
mirëqënie *f* welfare
mirëseardhje *f* welcome
mirësi *f* goodness
mirësi : me *adv* kindly
mirësjellje *f* politeness
mirupafshim *e* bye
mish *m* meat, flesh
mish derri *m* pork
mish i grirë *m* mincemeat
mish i pjekur *m* roast
mish kaprolli *m* venison
mish lope *m* beef
mish viçi *m* veal
mishëroj *v* epitomize
mision *m* mission
misionar *m* missionary
mister *m* mystery
misterioz *adj* spooky
mistershëm : i *adj* mysterious
mistifikoj *v* mystify

mistik *adj* mystic
mit *m* myth
mitër *m* uterus
mito *f* bribe
mitosje *f* bribery
mitrolez *m* machine gun
mitur : i *adj* minor
mizë *f* fly
mizor *adj* cruel
mizori *f* cruelty
mjaft *adv* enough
mjaftueshëm : i *adj* adequate
mjaltë *f* honey
mjedër *m* raspberry
mjedis *m* environment
mjegull *m* fog, mist
mjegulluar : i *adj* foggy
mjek *m* doctor, physician
mjekër *m* chin
mjekërr *m* beard
mjekërr : me *adj* bearded
mjekim *m* remedy, cure
mjekoj *v* remedy, cure
mjekues *adj* medicinal
mjekueshëm : i *adj* curable
mjellmë *f* swan
mjerë : i *adj* miserable
mjerim *m* misery
mjeruar : i *adj* deplorable
mjeshtër *m* artisan
mjet *m* tool, utensil
mledh *v* congregate

mobilizoj

mobilizoj *v* mobilize
mobiloj *v* furnish
moçal *m* bog, swamp
modë *f* fad, fashion
model *m* model, sample
model flokësh *m* hairdo
modeloj *v* frame
modern *adj* modern
modernizoj *v* modernize
modës : i *adj* trendy
modest *adj* modest
modesti *f* modesty
modesti : me *adv* humbly
modifikoj *v* modify
modul *m* module
mohim *m* denial
mohoj *v* deny, disclaim
mol *m* wharf
molë *f* moth
molekulë *f* molecule
moleps *v* infect
mollë *f* apple
mollëz *m* cheekbone
moment *m* moment
monark *m* monarch
monarki *f* monarchy
monedhë *f* coin
monitoroj *v* monitor
monogami *f* monogamy
monolog *m* monologue
monopol *m* monopoly
monopolizoj *v* monopolize

monoton *adj* monotonous
monotoni *f* monotony
monumental *adj* monumental
moral *adj* ethical
moral *m* ethics
moral : me *adj* moral
moralitet *m* morality
morfinë *f* morphine
morg *m* mortuary
mori *f* multitude
morr *m* lice, louse
morsetë *f* clamp
morth *m* frostbite
mortor *adj* mortal
mos blej *v* buy off
mosbesim *m* mistrust
mosbesoj *v* mistrust
mosbesues *adj* distrustful
mosbindje *f* disobedience
mosha *f* age
moshuar : i/e *adj* elderly
mosmiratim *m* disapproval
mosmiratoj *v* disapprove
mosmirënjohës *adj* ungrateful
mosmirënjohje *f* ingratitude
mospajtim *m* disagreement
mospëlqim *m* dislike
mospërdorim *m* disuse
mospërshtatje *adj* misfit
mospranim *m* rejection
mosrespektues *adj* disrespectful
mostër *m* specimen

mut

mostretje *f* indigestion
mosushqim *m* malnutrition
mot *m* weather
mot i nxehtë *m* heatwave
motel *m* motel
motër *m* sister
motër e gjetur *m* stepsister
moto *f* motto
motoçikletë *f* motorcycle
motor *m* motor, engine
mozaik *m* mosaic
mpirje *f* stiffness
mposht *v* depress
mpreh *v* sharpen
mprehës *m* sharpener
mprehtë : i *adj* sharp
mrekulli *f* miracle
mrekullisht *adj* miraculous
mrekullueshme *adj* wonderful
muaj *m* month
muaj mjalti *m* honeymoon
mujor *adv* monthly
mukozë *f* mucus
mullar *m* stack
mullar bari *m* haystack
mulli *f* mill
mulli me erë *f* windmill
mumje *f* mummy
mund *v* can, may; vanquish
mundem *v* wrestle
mundës *m* wrestler
mundësi *f* probability

mundësoj *v* enable
mundet *v* ought to
mundim *m* tribulation
mundje *f* wrestling
mundohem *v* endeavor, toil
mundoj *v* torment, trouble
mundshëm : i *adj* potential
mundshme *adj* probable
mungesë *f* absence, lack
mungesë uniteti *f* disunity
mungoj *adj* absent
mungoj *v* lack
mungon : që *adj* missing
mungon : që i *adj* devoid
municion *m* ammunition
mur *m* wall
murator *m* bricklayer
murg *m* monk, friar
murgeshë *f* nun
murmurij *m* murmur
murmurimë *v* murmur
murmurit *v* mumble
murtajë *f* pest, plague
mushama *f* raincoat
mushkë *f* mule
mushkëri *f* lung
mushkonjë *f* mosquito
muskuj *n* muscle
muslimanë *adj* Muslim
mustaqe *f* mustache
mustard *m* mustard
mut *m* crap

mutit : i *adj* crappy
muze *f* museum
muzg *m* dusk, nightfall
muzicient *m* musician
muzikë *f* music
myk *m* mildew
myket *v* mold
mykur : i *adj* moldy
mysafit *m* guest
myshk *m* moss

N

nacionalizoj *v* nationalize
naftë *f* petroleum, oil
naiv *adj* naive
narkotik *m* narcotic
nate *adj* nocturnal
natë *f* night
natyral *adj* natural
natyrë *f* nature
natyrisht *adv* naturally
natyror *adj* scenic
nazeqar *adj* choosy
nazik *adj* choosy
ndaj *v* detach, divide
ndaj në drejtime *v* drift apart
ndaj përgjysmë *v* halve

ndajfolje *f* adverb
ndal *v* discontinue
ndalem *v* halt, break off
ndalesë *f* stop
ndalim *m* prohibition
ndaloj *v* ban, prohibit
ndaluar : i *adj* illicit
ndarë : i *adj* separate
ndarje *f* separation
ndashëm : i *adj* detachable
ndenjëse *f* seat
ndenjie *f* sitting
ndenjur : i *adj* stale, stagnant
ndërgjegje *f* conscience
ndërgjegjshëm : i *adj* mindful
ndërhyj *v* mediate
ndërhyrës *m* mediator
ndërhyrje *f* intervention
nderim *m* reverence
ndërkohë *adv* meantime
ndërlikoj *v* complicate
ndërlikuar : i *adj* complex
ndërluftues *adj* belligerent
ndërmarr *v* undertake
ndërmarrje *f* enterprise
ndërmjetës *m* intermediary
nderoj *v* venerate
ndërprerje *f* interruption
ndërpres *v* cut off, heckle
ndërpritet *v* intersect
ndërroj *v* exchange
ndërroj drejtimin *v* divert

ndryshoj

ndërsa *c* while
ndershëm : i *adj* honest
ndershmëri *f* honesty
ndërtesë *f* building
ndërtim *m* construction
ndërtoj *v* build
ndërtues *n* builder
ndëryj *v* intrude
ndesh *v* conflict
ndesh : bie *v* conflict
ndeshje *f* collision, clash
ndëshkim *m* punishment
ndëshkoj *v* punish
ndez *v* fire, ignite
ndezës *m* lighter
ndezshëm *adj* flammable
ndezur : i *adv* alight
ndiej *v* sense, feel
ndihmë *f* aid, help
ndihmës *m* aide, helper
ndihmës *adj* auxiliary
ndihmoj *v* aid, assist
ndihmues *adj* helpful
ndijor *adj* sensitive
ndikim *m* impact
ndikim : me *adj* influential
ndikoj *v* impact
ndjek *v* follow, chase
ndjekës *m* follower
ndjekje *f* pursuit, chase
ndjell *v* evoke
ndjenja *f* feelings

ndjenjë *f* sentiment, sense
ndjesë *f* remission
ndjeshëm : i *adj* sensible
ndjesi *f* feeling
ndodh *v* occur
ndodhet poshtë *v* underlie
ndodhi *f* event
ndodhur : i *adj* situated
ndokush *pro* anyone
ndonjë ditë *adv* someday
ndonjëherë *adv* sometimes
ndoshta *adv* perhaps
ndot *v* pollute
ndotje *f* contamination
ndreq *v* adjust, spruce up
ndreqje *f* adjustment
ndriçim *m* lighting
ndriçoj *v* enlighten, light, illuminate
ndriçues *adj* luminous
ndrit *v* brighten
ndritshëm : i *adj* bright, light
ndrojë *f* timidity
ndrydh *v* sprain
ndryj *v* lock up
ndryshe *adj* different
ndryshëm : i *adj* several
ndryshim *m* change, shift
ndryshk *m* rust
ndryshket *v* rust
ndryshkur : i *adj* rusty
ndryshoj *v* alter, change

ndryshueshëm : i *adj* fickle
ndyj *v* soil
ndyrë : i *adj* crappy
ndyshohem *v* mutate
ne *pro* we, us
në *pre* to, at, on, in
nef *m* nave
negativ *adj* negative
neglizhencë *v* malpractice
neglizhent *m* neglect
neglizhent *adj* negligent
negociata *f* negotiation
negocioj *v* negotiate
nën *pre* beneath
nen *m* clause
nën standard *adj* substandard
nënë *f* mom
nënkalim *m* subway
nënkuptoj *v* drive at
nënkuptuar : i *adj* implicit
nënprodukt *m* by-product
nënpunës *m* clerk
nënshkrim *m* endorsement
nënshkruaj *v* endorse
nënshtrohem *v* expose
nënshtroj *v* subdue
nënshtruar : i *adj* subdued
nëntë *adj* nine
nëntë : i *adj* ninth
nëntëdhjetë *adj* ninety
nëntëmbëdhjetë *adj* nineteen
nëntitull *m* subtitle

Nëntor *m* November
nënvizoj *v* underline
nëpër *pre* across
nëpërkë *f* viper
nëpërmjet kësaj *adv* hereby
nëpunësi *f* employment
neqez *m* miser
nerv *m* nerve
nervoz *adj* nervous
nëse *c* if, whether
nesër *m* future
nesër *adv* tomorrow
neurotik *adj* neurotic
neutral *adj* neutral
neutralizoj *v* neutralize
neveri *f* contempt
neveris *v* abhor
neveritshëm : i *adj* detestable
nevojë *f* necessity, need
nevojshëm : i *adj* necessary
nevojtar *adj* needy
nevrik *adj* irate
nevrikosshëm : i *adj* irritating
nga afër *adv* closely
nga brenda *adj* inward
nga brenda *adv* inwards
nga sa thuhet *adv* reportedly
ngacmim *v* dig
ngacmoj *v* molest, irritate
ngacmues *adj* exciting
ngadalë : me *adv* slowly
ngadalësoj *v* slacken

ngurtë : i

ngadaltë : i *adj* slow
nganjëherë *adv* occasionally
ngarkese *f* consignment
ngarkesë *f* load, burden
ngarkoj *v* load, burden
ngarkuar : i *adj* laden
ngatërresë *f* complication
ngatërrestar *adj* troublesome
ngatërrim *m* confusion
ngatërroj *v* confuse, tangle
ngatërruese *adj* confusing
ngathët : i *adj* dull
ngathtësi *f* clumsiness
ngazëlloj *v* exult
ngazëllyer : i *adj* jubilant
ngecur *adj* stranded
ngel *v* fail
ngërç *n* cramp
ngjaj *v* resemble
ngjall *v* incur
ngjallur *m* breed
ngjallur : i *adj* corpulent
ngjan *v* happen
ngjarje *f* episode, event
ngjashëm : i *adj* alike, similar
ngjashëm : të *m* congenial
ngjashmëri *f* resemblance
ngjesh *v* compact, press
ngjeshje *f* congestion, jam
ngjirur : i *adj* hoarse
ngjis *v* glue, paste
ngjitem *v* ascend, climb

ngjitës *adj* adhesive
ngjitës *m* glue, paste
ngjitje *f* climbing
ngjyrë *f* color
ngjyrë e purpurt *adj* purple
ngjyrë trëndafili *adj* rosy
ngjyros *v* color, paint
ngjyrosje *adj* dying
ngop *v* saturate
ngopur : i *adj* fed up
ngre *v* erect, raise, hoist
ngre pirg *v* stack
ngrihem *v* get up, rise
ngrij *v* stiffen
ngrire : i *adj* freezing
ngrirë : i *adj* numb, stiff
ngrirës *m* freezer
ngritje *f* upheaval
ngritur : i *adj* erect
ngrohem *v* bask
ngrohës *m* heater
ngrohje *f* heating
ngrohtë *adj* warm
ngrohtësi *f* warmth
ngul *v* settle
ngulim *m* settlement
ngulis *v* implant
ngulitur : i *adj* entrenched
ngulmim *m* persistence
ngulmoj *v* persevere
ngurosur : i *adj* petrified
ngurtë : i *adj* rigid, solid

ngurtësuar : i *adj* ingrained
ngushëllim *m* consolation
ngushëlloj *v* console
ngushëllues *m* comforter
ngushtë *adv* narrowly
ngushtë : i *adj* narrow, tight
ngushtim *m* contraction
ngushtoj *v* tighten
ngut *m* haste
ngut : me *adv* hastily
ngutur : i *adj* pressing
nikel *m* nickel
nikotinë *f* nicotine
nip *m* grandson, nephew
nis *v* launch
nis befas *v* flare-up
nisje *f* departure
nivel *m* level
niveloj *v* level
një *a* a, an
njëanshëm : i *adj* unilateral
njëfarë *adj* certain
njëherë *adv* once
njehsim *m* count
njehsoj *v* gauge
njehsor *m* counter
njëjës *adj* singular
njëjtë : i *adj* same
njëkohësisht *c* once
njëkohshëm : i *adj* concurrent
njëlloj *adv* likewise
njëmbëdhjetë *adj* eleven

njëmbëdhjetë : i *adj* eleventh
njëorësh *adv* hourly
njëqind *adj* hundred
njëqindtë : i *adj* hundredth
njëra *adj* either
njerëz *m* people
njerëzi *f* courtesy
njerëzim *m* humankind
njerëzor *adj* human
njeri *m* man
njeri i besuar *m* confidant
njeri i famshëm *m* celebrity
njeri-tjetri *adj* each other
njerk *m* stepfather
njerkë *f* stepmother
njësh *m* ace
njësi *f* unit
njësoj *v* integrate
njëzet *adj* twenty
njëzetë : i *adj* twentieth
njoftim *m* notification
njoftoj *v* announce
njoh *v* acquaint
njohje *f* acquaintance
njohuri *f* know-how
njolla : pa *adj* spotless
njollë *f* blemish, stain
njolloj *v* blemish, blot
njollos *v* stain, spot
njom *v* moisten
njomje *v* soak
nocion *m* notion

oborr ferme

nofkë *f* nickname
nofull *m* jaw
nominoj *v* nominate
nonstop *adv* nonstop
normal *adj* normal
normalisht *adv* normally
normalizoj *v* normalize
normë *f* norm
norvegjez *adj* Norwegian
Norvegji *f* Norway
nostalgji *f* nostalgia
not *m* swimming
notar *m* swimmer
noter *m* notary
notim *m* nation
notoj *v* swim
novelë *f* novel
novelist *m* novelist
nritë *v* arise
nuancë *f* nuance
nudist *m* nudist
nudizëm *m* nudity
nuhas *v* smell
nuk *adv* not
nuk besoj *v* distrust
nuk i bindem *v* disobey
nuk pajtohem *v* disagree
nuk pëlqej *v* dislike
nuklear *adj* nuclear
numër *m* number
nun *m* best man
nuse *f* bride, spouse

nxeh *v* heat
nxehje *v* warm up
nxehtë : i *adj* fiery, hot
nxehtësi *f* heat
nxënës *m* learner, pupil
nxij *v* denigrate
nxirje në diell *f* sunburn
nxis *v* incite, instigate
nxitës *adj* aphrodisiac
nxitimthi *adv* hurriedly
nxitje *f* incitement
nxitje *v* dig
nxitohem *v* hurry up
nxitoj *v* hasten, hurry
nxituar : i *adj* hasty
nxjerr *v* extract, put out
nxjerr ligje *v* legislate
nyjë *f* knot
nyje e këmbës *f* ankle
nyndje *f* congestion

O

oazë *f* oasis
objektiv *adj* impersonal
obligim *m* obligation
oborr *m* patio
oborr ferme *m* farmyard

observatorë *f* observatory
odë *f* chamber
odisea *f* odyssey
odometër *m* odometer
ofendim *m* offense
ofendoj *v* offend
ofenzivë *adj* offensive
ofertë *f* proposal, offer
ofrohem *v* come forward
ofroj *v* offer, bid
ofshamë *f* damnation
ogur *m* omen
oksigjen *m* oxygen
oktopus *m* octopus
okupator *m* occupant
Olimpiadë *f* olympics
omëletë *f* omelette
ons *m* ounce
operë *f* opera
operoj *v* operate
opium *m* opium
opozitë *f* opposition
opsion *m* option
opsional *adj* optional
optik *adj* optical
optimistik *adj* optimistic
optimizëm *m* optimism
oqean *m* ocean
orakull *m* oracle
orangutan *m* orangutan
orar *m* timetable
orbitë *f* orbit

orë *f* hour, clock
orë me zile *f* alarm clock
orë policore *f* curfew
orëbërës *m* watchmaker
orendi *f* furniture
organ *m* organ
organist *m* organist
organizatë *f* organization
organizator *m* mastermind
organizëm *m* organism
organizoj *v* organize
oriental *adj* oriental
orientim *n* orientation
orientuar *adj* oriented
origjinal *adj* original
origjinë *f* ancestry
oriz *m* rice
orkestër *m* orchestra
ortek *m* avalanche
ortodoks *adj* orthodox
oshëtimë *f* echo
oxhak *m* chimney, fireplace

P

pa *pre* without
paaftë : i *adj* incapable
paaftësi *f* disability
paanësi *f* fairness
paankoruar *adv* adrift
paanshëm : i *adj* unbiased
paarmatosur : i *adj* unarmed
paarritshëm : i *adj* inaccessible
paarsyeshëm : i *adj* irrational
pabarabartë : i *adj* unequal
pabarazi *f* disparity
pabazuar : i *adj* unfounded
pabesë : i *adj* unfaithful
pabesi *f* disloyalty
pabesueshëm : i *adj* incredible
pabindur : i *adj* disobedient
pacen : i *adj* flawless
paçmueshëm : i *adj* invaluable
padëgjuar : i *adj* unheard-of
padëmshëm : i *adj* harmless
padëmtuar : i *adj* unharmed
padi *f* count
padiskutuar *adj* undisputed
padit *v* sue
paditë *v* accuse
padituri *f* ignorance
padobishëm : i *adj* useless
padrejtë : i *adj* unfair, unjust
padrejtësi *f* injustice
padrejtësisht *adv* unfairly
padukshëm : i *adj* invisible
padurim *m* impatience
paduruar : i *adj* impatient
padyshim *adv* undoubtedly
paedukuar : i *adj* uneducated
paefektshëm : i *adj* ineffective
paepur : i *adj* implacable
pafaj : i *adj* innocent
pafajësi *f* innocence
pafajshëm : i *adj* blameless
pafarë : i *adj* seedless
pafat : i *adj* unlucky
pafe : i *adj* godless
pafund : i *adj* abysmal, unending
pafundësi *f* immensity
pafuqi : i *adj* impotent
pagabueshëm : i *adj* infallible
pagan *adj* pagan
pagë *f* earnings
pagesë *f* payment
pagesë haraçi *f* kickback
pagim *m* repayment
pagjasë : i *adj* unlikely
pagjumësi *f* insomnia
paguaj *v* disburse, pay
pagueshëm : i *adj* payable
paharrueshëm : i *adj* memorable
pahijshëm : i *adj* obscene
pahir : me *adv* unwillingly
pajë *adv* partially
pajetë : i *adj* lifeless

pajime

pajime *f* outfit
pajis *v* equip
pajisje *f* gadget, device
pajtim *m* conformity
pajtohem *v* comply
pajtoj *v* reconcile
pajtues *adj* conciliatory
pajtueshëm : i *adj* compatible
pajtueshmëri *f* compatibility
pajustifikuar : i *adj* unjustified
pak *adv* slightly
pak : me *adj* less, fewer
pak gri *adj* grayish
pak nga pak *adv* little by little
pakapshëm : i *adj* elusive
pakë *f* little bit
pakënaqësi *f* displeasure
pakënaqshëm : i *adj* unpleasant
pakënaqur : i *adj* dissatisfied
pakëndshëm : i *adj* distasteful
pakësohem *v* dwindle, lessen
pakësoj *v* relieve
pakët : i *adj* few
pakët : i me *adj* lesser
pakëti : i me *adj* least
paketim *m* package
paketoj *v* pack
pakëzim *m* christening
pakëzoj *v* christen
pakicë *f* minority
pakthyeshëm : i *adj* irreversible
paktueshëm : i *adj* illegible

pakufi : i *adj* unlimited
pakufishëm : i *adj* boundless
pakujdesi *f* carelessness
pakujdesshëm : i *adj* careless
pakuptim : i *adj* meaningless
pala : me *adj* pleated
palatuar : gur i *m* rubble
palcë *f* marrow, pulp
palcë ashti *f* bone marrow
palë *f* pair, set
palejueshëm : i *adj* undue
palënduar : i *adj* unhurt
palevërdi *f* disadvantage
palëvizshëm : i *adj* motionless
palidhur : i *adj* unrelated
paligjshëm : i *adj* unlawful
pallat *m* palace
pallto *f* coat
pallua *f* peacock
palmë *f* palm
palmetë *f* berth
palodhur : i *adj* tireless
palogjikshëm : i *adj* illogical
pamajë : i *adj* pointless
pamartuar : i *adj* unmarried
pamasë : i *adj* immense
pamatur : i *adj* indiscreet
pamaturi *f* indiscretion
pambrojtur : i *adj* unprotected
pambuk *m* cotton
pamend : i *adj* unwise
pamerituar : i *adj* undeserved

parablej

pamëshirshëm : i *adj* relentless
pamjaftueshëm : i *adj* scarce
pamje *f* outlook, view
pamobiluar : i *adj* unfurnished
pamprehtë : i *adj* bluntness
pamundësi *f* impossibility
pamundur : i *adj* impossible
pandashëm : i *adj* inseparable
pandeh *v* presume
pandehur : i *adj* defendant
pandërprerë : i *adj* incessant
pandershëm : i *adj* dishonest
pandershmëri *f* dishonesty
pandjenjë : i *adj* senseless
pandjeshëm : i *adj* insensitive
pandreqshëm : i *adj* incorrigible
panevojshëm : i *adj* needless
pangjashëm : i *adj* dissimilar
pangopur : i *adj* insatiable
panik *m* panic
panjerëzi *f* discourtesy
panjohur : i *adj* unfamiliar
panjollë : i *adj* immaculate
pankreas *m* pancreas
panoramë *f* panorama
pantallona *f* trousers
panterë *f* panther
pantomimë : bëj *v* mime
panumërt : i *adj* countless
papafingo *f* attic
papagall *m* parrot
papajtueshëm : i *adj* discordant

paparashikuar : i *adj* unforeseen
papastër : i *adj* impure
papat *m* papacy
Papë *f* Pope, Pontiff
papëlqyeshëm : i *adj* disagreeable
papërkulur : i *adj* inflexible
papërpunuar : i *adj* crude
papërshtatshëm : i *adj* unfit
papërsosuri *f* imperfection
papguar : i *adj* delinquent
papjekur : i *adj* immature
papjekuri *f* immaturity
paplotë : i *adj* incomplete
papranueshëm : i *adj* irrevocable
paprekshëm : i *adj* untouchable
paprekur : i *adj* intact
papritur *adv* suddenly
papritur : i *adj* sudden
papunë : i *adj* unemployed
papunësi *f* unemployment
paqe *f* peace
paqejf : i *adj* indisposed
paqëllim : i *adj* aimless
paqësim *m* appeasement
paqësoj *v* appease
paqësor *adj* peaceful
paqetë : i *adj* restless
para *pre* before
para *f* money, currency
para : pa *adj* penniless
paraardhës *m* predecessor
parablej *v* preempt

parabolë

parabolë *f* parable
paradë *f* parade
paradoks *m* paradox
parafabrikoj *v* prefabricate
parafango *f* fender
parafjalë *f* preposition
paragjykim *m* prejudice
paragraf *m* paragraph
parahistorik *adj* prehistoric
parajsë *f* paradise
parajsor *adj* heavenly
parakaloj *v* overtake
paraket *m* parakeet
parakohshëm : i *adj* premature
parakolp *m* bumper
paralajmërim *m* warning
paralajmëroj *v* warn
paralel *m* parallel
paralizë *f* paralysis
paralizoj *v* paralyze
paramendim *m* premeditation
paramendoj *v* premeditate
paramenduar : i *adj* deliberate
parametra *f* parameters
parandalim *m* prevention
parandaloj *v* prevent
parandalues *adj* preventive
paranoid *adj* paranoid
parantezë *f* parenthesis
parapëlqim *m* predilection
paraprak *adj* preliminary
paraprij *v* precede

parapring : që *adj* preceding
paraqes *v* denote
pararendës *m* precursor
pararojë *f* vanguard
parashikim *m* anticipation
parashikim *v* forecast
parashikoj *v* predict
parashtesë *f* prefix
parashutë *f* parachute
parashutist *m* paratrooper
paraskenë *f* apron
parathënie *f* preface
parathënie libri *f* foreword
parazit *m* parasite
parcelë *f* parcel
pardesy *f* overcoat
parë : i *adj* first, foremost
parë : me *adv* formerly
parë : të *f* antecedents
parehati *f* discomfort
parehatshëm : i *adj* uneasy
parericë *f* crutch
parësi *f* primacy
parfum *m* perfume
parim *m* principle
park *m* park
parkoj *v* park
parlament *m* parliament
parmak *m* handrail
parregullsi *m* disorder
parregullt : i *adj* irregular
parti *f* party

pavarësisht

partisan *m* partisan
partner *m* partner
partneritet *m* partnership
parukë *f* wig
parullë *f* slogan
parzmore *f* armor
pas : me *pre* after
pasagjer *m* passenger
pasaktë : i *adj* inaccurate
pasaportë *f* passport
pasardhës *m* descendant
pasdite *f* afternoon
pasëm : i *adj* rear
pashëm : i *adj* handsome
pashije : i *adj* insipid
pashkë *f* Easter
pashpirtë : i *adj* heartless
pashpresë : i *adj* hopeless
pasiguri *f* insecurity
pasigurt : i *adj* precarious
pasinqertë : i *adj* insincere
pasion *m* passion
pasionuar : i *adj* passionate
pasiv *adj* passive
pasjellshëm : i *adj* impolite
pasoj *v* succeed
pasojë *f* consequence
pasqyrë *f* looking glass
pastaj *adv* then
pastaj *pre* after
pastër : i *adj* neat, tidy, clean
pasterizoj *v* pasteurize

pastërti *f* chastity, purity
pastiçeri *f* pastry
pastinak *m* parsnip
pastrehë : i *adj* homeless
pastrim *m* purification
pastrim i thatë *v* dryclean
pastroj *v* clean, cleanse
pastrues *m* cleaner
pasues *m* disciple
pasur : i *adj* rich, wealthy
pasur me : i *adj* abundant
pasuri *f* wealth
pasuroj *v* enrich
pat *m* stalemate
pata *f* geese
patate *f* potato
patë *f* goose
patetik *adj* pathetic
pathyeshëm : i *adj* unbroken
patina *f* skate
patinazh : bëj *v* skate
patinazh akulli *v* ice skate
patinë *f* scooter
patjetër *v* must
patretshëm : i *adj* insoluble
patriark *m* patriarch
patriot *m* patriot
patronazh *m* patronage
patrullë *f* patrol
paturp : i *adj* insolent
pavarësi *f* independence
pavarësisht *adj* irrespective

P

pavarësisht *adv* regardless
pavarësisht nga *c* despite
pavarur : I *adj* independent
pavdekësi *f* immortality
pavdekshëm : i *adj* immortal
pavëmendje *f* oversight
pavend : i *adj* improper
pavendosmëri *f* indecision
pavendosur : i *adj* indecisive
pavërtetë : i *adj* untrue
pavetëdijshëm : i *adj* unaware
pavjon *m* pavilion
pavlefshëm : i *adj* null
pavlerë : i *adj* futile
pavolitshëm : i *adj* unfavorable
pazakontë : i *adj* uncommon
Pazar *m* bazaar
Pazar : bëj *v* bargain
pazarllëk *m* bargaining
pazënë : i *adj* unoccupied
pazotë : i *adj* helpless
pazotësi *f* inability
pazoti : i *adj* incompetent
pe *f* thread
pecetë *f* napkin
pedagogji *f* pedagogy
pedal *m* pedal
pedant *adj* pedantic
peizash *m* landscape
pek *m* peck
pëlcas *v* explode
pelë *f* mare

pelegrinazh *m* pilgrimage
pelenë *f* diaper
pelerinë *f* cape, cloak
pëlhurë *f* fabric, cloth
pelikan *m* pelican
pëllëmbë *f* span
pellg *m* pond
pëllumb *m* pigeon, dove
pëlqen : me *v* care for
pëlqim *m* compliance
pëlqyeshëm : i *adj* likable
pelush *adj* plush
pemë *f* tree
penalizoj *v* penalize
pendesë *f* penance
pendim *m* regret
pendohem *v* regret, repent
penduar : i *adj* remorseful
penë *f* pen
peng *m* pledge
peng : vë *m* galaxy
pengesë *f* obstacle
pengim *m* obstruction
pengmarrës *m* pawnbroker
pengohem *v* stumble
pengoj *v* thwart, forbid
peni *f* penny
penicilinë *f* penicillin
pension *m* pension
për *pre* per, for
për arsye të *pre* because of
për më tepër *adv* moreover

për qind *adv* percent
për t'u dukur *adj* ostentatious
për vete : bëj *v* conciliate
përafërsisht *adj* approximate
perandor *m* emperor
perandoreshë *f* empress
perandori *f* empire
përballë *adv* opposite
përballë : i *adj* opposite
përballoj *v* confront
përbëj *v* compose
përbërës *m* ingredient
përbërje *m* composition
përbindëshor *adj* monstrous
përbuzë : i *adj* despise
përbuzës *m* scornful
përbuzje *f* contempt
përbuzshëm : i *adj* despicable
përçaj *v* disrupt
përcaktim *m* determination
përcaktoj *v* determine
përçarje *f* disruption
perceptim *m* perception
perceptoj *v* perceive
perçinoj *v* clinch
përçmim *m* disdain
përçmoj *v* scorn
perde *f* drape, curtain
perde tymi *f* haze
përdhos *v* desecrate
përdhunim *m* rape
përdhunoj *v* rape

përdhunues *m* rapist
përditësoj *v* update
përditshëm : i *adj* everyday
përdor *v* recourse, utilize, use
përdorim *m* usage, use
përdorues *m* user
përdredhje *f* wrench
përdridhem *v* wiggle
përemër *m* pronoun
perëndeshë *f* goddess
perëndi *f* divinity
perëndim *m* west
perëndim dielli *m* sunset
perëndimor *adj* western
perëndishëm : i *adj* divine
përfitim *m* profit
përfitime : pa *adj* unprofitable
përfitoj *v* profit
përforcime *f* reinforcements
përforcoj *v* reinforce
përforcues *m* amplifier
përfshij *v* include, contain
përfshirë : i *adj* involved
përfshirje *f* involvement
përftoj *v* derive
përfundim *m* completion
përfundimisht *adv* eventually
përfundimtar *adj* conclusive
përfundoj *v* end up
përfytyroj *v* visualize
pergamenë *f* parchment
përgatit *adj* mixed

përgatit

përgatit *v* prepare	**përkatës** *adj* relevant
përgatitje *f* preparation	**përkdhelje** *f* caress
përgëzime *f* congratulations	**përkëdhel** *v* fondle
përgëzoj *v* congratulate	**përkeqësoj** *v* worsen
përgjakshëm : i *adj* bloody	**përket : me** *v* pertain
përgjegjës *adj* corresponding, responisble	**përkohësisht** *adj* temporary
	përkohshëm : i *adj* provisional
përgjegjës *m* curator, chief	**përkoj** *v* coincide
përgjegjësi *f* responsibility	**përkoj pjesërisht** *v* overlap
përgjegjshëm : i *adj* amenable	**përkrah** *v* promote
përgjigje *f* answer, reply	**përkrahje** *f* promotion
përgjigjem *v* respond, reply	**përkryer : i** *adj* watertight
përgjigjem : i *adj* rejoin	**përkthej** *v* translate
përgjithësi : në *adv* overall	**përkthyes** *m* translator
përgjithësoj *v* generalize	**përkujdesim** *m* preoccupation
përgjithmonë *adv* forever	**përkujtoj** *v* commemorate
përgjoj *v* eavesdrop	**përkul** *v* curve, bow
përgjumur : i *adj* asleep, drowsy	**përkulem** *v* bow out
përgjysmuar : i *adj* half	**përkulje** *f* bow
përhap *v* disseminate	**përkulshëm : i** *adj* pliable
përhershëm : i *adj* constant	**përkulur : i** *adj* crooked
periferi *f* outskirts, suburb	**përkushtim** *m* commitment
perime *v* vegetable	**përkushtuar : i** *adj* committed
perimetër *m* perimeter	**perlë** *f* gem, pearl
periudhë *f* period	**përleshem** *m* skirmish
përjashta *adv* outdoors	**përleshje** *f* conflict
përjashtim *m* exception	**përmbahem** *v* refrain
përjashtoj *v* exclude	**përmbaj** *v* comprise
përjashtuar : i *adj* exempt	**përmbajtje** *f* contents
përjetësi *f* eternity	**përmbajtur : i** *adj* aloof
përjetësoj *v* perpetrate	**përmbledh** *v* summarize
përjetshëm : i *adj* timeless	**përmbledhje** *f* summary

përshpejtues

përmbledhur : i *adj* terse
përmblidhem *v* amount to
përmbush *v* accomplish
përmbushje *f* fulfillment
përmbys *v* capsize, upset
përmbys : bie *v* sprawl
përmbysur : i *adv* upside-down
përmbyt *v* flood
përmbytje *f* flooding
përmend *v* mention
përmendje *f* mention
përmendore *f* monument
përmirësim *m* improvement
përmirësohem *v* get over
përmirësoj *v* amend
përndaj *v* distribute
përndjek *v* persecute
përndryshe *adv* otherwise
përpara *adv* before
përpara : me *adv* beforehand
përparëm : i *adv* forward
përparësi *f* priority
përparim *m* progress
përparimtar *adj* progressive
përparmë : i *adj* front
përparoj *v* progress
përpëlitem *v* writhe
përpij *v* guzzle
përpikëri *f* accuracy
përpiktë : i *adj* punctual
përpiloj *v* draft
përpilues *m* draftsman

përpiqem *v* attempt, try
përpjekje *f* endeavor
përpjekje *adj* tentative
përpjestim *m* proportion
përpjetë *adv* uphill
përplas *v* clash
përplasem *v* collide
përplaset *v* slam
përplasje *f* collision, clash
përpunoj *v* process
përqafim *m* embrace
përqafoj *v* cuddle, hug
përqark : i bie *adj* pass around
përqëndrim *m* concentration
përqëndrohem *v* focus on
përqëndroj *v* concentrate
përqesh *v* deride
përqeshje *f* mockery
përqindje *f* percentage
përrallë *f* tale
përroskë *f* ravine
përrua *f* torrent
përsëri *adv* afresh, anew
përsërit *v* reiterate
përsëritje *f* repetition
përshëndes *v* greet, hail
përshëndetje *e* hello
përshkrim *m* description
përshkruaj *v* describe
përshkrueshëm *adj* descriptive
përshpejtoj *v* accelerate
përshpejtues *m* accelerator

përshpërit *v* whisper
përshpëritje *f* whisper
përshpirtshëm : i *adj* pious
përshtat *v* fit, match
përshtatem *v* conform
përshtatës *m* adapter
përshtatje *f* adaptation
përshtatshëm : i *adj* suitable
përshtypje *v* imprison
përshtypje : vë *v* impress
person *m* guy, person
personale *adj* personal
personalitet *m* personality
personel *m* personnel
personifikoj *v* personify
përsosmëri *f* excellence
përsosur : i *adj* perfect
perspektivë *f* perspective
përtac *adj* lazy, sluggish
përtaci *f* laziness
përtej *pre* through (thru)
përtej *adv* beyond
përtej detit *adv* overseas
përtërij *v* renew
përtëritje *f* regeneration
përtyp *v* chew, munch
përul *v* debase
përulem *v* demean
përulës *adj* derogatory
përulje *f* humility
përulur : i *adj* demeaning
përurim *m* inauguration

përuroj *v* inaugurate
përveç *pre* except
përvëluese *adj* torrid
përvetësim *m* acquisition
përvetësoj *v* embezzle
përvjetor *m* anniversary
përvojë : pa *adj* inexperienced
përzë *v* oust
përzemërt : i *adj* cordial, hearty
përziej *v* blend, mix
përzien : që *f* blender
përzier : i *adj* promiscuous
përzier : të *m* nausea
përzierje *f* blend, mixture
përzihem *v* meddle
pesë *adj* five
pesëdhjetë *adj* fifty
pesëkëndësh *m* pentagon
pesëmbëdhjetë *adj* fifteen
peshë *f* weight
peshk *m* fish
peshkaqen *m* shark
peshkatar *m* fisherman
peshkop *m* bishop
peshk-shpatë *m* swordfish
peshoj *adj* overweight
peshoj *v* weigh
peshore *f* scale
peshqir *m* towel
pështyj *v* spit
pështymë *f* saliva
pesimist *adj* pessimistic

pjatë çaji

pesimizëm *m* pessimism
pësoj *v* endure
pësoj rënie *v* come down
pestë : i *adj* fifth
pesticid *m* pesticide
petale *f* petal
pezull *adj* pending
pezullim *m* reprieve
pezulloj *v* adjourn
pi duhan *v* smoke
pianist *m* pianist
piano *f* piano
picërroj *v* pilfer
pickim *m* pinch
pickoj *v* pinch
pickon *v* sting
pij *v* drink
pijanec *m* drinker
pije *f* drink
pije alkoolike *f* liquor
pije aloolike *f* booze
pijshëm : i *adj* drinkable
pikalosh *adj* freckled
pikë *f* dot, leak, point
pikëllim *m* grief
pikëllues *adj* agonizing
pikëpamje *f* viewpoint
piketoj *v* stake
pikiatë : bie në *v* nosedive
pikim *m* leakage, drip
pikon *v* trickle
piktor *m* painter

piktoresk *adj* picturesque
pikturë *f* picture
pikturoj *v* picture
pilot *m* aviator, pilot
pilulë *f* pill
pinca *f* pliers
pineskë *f* thumbtack
pinguin *m* penguin
pint *m* pint
pionier *m* pioneer
piper *m* condiment
piper i zi *m* pepper
piqem *v* mellow
piramidë *f* pyramid
pirat *m* pirate
pirateri *f* piracy
pirateri ajrore *f* hijack
pirg plehrash *m* dump
pirsing *m* piercing
pishë *m* pine
pishinë *f* pool
pishtar *m* torch
piskatore *f* tweezers
pisllëk *m* filth
pistë : i *adj* filthy, foul
pistë zbritjeje *f* airstrip
pistoletë *f* pistol
piton *m* python
pizhama *f* pajamas
pjalm *m* pollen
pjatë *f* dish
pjatë çaji *f* saucer

P

pjek *v* bake, roast
pjekje *f* maturity
pjekur : i *adj* ripe, mellow
pjellor *adj* fertile, fruitful
pjellori *f* fertility
pjepër *m* melon
pjerrësi *f* slope
pjerrët : i *adj* oblique
pjesë *f* portion, piece
pjesë : me *adv* piecemeal
pjesëmarrje *f* participation
pjesërisht *adv* partly
pjeshkë *f* peach
pjesore *f* participle
pjesshëm : i *adj* partial
plaçkë *f* loot, spoils
plaçkit *v* pillage, plunder
plaçkitës *m* raider
plagë *f* gash, slash
plagos *v* wound
plakur : i *adj* decrepit
plan *m* plan
plan i parë *m* foreground
planet *m* planet
planifikoj *v* plan
plas *v* break out
plasaritje *f* cleft
plasë *f* rift, crevice
plasje *f* detonation
platformë *f* platform
platin *m* platinum
plazh *m* beach

pleh kafshësh *m* manure
plehra *f* rubbish, trash
plejadë *f* constellation
pleqëri *f* old age
pleqërisë : i *adj* senile
plesht *m* flea
plis *m* sod
pllajë *f* plateau
pllakë *f* tablet, slate
plogët : i *adj* clumsy
plor *m* prow
plot me *adj* infested
plotë : i *adj* entire
plotësisht *adv* completely
plotësues *m* complement
pluhur *m* dust
pluhur : me *adj* dusty
pluhuroj *v* pulverize
plumb *m* bullet
plumb : pa *adj* unleaded
plumbç *v* plummet
plumbtë : i *adj* livid
plus *adv* plus
pluton *m* plutonium
pneumoni *f* pneumonia
po *adv* yes
po kënaqem *adj* gratifying
po të mos *c* unless
po vendos *adj* deciding
poç *m* bulb
poçeri *f* crockery
poemë *f* poem

prag dere

poet *m* poet
pohim *m* assertion
pohoj *v* affirm, assert
pohues *adj* affirmative
pol *m* pole
Polak *adj* Polish
polar *adj* polar
polemikë *f* controversy
polemizoj *v* dispute
polic *m* policeman
polici *f* police
poligam *adj* polygamist
poligami *f* polygamy
politikan *m* politician
politikë *f* policy, politics
Poloni *f* Poland
pomadë *f* ointment
pompë *f* pump
pompoj *v* pump
pompozitet *m* pomposity
popël *m* boulder
popull *m* folks
popullarizoj *v* popularize
populloj *v* populate
popullor *adj* popular
popullsi *f* population
por *c* but
por *m* pore
porcelan *m* porcelain
porcion *m* batch
porosi *f* errand, message
porosi : me *adj* custom-made

porosis *v* charge
poroz *adj* porous
porsaardhur : i *adj* newcomer
porsamartuar : i *adj* newlywed
port *m* harbor, port
portativ *adj* portable
portë *f* exit, gate
portier *m* goalkeeper, usher
portik *m* porch
portokall *m* orange
portret *m* portrait
portretizoj *v* portray
Portugali *f* Portugal
Portugez *adj* Portuguese
posaçëm : i *adj* peculiar
posaçërisht *adv* especially
posalindur *m* newborn
poshtë *adv* down
poshtë *pre* under
poshtëroj *v* humiliate
post *m* slot
postë *f* mail
postier *m* mailman
potershëm : i *adj* tumultuous
pothuajse *adv* almost
pozi *f* poetry
pozicion *m* position
pozicionoj *v* deploy
pozitiv *adj* positive
pozoj *v* pose
prag *m* threshold
prag dere *m* doorstep

pragmatik

pragmatik *adj* down-to-earth
pragmatist *adj* pragmatist
praktik *adj* practical
praktikim *adj* practising
praktikoj *v* practise
prandaj *adv* hence, thus
pranë *pre* near, close to
pranga *v* handcuff, shackle
pranim *m* admission
pranoj *v* accept, admit
pranuar : i *adj* avowed
pranueshëm : i *adj* acceptable
pranverë *f* spring
prapa *adv* back
prapa *pre* behind
prapambetur *adj* backward
prapambetur : i *adj* barbaric
prapësim *m* reversal
prapsem *v* back up
pre *f* booty
predhë *f* projectile
predikatore *f* pulpit
predikim *m* homily, sermon
predikoj *v* preach
predikues *m* preacher
preferencë *f* preference
preferoj *v* prefer
preferuar : i *adj* favorite
prehem *v* bask
prehër *m* lap
prej *v* cut
prej *pre* from

prej : që *pre* since
prej druri *adj* wooden
prej gëzofi *adj* furry
prej leshi *adj* woolen
prejardhje : vë *v* deduce
prejardhur : i *adj* derivative
prek *v* handle, touch
prekje *f* touch
prekshëm : i *adj* palpable
prekur : i *adj* aghast
premisë *f* premise
Premte : E *m* Friday
premtim *m* promise
prenkë *f* freckle
prerë : e *adj* cut
preri *f* prairie
prerje *f* incision
prerje flokësh *f* haircut
pres *v* await, expect
pres kokën : i *v* decapitate
presidencë *f* presidency
president *m* president
presion *m* pressure
presje *f* comma
prestar *m* cutter
prestigj *m* prestige
pretendim *m* pretension
pretendoj *v* allege, assume
prezantim *m* presentation
prezencë *f* presence
prezent *adj* present
prift *m* priest**

prově

priftëreshë *f* priestess
priftëri *f* priesthood
priftëror *adj* clerical
prikë *f* dowry
Prill *m* April
primitiv *adj* primitive
princ *m* prince
princeshë *f* princess
prindër *m* parents
prirem *v* incline
prirje *f* inclination
prirur : i *adj* predisposed
prish *v* botch, debase, spoil, scrap
prish *adj* deprave
prishës *adj* derogatory
prishet : që *adj* perishable
prishje *f* depravity
pritem *v* curdle
pritje *f* expectation
pritje : në *adj* upcoming
pritur : i *adj* due
privat *adj* private
privilegj *m* privilege
prizëm *m* prism
probabilitet *m* odds
problem *m* problem
problematik *adj* problematic
procedim *m* prosecutor
procedoj *v* prosecute
procedurë *f* procedure
proces *m* process
procesion *m* procession

prodhim *m* make, output, crop
prodhoj *v* produce
produkt *m* product
produktiv *adj* productive
profeci *f* prophecy
profesion *m* profession
profesional *adj* professional
profesor *m* professor
profet *m* prophet
profetizoj *v* foretell
profil *n* profile
program *m* program
programoj *v* schedule
programues *m* programmer
projekt *m* project
projektoj *v* project
prolog *m* prologue
pronar *m* boss, owner
pronare *f* landlady
pronë *f* ownership
propagandë *f* propaganda
propozim *m* proposition
propozoj *v* propose
proshutë *f* bacon, ham
prostatë *f* prostate
proteinë *f* protein
protestë *f* protest
protestoj *v* protest
protokoll *m* protocol
prototip *m* prototype
prova : bëj *v* rehearse
provë *f* test, proof

provë e rëndë *f* ordeal
provë teatri *f* rehearsal
proverbë *f* proverb
provoj *v* attest, prove
provokim *m* provocation
provokoj *v* provoke
provokues *adj* defiant
provuar : i *adj* proven
prozë *f* prose
prush *m* embers
psalm *m* chant
pse *adv* why
pseudonim *m* pseudonym
psherëtij *v* sigh
psherëtimë *f* sigh
psikiatër *m* psychiatrist
psikiatri *f* psychiatry
psikik *adj* psychic
psikologji *f* psychology
psikopat *m* psychopath
pubertet *m* puberty
publicitet *m* publicity
publik *adj* public
publikim *m* publication
publikisht *adv* publicly
publikoj *v* publish
publikues *m* publisher
puçërr *m* pimple
pudër *m* powder
puhi *f* breeze
pulë *f* hen, chicken
pulëbardhë *f* seagull

pulexhë *f* pulley
pulqer *m* thumb
puls *m* pulse
punë *f* work
punë arti *f* artwork
punë shtëpie *f* housework
punëdhënës *m* employer
punësoj *v* hire
punëtor *adj* hardy
punëtor *m* worker
punishte *f* workshop
punishte vere *f* winery
punoj *v* employ, work
punonjës *m* employee
punueshme :e *adj* workable
pure *f* puree
purgator *m* purgatory
purgë *f* purge
purifikoj *v* cleanse
purifikues *m* cleanser
puro *f* cigar
pus *m* well
pushim *m* rest, repose
pushim zjarri *m* cease-fire
pushime *f* vacation
pushkë *f* rifle
pushoj *v* discontinue
pushtim *v* conquest
pushtoj *v* conquer
pushtuar *adj* engrossed
pushtues *m* conqueror
putër *m* paw

puth *v* kiss
puthje *f* kiss
pyes *v* quiz, question
pyet *v* ask
pyetësor *m* questionnaire
pyetje *f* question, inquiry

Q

qafë *f* neck
qafe : heq *v* put off
qaj *v* lament, deplore
qaj me zë *v* cry out
qaraman *adj* tearful
qarë : të *f* crying
qarje *f* cry, lament
qark *m* district, county
qarkoj *v* circulate
qarkullim *m* circulation
qartë *adv* clearly
qartë : i *adj* obvious, clear
qartësi *f* clarity
qe *f* oxen
që *adj* that
qedhje *f* fleece
qejf *m* humor
qejf : pa *adv* grudgingly
qelb *m* pus

qelbet *v* stink
qelbur : i *adj* fetid
qëllim *v* aim, goal
qëllim : me *adv* knowingly
qëllimisht *adv* purposely
qëlloj *v* batter, strike
qelq *f* glass
qelqe *f* glassware
qen *m* dog
qendër *m* center, hub
qendër qyteti *m* downtown
qëndis *m* embroider
qëndisje *f* embroidery
qëndrim *m* standing, stay
qëndroj *v* stay, stand
qëndror *adj* central
qëndrueshëm : i *adj* durable
qëndrueshmëri *f* duration
qengj *m* lamb
qenie *f* being
qenie njerëzore *f* human being
qep *v* sew, stitch
qepë *f* onion
qepem *v* cling
qepem keq : i *v* drive away
qepës *m* sewer
qepje *f* stitch, sewing
qeramik *m* ceramic
qereste *f* timber
qëroj *v* cut out, peel
qerpik *m* eyelash
qerre *f* cart

qershi *f* cherry
Qershor *m* June
qesh *v* laugh
qesharak *adj* laughable
qeshje *f* laugh
qeshur : e *adj* laughter
qetë : i *adj* calm, quiet
qetësi *f* calm, silence
qetësim *m* lull
qetësohem *v* calm down
qetësoj *v* pacify, soothe
qetësues *adj* balmy
qeth *v* shear
qethje *f* clipping
qeveri *f* government
qeverim *m* dispensation
qiell *m* sky, heaven
qiellor *adj* celestial
qiellzë *f* palate
qilar *m* cellar, pantry
qindarkë *f* cash
qira *f* lease, rent
qiradhënës *m* lessor
qiramarrës *m* lessee, tenant
qiri *f* candle
qirimbajtëse *f* candlestick
qitës *m* marksman
qitje *f* gunshot
qofte *f* meatball
qortim *m* rebuke, snub
qortoj *v* rebuke, chide
qortoj rëndë *v* snub

qoshe *n* corner
qoshes : gur i *m* cornerstone
qoshk gazetash *m* newsstand
qull *v* mash
qullash *adj* sissy
qullët : i *adj* soggy
qumësht *m* milk
qumështi *adj* milky
qymyr druri *m* charcoal
qymyrguri *f* coal
qytet *m* town
qytet i vogël *m* borough
qytetar *adj* civil
qytetarë *f* citizen
qytetas *adj* civic
qytetit : i *adj* urban

R

rabin *m* rabbi
racë *f* race
racion *m* ration
racional *adj* rational
racionalizoj *v* rationalize
racionoj *v* ration
racist *adj* racist
racizëm *m* racism
radar *m* radar

rehatshëm : i

radhë *f* range
radhit *v* align
radhitje *f* alignment
radiator *m* radiator
radikal *adj* radical
radio *f* radio
rafineri *f* refinery
rafinoj *v* refine
raft *m* shelf
raft librash *m* bookcase
rafte *f* shelves
rajon *m* region
rajonal *adj* regional
raketë *f* missile, rocket
rakun *m* raccoon
ranore *adj* soiled
raport *m* report
raportoj *v* report
raportues *m* reporter
rasë *f* cassock
rashqel *m* rake
rast *m* chance
rastësi *f* accident
rastësishëm : i *adj* accidental
rastësisht *adv* randomly
rastësor *adj* casual
rastisje *f* contingency
rastit : i *adj* contingent
ratifikim *m* ratification
ratifikoj *v* ratify
re *f* cloud
re : pa *adj* cloudless

reagim *m* reaction
reagoj *v* react
realitet *m* reality, fact
realizëm *m* realism
realizoj *v* realize
realizueshëm : i *adj* feasible
rebel *m* rebel
rebelim *m* rebellion
rebelohem *v* rebel
recetë *f* recipe
reciprok *adj* reciprocal
reciprokisht *adv* mutually
recitoj *v* recite
redaktoj *v* edit
referendum *m* referendum
referim *m* reference
referohem : i *v* refer to
refleks *m* gleam
reflektim *m* reflection
reflektoj *v* reflect
reformë *f* reform
refugjat *m* refugee
refuzim *m* denial, refusal
refuzoj *v* refuse
regjent *m* regent
regjim *m* regime
regjiment *m* regiment
regjistrim *m* enrollment
regjistroj *v* record
regjistrues *m* recorder
rehabilitoj *v* rehabilitate
rehatshëm : i *adj* comfortable

reja : me e *adj* latest
reklam *m* advertising
reklamoj *v* advertise
rekomandoj *v* recommend
rekrut *m* recruit
rekrutoj *v* enlist
rektor *m* rector
rektrutim *m* recruitment
rektrutoj *v* recruit
relike *m* relic
rend *m* sequence
rëndë : i *adj* burdensome
rëndesë *f* heaviness
rëndësi *f* importance
rëndësishëm : i *adj* impressive
rendiment *m* yield
rendis *v* enumerate
rendit *v* enumerate
rëndoj *v* aggravate
renë *f* reindeer
rënie *f* decline
rënkim *m* groan, moan
rënkoj *v* groan
reportazh *m* coverage
republikë *f* republic
reputacion *m* reputation
rërë *f* sand
respekt *m* respect
respekt : me *adj* respectful
respektoj *v* respect
restaurim *m* restoration
restorant *m* restaurant

reumatizëm *m* rheumatism
revistë *f* magazine
revoltë *f* revolt
revoltohem *v* revolt
revoltues *adj* revolting
revolver *v* revolver
reze dere *f* latch
rezervë *f* reservation
rezervuar *m* reservoir
rezistencë *f* resistance
rezistoj *v* resist
rezultat *m* outcome, result
ri : i *adj* juvenile, young
ri fringo : i *adj* brand-new
riatdhesoj *v* repatriate
ribashkim *n* reunion
ribëj *v* redo, remake
ridalje në skenë *f* comeback
riderdh *v* refund
rifillim *m* resumption
rifitim *m* retrieval
rifitoj *v* retrieve
riformoj *v* reform
rifreskim *m* refreshment
rifreskoj *v* refresh
rifreskues *adj* refreshing
rifuqizim *m* reenactment
rijetoj *v* relive
rikapje *v* recapture
rikrijoj *v* recreate
rikthim *m* reentry
rikujtoj *v* bring back

rrëfim

rilind *v* revive
rilindje *f* rebirth
rimarr *v* regain
rimbursim *m* reimbursement
rimbursoj *v* reimburse
rimbush *v* refill
rimë *f* rhyme
rimodeloj *v* remodel
rindërtoj *v* rebuild
ringarkim *v* recharge
ringjall *v* resuscitate
ringjallje *f* resurrection
rini *f* youth
rinoj *v* rejuvenate
rinoqeront *m* rhinoceros
rinor *adj* youthful
rinumërim *m* recount
riorganizoj *v* reorganize
ripagim *m* refund
riparim *m* reparation
riparoj *v* repair
riprodhim *m* reproduction
riprodhoj *v* reproduce
riqarkulloj *v* recycle
rishfaqem *v* reappear
rishikim *m* review, revision
rishikoj *v* review, revise
rishtyp *v* reprint
rishtypje *f* reprint
risi *f* novelty
risiguroj *v* reassure
rit *m* rite

ritëm *m* rhythm
rival *m* rival
rivalitet *m* rivalry
rivendos *v* redress
riverifikim *v* double-check
rizgjedh *v* reelect
rob *m* captive
robëri *f* captivity
rojë *f* guard, sentry
rojtar *m* custodian
rojtar burgu *m* jailer
romancë *f* romance
rosë *f* duck
rozë *adj* pink
rradhë *f* row
rradhur : i *adj* beaten
rrafshësi *f* smoothness
rrafshët : i *adj* even, flat
rrafshoj *v* flatten, raze
rrah *v* ram, beat
rrahje *f* beating, throb
rrahje zemre *f* heartbeat
rraketake *v* rattle
rrallë *adv* rarely, seldom
rrallë : i *adj* infrequent
rralluar *adj* attenuating
rrangulla *f* lumber
rrasë *f* slab
rrebesh *m* downpour
rreckë *f* shred
rrëfehem *v* confess
rrëfim *m* confession

rrëfyes *m* confessor
rrëfyesor *m* confessional
rregull *m* rule
rregull : në *adv* okay
rregullim *m* regulation
rregullisht *adv* regularly
rregullohet *v* straighten out
rregulloj *v* regulate
rregullsi *f* regularity
rregullt : i *adj* habitual
rreh *v* pulsate, throb
rrëke *f* stream
rrem *m* oar
rrëmbej *v* abduct, kidnap
rrëmbim *m* kidnapping
rrëmbyes *m* kidnapper
rrëmbyes avioni *m* hijacker
rrëmoj *v* ransack
rrëmujë *f* tumult
rrenë *f* lie
rreng *m* hoax, prank
rrënim *m* desolation
rrënjë *f* root
rrënjos *v* instil
rrënoj *v* collapse
rrënore *f* waste
rrepë *f* beet
rrëpirë *f* chute
rrepkë *f* radish
rreptë *adv* sternly
rreptë : i *adj* severe, stern
rreptësi *f* severity

rrëqebull *m* lynx
rrëqethje *f* rigor
rreshje *f* rainfall
rreshje bore *f* snowfall
rreshoj *v* rank
rrëshqas *v* slide
rrëshqitshëm : i *adj* slippery
rresht *m* rank
rreshter *m* sergeant
rreth *pro* around
rreth *m* circle, ring
rrethana *f* circumstance
rrethim *m* siege
rrethime *f* surroundings
rrethoj *v* surround, siege
rrethoj me ledh *v* embark
rrethojë *f* hurdle
rrethor *adj* circular
rrezatim *m* radiation
rreze *f* beam, ray
rreze X *f* X-ray
rrezik *m* danger, peril
rrezikoj *v* endanger, risk
rrezikshëm : i *adj* dangerous
rrëzim *m* collapse
rrëzohem *v* tumble, fall
rrëzohet *v* shed
rrëzoj *v* depose, topple
rri pezull *v* hover
rri pranë *v* stick around
rrip *m* belt, strap
rrit *v* breed, expand

ryshfet

rritje *f* growth, nurture
rritje : në *adj* increasing
rritur : i *adj* adult, grown-up
rrjedh *v* come from
rrjedh gjak *v* bleed
rrjedh nga *v* stem
rrjedhë *f* flow, course
rrjedhim *m* consequence
rrjedhshëm *adv* fluently
rrjep *v* skin
rrjeshtë : vë në *v* line up
rrjetë *f* net, web
rroba *f* clothes
rrobaqepës *m* tailor
rrobaqepëse *f* seamstress
rrobë banjo *f* bathrobe
rrogë *f* salary, wage
rroj *v* dwell
rrokje *f* syllable
rrokullis *v* roll
rrotë *f* wheel
rrotë letre *f* scroll
rrotëz *m* reel
rrotull : bie *v* bypass
rrotullim *m* rotation, turn
rrotullohem *v* circle, rotate
rrotullohet *v* swivel
rrotulloj *v* revolve, turn
rruaj *v* shave
rrudh *v* wrinkle
rrudh vetullat *v* frown
rrudhë *f* crease, wrinkle

rrudhos *v* crease
rrufit *v* sip
rrugaç *m* hoodlum
rrugë *f* street, road
rrugë e tërthortë *f* detour
rrugë qorre *f* dead end
rrugëdalje *f* way out
rrugëhyrje *f* way in
rrugicë *f* alley, lane
rrumbullakët : i *adj* round
rrush i thatë *m* raisin
rruzare *f* rosary
rruzull *m* globe
rrymë *f* trend
ruaj *v* preserve
ruajtje *f* custody
rubin *m* ruby
rubinet *m* faucet, tap
ruhem *v* beware
rum *m* rum
Rus *adj* Russian
Rusi *f* Russia
rutinë *f* routine
ryshfet *m* bribe

S

sabotim *m* sabotage
sabotoj *v* sabotage
sadist *m* sadist
sahan *m* bowl
saj : e *pro* hers
sajë *f* sleigh
sajë të : në *adv* owing to
sakat *adj* cripple
sakatim *m* mayhem
sakatoj *v* cripple
sakicë *f* hatchet
sakrament *m* sacrament
sakrificë *f* sacrifice
sakrilegj *m* sacrilege
saktë : i *adj* exact, precise
saktë : me *adv* rather
saktësi *f* accuracy
salcë *f* sauce
salçiçe *f* sausage
saldator *m* welder
sallatë *f* salad
sallë *f* hall, saloon
sallo *f* lard
salltanet *m* luxury
salmon *m* salmon
sandale *f* sandal
sanduiç *m* sandwich
sanë *f* hay
sanksion *m* sanction
sardele *f* sardine
sarkastik *adj* sarcastic
sarkazëm *m* sarcasm
sasi *f* quantity
satanik *adj* satanic
satelit *m* satellite
satirë *f* satire
savan *m* shroud
së bashku *adv* together
së fundi *adv* newly
secili *adj* each
sedër *m* self-esteem
segment *m* segment
sekondë *f* second
sekret *adj* confidential
sekret *m* secret
sekretar *m* secretary
seks *m* sex
seksion *m* section
seksualizëm *m* sexuality
sekt *m* sect
sektor *m* sector
seleksionim *m* selection
selino *f* celery
selvi *f* cypress
sëmbim *m* pang
seminar *m* seminary
sëmundje *f* sickness
sëmurë : i *adj* ailing, sick
sëmurem *v* sicken
senat *m* senate
senator *m* senator

shenjtërore

send i përdorur *m* handout
sende ushqimor *f* groceries
sensual *adj* carnal
sentimental *adj* sentimental
sëpatë *f* ax
sepje *f* squid
sepse *c* because
serenatë *f* serenade
sërf : bëj *v* surf
seri *f* series
serioz *adj* serious
seriozisht *adv* earnestly
seriozitet *m* seriousness
serrë *f* greenhouse
serum *m* serum
sezonal *adj* seasonal
sferë *f* sphere
sfidoj *v* challenge
sfiduese *adj* challenging
sfond *m* background
sfungjer *m* sponge
sfurk *m* pitchfork
shah *m* chess
shaj *v* chastise, chide
shaj zotin *v* blaspheme
shaka *f* joke
shaka : bëj *v* joke
shaka : me *adv* jokingly
shalë *f* saddle
shalqi *f* watermelon
shami *f* handkerchief
shans *m* opportunity

shapka *f* slipper
sharje *f* chastisement
sharje *v* damn
sharje e zotit *f* blasphemy
sharrë *f* saw
sharroj *v* saw
shartesë *f* graft
shartoj *v* graft
shef kuzhine *m* chef
shegë *f* pomegranate
shegert *m* apprentice
shejtan *m* brat, devil, villain
shejtan *adj* mischievous
shekull *m* century
shelg *m* willow
shemb *v* collapse
shëmbëlltyrë *m* effigy
shembje *f* collapse
shembull *m* example
shembullor *adj* exemplary
shëmti *f* ugliness
shëmtuar : i *adj* ugly
shëndet *m* health, sanity
shëndetshëm : i *adj* healthy
shëndrrim *m* conversion
shënim *m* annotation
shenjë *f* scar, sign, mark
shenjtë : i *adj* holy, sacred
shenjtëri *f* holiness
shenjtëroj *v* sanctify
shenjtëroj *n* sanctity
shenjtërore *f* sanctuary

S

shenjtor *f* saint
shënoj *v* mark
shënues *m* marker
sheqer *m* sugar
sheqerkë *f* candy
shërbej *v* serve, minister
shërbëtor *m* attendant
shërbim *m* service
shërim *m* cure
shëroj *v* cure, heal
sherr *m* hassle
sherr : bëj *v* hassle
sherri *f* sherry
shërues *m* healer
shes *v* sell
shëtit *v* stroll
shëtitje *f* outing
shëtitore *f* mall
shfajësim *m* acquittal
shfajësoj *v* acquit
shfaq *v* indicate
shfaqem *v* appear
shfaqje *f* apparition
shfletoj *v* browse
shfletues *m* browser
shformim *m* deformity
shfrenuar : i *adj* effusive
shfuqizim *m* repeal
shfuqizoj *v* repeal, nullify
shfytyroj *v* disfigure
shi *f* rain
shi : bie *v* rain

shi : me *adj* rainy
shi i furishëm *f* downpour
shifër *m* digit
shigjetë *f* arrow, dart
shij *v* thresh
shije *f* taste, flavor
shije : pa *adj* tasteless
shijim *m* enjoyment
shijoj *v* enjoy, savor
shijon *v* smack
shijshëm : i *adj* delicious, tasty
shikim *m* eyesight, eye
shikim i shpejtë *m* glimpse
shikoj *v* see, watch
shikoj për *v* look out
shikoj poshtë *v* look down
shikoj shpejtë *v* glimpse
shikueshmëri *f* visibility
shimpanzë *f* chimpanzee
shiringë *f* syringe
shirit *m* tape
shishe *f* bottle
shitblerje *f* bargain
shitës *m* seller
shitje *f* sale
shitur : të *adj* sold-out
shkak *m* cause
shkaktoj *v* cause
shkaktoj trazira *v* riot
shkallë *f* ladder, stair
shkallë lëvizëse *f* escalator
shkallëz *m* stepladder

shkualifikoj

shkallëzohem *v* escalate
shkapërdredh *v* squander
shkaravit *v* scribble
shkarje *f* slip
shkarkim *m* discharge
shkarkoj *v* exonerate
shkas *v* slip
shkatërrim *m* destruction
shkatërrimtar *adj* crushing
shkatërroj *v* demolish, ruin
shkatërrues *m* destroyer
shkatërrues *adj* destructive
shkathët : i *adj* cunning, deft
shkel *v* violate, trespass
shkel syrin *v* wink
shkelje *f* outrage
shkelje e detyrës *f* defection
shkelje e syrit *f* wink
shkelje kurore *f* adultery
shkelmoj *v* lash out
shkëlqej *v* gleam, shine
shkëlqim *m* brightness
shkëlqim : me *adj* shiny
shkëlqyer : i *adj* excellent, glossy
shkëmb *m* cliff, rock
shkëmbej *v* interchange
shkëmbim *m* interchange
shkëmbor *adj* rocky
shkencë *f* science
shkencëtar *m* scientist
shkencor *adj* scientific
shkëndijë *f* spark

shkëndijoj *v* sparkle
shkëput *v* distract
shkëputem *v* secede
shkoj *v* call on
shkoj e vij *v* shuttle
shkoj fillin *v* thread
shkoj lartë *v* move up
shkoj para *v* move forward
shkoj pas *v* chase away
shkollar *m* scholar
shkollë *f* school
shkop *v* stick, staff
shkop polici *m* baton
shkopsit *v* unbutton
shkrep *v* trigger
shkresori *m* stationery
shkresurina *f* paperwork
shkretëtirë *f* wilderness
shkretim *m* devastation
shkretoj *v* devastate
shkretues *adj* devastating
shkrij *v* melt, thaw
shkrim *m* writing, script
shkrim dore *m* handwritting
shkrimtar *m* writer
shkrirje *f* fusion, merger
shkronjar *adj* literal
shkronjë *f* letter
shkruaj *v* note, write
shkruar : e *adj* written
shkrumb *m* cinder
shkualifikoj *v* disqualify

shkuar : e *adj* past
shkujdesur : i *adj* carefree
shkull *v* uproot, pluck
shkulm *m* belch
shkulm ere *m* gust
shkumë *f* foam
shkumës *m* chalk
shkurre *f* bush, shrub
Shkurt *m* February
shkurtë *adv* briefly
shkurtë : i *adj* brief
shkurtër : i *adj* short
shkurtësi *f* brevity
shkurtim *m* abbreviation
shkurtimisht *adv* shortly
shkurtoj *v* abbreviate
shkurtore *f* shortcut
shluzë *f* floodgate
shlyej *v* redeem, expiate
shlyerje *f* expiation
shlyhem *v* pay off
shmang *v* fend off, shun, elude
shmangem *v* sidestep
shmangie *f* avoidance
shmangshëm : i *adj* avoidable
shndrit *v* brighten
shofer *m* chauffeur
shoh *v* behold
shok *m* friend, peer
shok klase *m* classmate
shoqëri *f* guild, society
shoqërohem *v* socialize

shoqëroj *v* accompany
shoqërueshëm : i *adj* sociable
shosh *v* sift
shpagim *m* retaliation
shpaguaj *v* retaliate
shpaketoj *v* unpack
shpall *v* proclaim
shpallje *f* proclamation
shpalos *v* unfold
shparg *m* asparagus
shpatë *f* sword
shpatull *m* shoulder
shpejt *adv* quickly
shpejtë : i *adj* fast, swift
shpejtësi *f* speed
shpejtësi : me *adv* speedily
shpejtoj *v* quicken, speed
shpëlaj *v* rinse
shpellë *f* cave, cavern
shpendë *f* poultry
shpenzim *m* spending
shpenzoj *v* spend
shpërbërje *f* disintegration
shpërblej *v* reward
shpërblim *m* recompense
shpërblyes *adj* rewarding
shpërdorim *m* misuse
shpërdoroj *v* waste
shpërfill *v* disregard
shpërhap *v* scatter
shpërndahem *v* break up
shpërndaj *v* spread

shteroj

shpërndarje *f* deployment
shpërngulem *v* migrate
shpërthej *v* explode
shpërthim *v* burst
shpërthim *m* detonation
shpesh *adv* often
shpështjell *v* unwind
shpëtim *m* rescue
shpëtimtar *m* savior
shpëtoj *v* save, rescue
shpie *v* convey
shpif *v* denigrate
shpifje *f* libel, calumny
shpikje *f* concoction
shpim *m* probing
shpinë *f* reverse
shpirt *m* soul, spirit
shpirtëror *adj* spiritual
shpirtvogël *adj* paltry
shpj *v* spur
shpjegoj *v* explain
shpoj *v* prick, prod
shportë *f* basket
shpreh *v* signify
shprehës *adj* meaningful
shprehje *f* phrase
shpresë *f* expectancy
shpresë : me *adv* hopefully
shpresoj *v* expect
shpresues *adj* hopeful
shputa *f* feet
shputë *f* foot, sole

shqetësim *m* anxiety, worry
shqetësoj *v* disturb, worry
shqetësuar : i *adj* anxious
shqetësues *adj* worrisome
shqetësuese *adj* disturbing
shqiponjë *f* eagle
shqiptoj *v* pronounce
shqit *v* disconnect
shquaj *v* discern
shquar : i *adj* renowned
shquhem *v* loom
shqyej *v* rip
shqyrtim *m* scrutiny
shqyrtoj *v* look into
shrapnel *m* shrapnel
shtangje *f* consternation
shtat *m* constitution
shtatë *adj* seven
shtatë : i *adj* seventh
shtatëdhjetë *adj* seventy
shtatëzënësi *f* gestation
Shtator *m* September
shtatzani *f* pregnancy
shtatzënë *adj* pregnant
shtazarak *adj* bestial
shtazë *adj* brute
shtazëri *f* bestiality
shteg *m* path, runway
shtegtar *m* migrant
shtëpi *f* house, home, chalet
shtëpiake *adj* domestic
shteroj *v* deplete

shterp *adj* barren
shtesë *adj* additional
shtet *m* country
shtetas *m* city
shtetësi *f* citizenship
shthurje *f* depravity
shthurrur : i *adj* dissolute
shtim *m* addition, increase
shtirë : i *adj* sham
shtirem *v* feign, simulate
shtirje *f* pretense
shtizë *f* spear
shtizë flamuri *f* flagpole
shtohem *v* grow
shtoj *v* add, increase
shtoj në fund *v* tail
shtojcë *f* appendix
shtrat *m* bed, berth
shtrat i varur *m* hammock
shtrembërim *m* distortion
shtrembëroj *v* distort, warp
shtrembëruar : i *adj* warped
shtrëngim *m* coercion
shtrëngoj *v* coerce
shtrenjtë *adv* dearly
shtrenjtë : i *adj* expensive
shtresë *f* layer
shtrigë *f* witch
shtrigëri *f* witchcraft
shtrihem *v* lie
shtrirë : i *adj* outstretched
shtroj *v* smooth

shtrydh *v* wring
shtunë : e *m* Saturday
shtyj *v* adjourn, defer
shtyllë *f* pillar, post
shtyp *v* print
shtyp *m* print
shtypës *m* printer
shtypje *f* printing
shtypur : i *adj* downtrodden
shtytës *adj* repulsive
shtytje *f* urge
shuaj *v* obliterate
shuar : i *adj* extinct
shuhem *v* perish
shumë *adj* many
shumë *adv* much, very
shumë *f* sum, amount
shumë : me *adj* more
shumë i lartë *adj* towering
shumë mirë *adv* fine
shumëanshëm : i *adj* versatile
shumëfishoj *v* replicate
shumëfishtë : i *adj* multiple
shumës *m* plural
shumëvjeçar *adj* perennial
shumëzim *m* multiplication
shumëzoj *v* multiply
shumica *f* majority
shumicë *f* plenty
shumtë : i *adj* plentiful
shumti : i *adj* most
shurdhër : i *adj* deaf

skajmë : i

shurdhësi *f* deafness
shurdhoj *v* deafen
shurdhues *adj* deafening
shurup *m* syrup
shushatje *f* distraction
shushunjë *f* leech
shypje *f* oppression
si *c* as
si *pre* like
si *adv* how
siç duket *adv* obviously
sidër *m* cider
sidoqoftë *adv* nevertheless
sifilis *m* syphilis
siguri *f* certainty
sigurim *m* safety
sigurisht *adv* surely
siguroj *v* assure, insure
sigurt : i *adj* confident, secure, safe
siklet *m* discomfort
sillem *v* demean
sillem keq *v* misbehave
sillem si bos *v* boss around
sillem vërdallë *v* mess around
siluetë *f* silhouette
simbol *m* symbol
simbolik *adj* symbolic
simestër *m* semester
simetri *f* symmetry
simfoni *f* symphony
simite *f* bun

simpati *f* sympathy
simpatizoj *v* sympathize
simptomë *f* symptom
sinagogë *f* synagogue
sinjal *m* signal
sinjalizim *m* beacon
sinkronizoj *v* synchronize
sinonim *m* synonym
sinqerisht *adv* frankly
sinqeritet *m* sincerity
sinqertë : i *adj* frank, sincere
sintezë *f* synthesis
sipas *pre* according to
sipër *pre* over
sipërfaqe *f* area, surface
sipërm : i *adj* upper
sipërmarrës *m* entrepreneur
sirenë *f* siren
sisor *m* mammal
sistem *m* system
sistem i levave *m* leverage
sistematik *adj* systematic
sistemim *m* setting
sit *m* site
situatë *m* situation
sixhade muri *f* tapestry
sjell *v* bring
sjellje *f* behavior
sjellje e keqe *f* misconduct
sjellshëm : i *adj* amiable, kind
skaj *m* edge
skajmë : i *adj* utmost

skajshëm : i *adj* extreme
skandal *m* scandal
skandalizoj *v* scandalize
skarë *f* broiler, grill
skelë *f* scaffolding
skelet *m* skeleton
skemë *f* scheme
skenar *m* scenario
skenë *f* scene, stage
skeptik *adj* sceptic
ski *v* ski
skicë *f* chart, sketch
skicoj *v* sketch
skicuar : i *adj* sketchy
skizëm *m* schism
skllav *m* slave
skllavëri *f* slavery
skllavëzoj *v* enthrall
sklyerje faji *f* atonement
skrupull *m* qualm
skuadër *m* team
skulptor *m* sculptor
skulpturë *f* sculpture
skuq *v* redden
skuqem *v* blush
skuqur : i *adj* fried
skutë *f* hideaway
smerald *m* emerald
smundje *f* disease
snajper *m* sniper
sobë *f* stove
socialist *adj* socialist

socializëm *m* socialism
sodë *f* soda
sodis *v* contemplate
soditës *m* bystander
solemn *adj* solemn
solidaritet *m* solidarity
sondë *v* probe
sonte *adv* tonight
sorollatem *v* hang around
sot *adv* today
sovjetik *adj* soviet
sovran *adj* sovereign
sovranitet *m* sovereignty
spango *f* string
Spanjë *f* Spain
spanjoll *m* Spaniard
spanjoll *adj* Spanish
spastroj *v* weed, purge
spazmë *f* spasm
specialitet *m* specialty
specializoj *v* specialize
specie *f* species
specifik *adj* specific
spektakël *m* spectacle
spektator *m* onlooker
spërkat *v* spray, splash
spermë *f* sperm
spirancë *f* anchor
spital *m* hospital
spiun *m* spy
spiunazh *m* espionage
spiunoj *v* spy

suedisht

sponsor *m* sponsor
spontan *adj* spontaneous
spontanisht *adv* impromptu
spontanitet *m* spontaneity
sporadik *adj* sporadic
sport *m* sport
sportelist *m* receptionist
sportist *m* sportman
sportiv *adj* sporty
sqarim *m* clarification
sqaroj *v* clarify, explain
sqep *m* beak
sqetull *m* armpit
squfur *m* sulphur
stacion *m* station
stallë *f* stable
stampoj *v* emboss
standard *m* standard
standardizoj *v* standardize
statistikë *f* statistic
statujë *f* statue
status *m* status
stemë *f* emblem
stenografi *f* shorthand
stepur : i *adj* reluctant
stërgjysh *m* ancestor
steril *adj* sterile
sterilizoj *v* sterilize
sternë *f* tank
stërpik *v* sprinkle
stërvitje *f* coaching
stil *m* style

stil jete *m* lifestyle
stimul *m* incentive
stimuloj *v* stimulate
stimulues *m* stimulant
stinë *f* season
stof *m* fabric
stoik *adj* stoic
stol *m* stool
stomak *m* belly, stomach
stomakut : i *adj* gastric
stonim *m* discord
strategji *f* strategy
strehë *f* shelter, haven
strehoj *v* shelter, lodge
stresues *adj* stressful
strikt *adj* strict
strofull *m* nest, den
struc *m* ostrich
strukturë *f* structure
stuardesë *f* stewardess
student *m* student
studioj *v* study
stufë *f* furnace
stuhi *f* tempest, storm
stuhi dëbore *f* blizzard
stuhishëm : i *adj* stormy
subjekt *m* subject
sublim *adj* sublime
substancë *f* substance
subvencion *m* subsidy
Suedi *f* Sweden
suedisht *adj* Sweedish

sugjerim *m* suggestion
sugjeroj *v* suggest
sukses *m* success
suksesshëm : i *adj* successful
sulm *m* aggression
sulm i furishëm *m* onslaught
sulmoj *v* assail, assault
sulmues *m* attacker
sundim *m* dominion
sundoj *v* govern, rule
supë *f* broth, soup
superfuqi *f* superpower
superior *adj* superior
superioritet *m* superiority
supermarket *m* supermarket
supersticion *m* superstition
suplementar *adv* extra
supozim *m* assumption
supozoj *v* presuppose
suprem *adj* imperial
surprizë *f* surprise
sustë *f* trigger
suva *f* plaster
suvatoj *v* plaster
suvenir *m* souvenir
sy *f* eye
synet *m* circumcision
synet : bëj *v* circumcise
syth *m* bud
sytjena *f* bra
syzabërës *m* optician
syze *f* eyeglasses

syze dielli *f* sunglasses

T

the *m* blade
tabaka *f* tray
tabelë *f* board
tabut *m* coffin
tajkun *m* tycoon
takë *f* heel
takëm *m* cutlery
taketuke *f* ashtray
takim *m* meeting
takohem *v* converge
takoj *m* encounter, meet
taksë postare *f* postage
taksi *f* cab
takt *m* tact
takt : me *adj* tactful
taktik *adj* tactical
taktikë *f* tactics
talent *m* talent
talentuar : i *adj* gifted
tall *v* deride
tallem *v* scoff
tallje *f* ridicule
tangent *m* tangent
tangjerinë *f* tangerine

tani *adv* now
tapë *f* cork, plug
tapiceri *f* upholstery
tarantulë *f* tarantula
tarifë *f* tariff, fare
tarracë *f* terrace
tarrallak *m* buzzard
tashmë *adv* already
tatëpjetë : i *adv* downhill
tavan *m* ceiling
tavë *f* casserole
tavernë *f* tavern
tavolinë *f* desk, table
të drejtë *adv* properly
të vërtetë : në *adv* actually
teatër *m* theater
tegel *m* seam
tegela : pa *adj* seamless
tej *pre* along
tej *adv* further, far
tej mase *adv* exceedingly
tejkaloj *v* outdo, surpass
tejshikoj *v* foresee
tek *m* single
tekë *f* whim
teke *adj* singlehanded
tekjaloj *v* transcend
teknik *adj* technical
teknik *m* technician
teknik elektrik *m* electrician
teknikë *f* technique
teknologji *f* technology

tekst *m* text
tekst kënge *m* lyrics
tel *m* wire
tela : pa *adj* cordless
telash *m* trouble
telefon *m* telephone
telefonoj *v* phone
telegram *m* telegram
telepati *f* telepathy
teleskop *m* telescope
televizion *m* television
tëlyen *m* butter
temë *f* theme, topic
temperament *m* temper
temperaturë *f* temperature
tempull *m* temple
tendë *f* awning
tënde *adj* your
tendencë *f* tendency
tëndja *pro* yours
tendos *v* exert, strain
tendosje *f* strain, exertion
tendosur : i *adj* strained, tense
tenis *m* tennis
tension *m* tension
tensionuar : i *adj* uptight
teolog *m* theologian
teologji *f* theology
teori *f* theory
tepër *adv* highly
tepërt : i *adj* superfluous
tepri *f* glut

tepricë *f* surplus
teproj *v* overdo
terapi *f* therapy
tërbim *m* rabies
tërbim *adv* furiously
tërbohem *v* rampage
tërboj *v* enrage
tërbuar : i *adj* frantic, furious
tërë : i *adj* whole, entire
tërheq *v* attract, entice; shuffle
tërheqës *adj* attractive, cute
tërheqje *v* crush
tërheqje *f* retreat, recession
tërhequra : të *adj* withdrawn
tërhiqem *v* retreat, recant
tërmet *m* earthquake
termin kohor *m* appointment
terminologji *f* terminology
termite *f* termite
termometër *m* thermometer
termostat *m* thermostat
terren *m* terrain
territor *m* territory
terror *m* terror
terrorist *m* terrorist
terrorizëm *m* terrorism
terrorizoj *v* terrorize
ters *adj* grumpy
tërthortë : i *adj* indirect
tështij *v* sneeze
tështimë *f* sneeze
testament *m* testament

testaturë *f* keyboard
testoj *v* test
tetar *m* corporal
tetë *adj* eight
tetëdhjetë *adj* eighty
tetëmbëdhjetë *adj* eighteen
teti : i *adj* eighth
Tetor *m* October
teveqel *adj* dull
tezë *f* thesis
teze *f* aunt
thahem *v* dry
thahet *v* wither
thaj *v* dry
tharë : i *adj* parched
tharm *m* yeast
thartë: i *adj* sour
thashetheme *m* gossip
thatë : i *adj* dry, dried
thatësi *f* drought
thejsht *adv* simply
thek *v* toast
thekër *m* rye
theks *m* accent
theksim *m* emphasis
theksoj *v* emphasize
thelbësor *adj* essential
thelëmoj *v* slice
thellë : i *adj* deep
thellësi *f* depth
thellësi : në *adv* in depth
thëllëzë *f* partridge

thelloj *v* deepen
them *v* say
themel *m* foundation
themeloj *v* establish
themelor *adj* basic
themelore *f* basics
themelues *m* founder
thënë : i *adj* outspoken
thëngjill *m* embers
thënie *f* saying
thepisur : *adj* steep
therr *v* slay, slaughter
thërras *v* call, shout
thërres *v* recall
thërrime *f* crumb
therrje *f* slaughter
thërrmohet *v* crumble
thërrmoj *v* shred
thertore *f* butchery
thes *m* sack
thes : vë në *v* sack
thesar *m* treasure
thikë *f* fork, knife
thimjam *m* incense
thirrje *f* call
thith *v* absorb, suck
thithëlopë *f* toad
thithës *adj* absorbent
thithet *v* soak in
thjerrëzor *m* lentil
thjesht *adv* merely
thjeshtë : i *adj* easy, simple

thjeshtësi *f* simplicity
thjeshtoj *v* simplify
thua *f* fingernail
thuajse *adv* nearly
thumb *m* tack
thumbues *adj* stinging
thundër *m* hoof
thur *v* knit, weave
thurje *f* texture
thurrje *f* fencing
thurrur *adj* woven
thyej *v* wreck, shatter
thyer : i *adj* broken
thyerje *f* fracture
thyesë *f* fraction
thyeshëm : i *adj* breakable
ti *pro* you
tifoz *m* fan
tigan *m* frying pan
tigër *m* tiger
tij : i *pro* his
tij : i/e *adj* his
tillë : i *adj* such
timon *m* rudder
tinëzar *v* sneak
tingëllon *v* sound, ring
tingull *m* sound
tipar *m* feature, trait
tipik *adj* typical
tiran *m* tyrant, despot
tirani *f* tyranny
tirazh *m* edition

tiroid *m* thyroid
titull *m* title
tjegull *m* tile
tjerr *v* spin
tjerrës *m* twister
tjetër *adj* another, other
tjetërkund *adv* elsewhere
tkurrem *v* shrink
tmerr *m* horror
tmerroj *v* horrify
tmerrshëm : i *adj* appalling, awful
tmerruar : i *adj* daunting
tmerrues *adj* terrifying
tmershëm : i *adj* terrible
to ftohtë therës *v* chill
togë *f* robe
toger *m* lieutenant
tokë *f* land, earth
tokësor *m* ground
tokësor *adj* terrestrial
tokëz *m* buckle
tokmak *m* beetle
toksik *adj* toxic
toksinë *f* toxin
tolerancë *f* tolerance
toleroj *v* tolerate
ton *m* ton
ton peshku *m* tuna
tonalitet *m* tone
tonik *m* tonic
top *m* ball, cannon

topolak *adj* chubby
topth *m* pellet
toreador *m* bull fighter
tortë *f* cake, tart
tortorues *adj* gruelling
torturë *f* torture
torturoj *v* torture
torturues *adj* excruciating
total *adj* total
totalitar *adj* totalitarian
tradhëti *f* betrayal
tradhëtoj *v* betray
tradhtar *m* traitor
tradhtar *adj* treacherous
tradhti *f* treason
tradhtoj *v* double-cross
traditë *f* tradition
tragjedi *f* tragedy
tragjik *adj* tragic
trajektore *f* trajectory
trajner *m* coach, trainer
trajtim *m* treatment
traktat *m* treaty
traktor *m* tractor
trallisur : i *adj* distraught
trampolin *m* springboard
tramvaj *m* streetcar
trangull *m* cucumber
tranim *m* coaching
trans *m* trance
transferim *m* transfer
transferoj *v* transfer

trimërisht

transformim *m* transformation
transformoj *v* transform
transfuzion *m* transfusion
transit *m* transit
transkriptoj *v* transcribe
transmetim *m* broadcast
transmetoj *v* transmit
transmetues *m* broadcaster
transparent *adj* transparent
transplantoj *v* transplant
transportoj *v* transport
tranzicion *m* transition
trap *m* raft
trashanik *adj* gross
trashë : i *adj* crass, vulgar
trashëgim *m* inheritance
trashëgimi *f* patrimony
trashëgimtar *m* heir
trashëgimtare *f* heiress
trashëgoj *v* inherit
trashëgues *adj* hereditary
trashësi *f* thickness
traumatik *adj* traumatic
traumatizoj *v* traumatize
trazim *m* commotion
trazirë *f* riot, turmoil
trazoj *v* stir
trazuar : i *adj* boisterous
tre *adj* three
trefishtë : i *adj* triple
treg *m* market
tregëtar *adj* commercial

tregëtar *m* trader
trëgëti *f* commerce
tregim *m* indication
tregim *adj* telling
trego *v* point
tregoj *v* connote
tregtar *m* merchant
tregti *f* trade
tregti : bëj *v* traffic
tregtoj *v* trade
tregues *adj* suggestive
tregues *m* teller
trekëmbësh *m* tripod
trekëndësh *m* triangle
tremb *v* intimidate
trembëdhjetë *adj* thirteen
trembur : i *adj* startled
tremujor *adj* quarterly
tremujor *m* trimester
tren *m* train
trëndafil *m* rose
tret *v* dissolve
tretë : i *adj* third
tretje *f* digestion
tretje *adj* digestive
tretshëm : i *adj* soluble
tridhjetë *adj* thirty
triko *f* sweater
trill *m* fad
trim *adj* brave, valiant
trimëri *f* bravery
trimërisht *adv* bravely

trishtim *m* sadness
trishtoj *v* sadden
triumf *m* triumph
triumfues *adj* triumphant
trofe *f* trophy
troftë *f* trout
trokë *adj* broke
trompozë *f* thrombosis
trondit *v* shock
tronditë *v* appall
tronditës *adj* shocking
tronditëse *adj* stunning
tronditje *f* shock, emotion
tronditur : i *adj* emotional
tropik *m* tropic
tropikal *adj* tropical
trotuar *m* pavement
tru *f* brain
trullos *v* stun
trumbetë *f* trumpet
trumcak *m* sparrow
trung *m* torso
trup *m* body
truphollë *adj* slim
trupmadh *adj* burly
trupor *adj* bodily
tualet *m* lavatory
tub *m* duct, pipe
tubacion *v* drain
tubacion *m* pipeline
tuberkuloz *m* tuberculosis
tufë *f* bunch

tufë drite *f* floodlight
tufëz *m* cluster
tuhaf *adj* queer
tulipan *m* tulip
tullac *adj* bald
tullë *f* brick
tumor *m* tumor
tund *v* skim
tundem *v* sway, swing
tundim *m* temptation
tundje *f* jolt, swing
tundoj *v* tempt
tundues *adj* tempting
tunel *m* tunnel
tung *v* convulse
tunikë *f* tunic
turbinë *f* turbine
turbullirë *f* turbulence
turbulloj *m* perturb
turi *f* muzzle
turist *m* tourist
turizëm *m* tourism
turizëm : bëj *v* sightseeing
turk *adj* Turk
turmë *v* huddle
turmë *f* crowd, throng
turne *f* tournament
turp *m* shyness, shame
turp : pa *adj* shameless
turpërim *m* dishonor
turpëroj *v* mortify, shame
turpëruar : i *adj* ashamed

turpërues *adj* shameful
turpshëm : i *adj* shy, bashful
Turqi *f* Turkey
tutje *adv* beyond
tym *m* fumes
tymoj *v* fumigate
tymosur : i *adj* smoked

U

udhëheq *v* conduct
udhëheqës *m* leader, guide
udhëheqje *f* leadership
udhëhequr : i *adj* leaded
udhëkryq *m* crossing
udhëtar *m* traveler
udhëtim *m* journey, trip
udhëtoj *v* travel
udhëzim *m* briefing
udhëzoj *v* instruct
uebsajt *m* web site
ujdis *v* accommodate
ujë *f* water
ujëndarëse *f* watershed
ujëngrohëse *f* waterheater
ujëvarë *f* cascade
ujit *v* irrigate, water
ujk *m* wolf

ujor *adj* aquatic
ul në pozitë *v* demote
ul palën *v* let down
ulçerë *f* ulcer
ulem *v* duck, sit
ulëras *v* roar
ulërimë *f* howl, roar
ulëroj *v* howl
ulët : i me *adj* lower
ulët : i *adj* lowly, low
ulje *f* discount
ulli *f* olive
ulluk *m* groove
ultimatum *m* ultimatum
ultratingull *m* ultrasound
ulur : i *adj* seated
unanimitet *m* unanimity
unë *pro* i
ungjill *m* gospel
unifikim *m* unification
uniformë *f* uniform
uniformitet *m* uniformity
unik *adj* unique
unitet *m* unity
univers *m* universe
universal *adj* universal
universitet *m* university
uratë *f* benediction
urdhër *m* commandment
urdhër parash *m* money order
urdhëroj *v* ordain
urdhëronjës *adj* bossy

urë *f* bridge
urgjencë *f* urgency
urgjent *adj* urgent
uri *f* hunger
urime *f* congratulations
urinë *f* urine
urinoj *v* urinate
uritur : i *adj* hungry
urnë *f* urn
uroj *v* congratulate
urrej *v* detest, hate
urrejtshëm : i *adj* odious
urryer : i *adj* hateful
urtë : i *adj* compliant
urtësi *f* docility
urth *m* heartburn
ushqej *v* eat, nourish
ushqim *m* nourishment
ushqim deti *m* seafood
ushqimor *adj* edible
ushqiteshëm : i *adj* nutritious
ushtar *m* soldier
ushtri *f* army
ushtrim *m* drill, exercise
ushtrohem *v* exercise
ushtroj *v* drill
uthull *m* vinegar
uxhë *f* cavern
uzurpoj *v* usurp

V

vagët : i *adj* vague, tepid
vagon *m* wagon
vajtim *m* wail
vajtoj *v* deplore
vajzë *f* girl, gal, maid
vajzë e gjetur *f* stepdaughter
vaksinë *f* vaccine
vaksinoj *v* vaccinate
valë *f* frenzy, wave
valë e baticës *f* tidal wave
valëvitem *v* flaunt
valëvitje *v* flutter
valëz *m* ripple
valëzuar : i *adj* wavy
valixhe *f* suitcase
valixhe e vogël *f* briefcase
vallëzim *m* dance
vallëzime *f* dancing
vallëzoj *v* dance
valoj *v* boil over
vals *m* waltz
valvul *m* valve
vampir *m* vampire
vandak *v* bundle
vandal *m* vandal
vandalizëm *m* vandalism
vandalizoj *v* vandalize
var *v* hang, dangle
varem *v* depend

vendos

varëse *f* hanger, pendant
varësi *f* dependence
varet nga *v* hinge
varfanjak *adj* destitute
varfër : i *adj* indigent
varfëri *f* poverty
varfëruar : i *adj* impoverished
vargan *m* convoy
varje *f* suspension
varr *m* grave, tomb
varrezë *f* graveyard
varri : gur *m* gravestone
varrim *m* burial
varros *v* bury
varur : i *adj* dependent
vaskë *f* bathtub
vat *m* watt
vatër *m* focus, hearth
vathë *f* earring
vazhdim *m* sequel
vazhdimisht *adv* ceaselessly
vazhdo *v* proceed
vazhdoj *v* continue
vazhdueshëm : i *adj* continuous
vazo *f* vase, pot
vdekje *f* death
vdekjeprurës *adj* deadly
vdekjepruruese *adj* lethal
vdekshmëri *f* mortality
vdekur : i *adj* dead
vdes *v* die
vdes urie *v* starve

vë *v* put
ve : e *adj* widow
veç *pre* barring, except
veç kësaj *pre* besides
veçanarisht *adv* notably
veçanërisht *adv* particularly
veçantë : i *adj* exceptional
veçim *m* segregation
veçmas *adv* apart
veçoj *v* segregate
veçuar : i *adj* secluded
vegjetacion *m* vegetation
vegjetarian *v* vegetarian
vejan *m* widower
vel *m* cover, veil
veladon *m* cassock
velë *f* canvas
vëlla *m* brother
vëlla i gjetur *f* stepbrother
vëllazëri *f* brotherhood
vëllazëror *adj* fraternal
vëllezër *m* brethren
veloj *v* canvas
vëmendje *f* attention
vend *m* place, spot
vend parkimi *m* parking
vend të : në *prep* lieu
vendës *adj* native
vendim *m* decision
vendimtar *adj* decisive
vendlindje *f* hometown
vendos *v* decide

vendosje *f* installment
vendosur : i *adj* resolute
venë *f* vein
venitet *v* fade
venitur : i *adj* faded
ventilator *m* fan
veprim *m* deed
veprime *adj* ongoing
veproj *v* behave
verbazi *adv* blindly
verbër : i *adj* blind
verbëri *f* blindness
verbëroj *v* blindfold
verboj *v* blind, dazzle
verbues *adj* dazzling
verdhë : e *adj* yellow
verdikt *m* verdict
verë *f* wine
verë molle *f* cider
vërej *v* remark
vërejtje *f* remark
veri *f* north
verifikim *m* verification
verifikoj *v* verify
verilindor *m* northeast
verior *adj* northern
vërnik *m* varnish
version *m* version
vertebër *m* vertebra
vërtet *adv* really
vërteta : e *n* truth
vërtetë : *adj* truthful

vërtetë : i *adj* genuine, real
vërtetësi *f* validity
vërtetim *m* confirmation
vërtetoj *v* authenticate
ves *m* drizzle, dew
vesh *v* dress, wear
vesh dorezë *v* glow
veshin : vë *v* heed
veshje *f* clothes, clothing
vështirë *adj* difficult
vështirësi *f* difficulty
vështrim *m* survey
vështroj ngultas *v* stare
veshur : i *adj* inlaid
veson *v* drizzle
vet : i *adj* own
vetë *pre* oneself
vetëdije *f* awareness
vetëdijë *f* conscience
vetëdijshëm : i *adj* aware, self-concious
vetëm *adv* only, solely
vetëm : i *adj* alone, sole
vetënderim *m* self-respect
veteran *m* veteran
veteriner *m* veterinarian
vetes *pro* ourselves
vetëtimë *f* lightning
vetëvrasje *f* suicide
vëth *m* earring
vetmi *f* solitude
vetmitar *m* hermit, loner

vetmuar : i *adj* lonesome
vetull *m* eyebrow
veturë *f* car
vetvetor *adj* reflexive
vezak *adj* oval
vezë *f* egg
vezore *f* ovary
vezullim *m* glance
vezulloj *v* blink
viadukt *m* viaduct
viç *m* calf
vidë *f* screw
vidër *m* otter
vidhos *v* screw
vig *m* stretcher
vigan *adj* enormous
vigjilent *adj* watchful
vigjilje *f* vigil, eve
vij *v* come
vij përqark *v* encircle
vijë *f* line
vijë e bregdetit *m* coastline
vijë kufitare *adj* borderline
vijë niveli *f* contour
vijim *m* continuation
vijueshëm *adj* consecutive
vijueshmëri *f* continuity
viktimë *f* victim
viktimizoj *v* victimize
vile *f* cluster
violinë *f* violin
violinist *m* violinist

virgjër : *adj* virgin
virgjëri *f* virginity
virtualisht *adv* virtually
virtyt *m* virtue
virtytshëm : i *adj* virtuous
virulent *adj* virulent
virus *f* virus
vit *m* year
vit i brishtë *f* leap year
vitaminë *f* vitamin
vixëllon *m* twinkle
vizatim *m* drawing
vizatoj *v* draw, depict
vizë lidhëse *f* hyphen
vizion *m* vision
vizionim *m* preview
vizitë *f* visit
vizitoj *v* visit
vizitor *m* visitor
viziv *adj* visual
vizore *f* ruler
vizuar : i *adj* striped
vjedh *v* steal
vjedharak *adj* stealthy
vjedhë *v* burglarize
vjedhës *m* burglar
vjedhje *f* burglary
vjehërr *m* father-in-law
vjell *v* vomit
vjellje *f* vomit
vjen : që *adj* incoming
vjeshtë *f* autumn, fall

vjetër : i *adj* old
vjetërohet *v* wear down
vjetërsi *f* seniority
vjetëruar : i *adj* antiquated
vjetor *adj* annual
vjetruar : i *adj* outdated
vjollcë *f* violet
vlefshëm : i *adj* valid
vlerë *adj* worthy
vlerë *f* value
vlerë : pa *adj* worthless
vlerësim *m* appraisal
vlerësoj *v* appraise
vogël : i *adj* small, tiny
vogëloshe *adj* petite
volejboll *m* volleyball
volitshëm : i *adj* convenient
voltazh *m* voltage
volum *m* volume
vonë *adv* afterwards, late
vonë *adj* later
vonesë *f* delay
vonoj *v* delay, protract
vonuar : i *adj* protracted
vonuar : i *adv* tardy
vorbë *f* jar
votë *f* vote
votim *m* voting
votoj *v* vote
vozë *f* butt
vozis *v* drive
vozit *v* paddle, row

vozitës *m* driver
vozitje *n* drive
vrapoj *v* flee, run
vrapues *m* runner
vras *v* kill, murder
vrasës *m* assassin, killer
vrasje *f* killing
vrazhdë *f* furrow
vrazhdë : i *adj* brutal
vrazhdësi *f* brutality
vrazhdësoj *v* brutalize
vrenjtur : i *adj* cloudy
vresht *m* vineyard
vrimë *f* hole
vrimë *v* slit
vrimë e kopsës *f* buttonhole
vrullshëm : i *adj* impetuous
vuaj *v* suffer
vuaj nga *v* suffer from
vuajtje *f* hardship
vulë *f* seal
vulë postare *f* postmark
vulgarisht *adv* grossly
vullkan *m* volcano
vullnet *adv* willfully
vullnet *m* will
vullnetar *m* volunteer
vullnetarisht *adv* willingly
vullnetshëm : i *adj* willing
vulos *v* seal

X

xhaketë *f* jacket
xham mbrojtës *m* windshield
xhami *f* mosque
xhaxha *f* uncle
xheloz *adj* jealous
xhelozi *f* jealousy
xhep *m* pocket
xhevahir *m* jewel
xhinse *f* jeans
xhungël *m* jungle
xhuxh *m* dwarf, midget
xurxull *adj* intoxicated

Y

ylber *m* rainbow
yll *m* asterisk, star
yllësi *f* constellation
yndyrtë : i *adj* greasy
yni *pro* ours

Z

zagar *m* greyhound
zakon *m* custom, habit
zakonisht *adv* ordinarily
zakonshëm : i *adj* common
zali *f* faint
zanat *m* craft
zanë *f* fairy
zanore *f* vowel
zaptim *v* conquest
zaptoj *v* conquer
zar *m* dice
zbardh *v* bleach, whiten
zbardhues *m* bleach
zbarkim *m* landing
zbarkoj *v* disembark
zbath *v* take off
zbathur *adj* barefoot
zbatim *m* performance
zbatoj *v* carry out
zbatueshme : i *adj* applicable
zbavitem *v* revel
zbavitës *adj* entertaining
zbeh *v* dim
zbehet *v* fade
zbehtë : i *adj* dim
zbehtësi *f* paleness
zbërthej *v* decompose
zbetë : i *adj* faint
zbokth *m* dandruff

zbraz

zbraz *v* empty, deplete
zbrazësi *f* emptiness
zbrazët : i *adj* empty, void
zbres *v* discount, deduct
zbrez mbrapsht *v* back down
zbritje *f* deduction
zbritje : bëj *v* subtract
zbritje tregtimi *f* rebate
zbrujtje *f* infusion
zbukurim *m* ornament
zbukuroj *v* decorate
zbukurues *adj* ornamental
zbukuruese *adj* decorative
zbulim *m* discovery
zbuloj *v* disclose, reveal
zbus (kafshë) *v* domesticate
zbusë *v* attenuate
zbut *v* soften, mitigate
zbutem *v* relent
zbutës *adj* extenuating
zë *v* catch
zë pritën : i *v* ambush
zë të lartë *adv* aloud
zë vend *v* settle down
zebër *n* zebra
zeje *f* craft
zejtar *m* craftsman
zell *m* zeal
zellshëm : i *adj* diligent
zemër *m* heart
zemërak *adj* cross
zemërgjerë *adj* merciful

zemërgjërë *f* generosity
zemërim *m* resentment
zemërngushtësi *f* pettiness
zemërohem *v* resent
zemëruar : i *adj* angry
zënë *v* capture
zënë : i *adj* busy
zënie *f* capture
zënkë *f* contest
zermëgjerë *adj* unselfish
zero *f* zero
zeshkane *adj* brunette
zëvendës *m* substitute
zëvendësim *m* replacement
zëvendësoj *v* replace
zgavër *m* cavity
zgjas *v* extend
zgjat *v* prolong, stretch
zgjatem *v* linger
zgjatje *f* extension, stretch
zgjatoj *v* lengthen
zgjatur : i *adj* oblong
zgjedh *v* elect, choose
zgjedhje *f* election, choice
zgjedhoj *v* conjugate
zgjerohet *v* branch out
zgjeroj *v* broaden, widen
zgjidh *v* resolve, solve
zgjidhje *f* solution
zgjidhshëm : i *adj* eligible
zgjim *m* awakening
zgjohem *v* wake up

zmadhoj

zgjoj *v* awake, arouse
zgjua *f* beehive
zgjuar : i *adj* awake, smart
zgjuarsi *f* ingenuity
zgjyrë *f* cinder
zhavorr *m* gravel
zhbëj *v* undo
zhbind *v* dissuade
zhdëmtim *m* indemnity
zhdëmtoj *v* indemnify
zhduk *v* eradicate
zhdukem *v* vanish
zhdukje *n* disappearance
zhgënjej *v* disappoint
zhgënjim *m* disappointment
zhgënjyes *adj* deceptive
zhgënjyese *adj* disappointing
zhivë *f* mercury
zhubër *m* crease
zhubros *v* crease
zhul *m* grime
zhurmë *adj* noisy
zhurmë *f* noise, uproar
zhurmshëm *adv* noisily
zhurmshëm : i *adj* rowdy
zhvarros *v* unearth
zhvat *v* extort
zhvatje *f* extortion
zhvendos *v* dislodge
zhvendosje *f* relocation
zhvesh *v* dismantle
zhveshur : i *adj* bleak

zhvillim *m* development
zhvilloj *v* develop
zhvleftësoj *v* devalue
zhvlerësim *m* devaluation
zhvlerësoj *v* depreciate
zhyt *v* immerse, plunge
zhytem *v* go under
zhytës *m* diver
zhytje *v* dive
zhytje *f* plunge
zi *f* bereavement
zi : i *adj* black
zi : në *adj* bereaved
zi buke *f* starvation
ziej *v* boil
ziej ngadalë *v* simmer
zihem *v* broil
zile *adj* striking
zile *f* buzzer, bell
zile dere *f* doorbell
zili *f* envy
ziliqar *adj* envious
zink *m* zinc
zinxhir *m* chain
zjarr *m* ardor, fire
zjarr i madh *m* bonfire
zjarr kampi *m* campfire
zjarrëvënës *m* arson
zjarrfikës *m* fireman
zjarrtë: i *adj* fervent
zmadhim *m* enlargement
zmadhoj *v* enlarge

zmadhuar : i *adj* overdone
zmbraps *v* repel
zmbrapsje *f* repulse
zog *m* bird
zog pule *f* chicken
zogë *n* chick
zoj bletësh *m* swarm
zonë *f* zone
zonjë *f* madam, lady
zoologji *f* zoology
zor *m* compulsion
zorrë *f* intestine
Zot *m* God, lord
zotëri *f* gentleman, sir
zotërim *m* mastery
zotëroj *v* master, possess
zotësi *f* aptitude
zoti *f* mister

zoti : i *adj* able, capable
zukat *v* hum
zukatje *f* buzz
zvarranik *m* reptile
zvarrit *v* drag, trail
zvarritje *v* crawl
Zvicër *m* Switzerland
zvicerian *adj* Swiss
zvogëlim *m* decrease
zvogëloj *v* diminish
zymtë : i *adj* eerie, sullen
zyra qendrore *f* headquarters
zyre *f* office
zyrë postare *f* post office
zyrtar *m* officer
zyrtare *adj* official
zyrtarisht *adv* formally

www.BilingualDictionaries.com

Please visit us online to:

- Download Current Catalogs
- View Samples of Products
- Shop Online
- View Company Information
- Contact Us

Word to Word® Bilingual Dictionary Series

Language - Item Code - Pages ISBN #

Albanian - 500X - 306 pgs
ISBN - 978-0-933146-49-5

Amharic - 820X - 362 pgs
ISBN - 978-0-933146-59-4

Arabic - 650X - 378 pgs
ISBN - 978-0-933146-41-9

Bengali - 700X - 372 pgs
ISBN - 978-0-933146-30-3

Burmese - 705X - 310 pgs
ISBN - 978-0-933146-50-1

Cambodian - 710X - 376 pgs
ISBN - 978-0-933146-40-2

Chinese - 715X - 374 pgs
ISBN - 978-0-933146-22-8

Farsi - 660X - 372 pgs
ISBN - 978-0-933146-33-4

French - 530X - 358 pgs
ISBN - 978-0-933146-36-5

German - 535X - 352 pgs
ISBN - 978-0-933146-93-8

Gujarati - 720X - 334 pgs
ISBN - 978-0-933146-98-3

Haitian-Creole - 545X - 362 pgs
ISBN - 978-0-933146-23-5

Hebrew - 665X - 316 pgs
ISBN - 978-0-933146-58-7

Hindi - 725X - 362 pgs
ISBN - 978-0-933146-31-0

Hmong - 728X - 294 pgs
ISBN - 978-0-933146-31-0

Italian - 555X - 362 pgs
ISBN - 978-0-933146-51-8

Japanese - 730X - 372 pgs
ISBN - 978-0-933146-42-6

Korean - 735X - 374 pgs
ISBN - 978-0-933146-97-6

Lao - 740X - 319 pgs
ISBN - 978-0-933146-54-9

Pashto - 760X - 348 pgs
ISBN - 978-0-933146-34-1

Polish - 575X - 358 pgs
ISBN - 978-0-933146-64-8

Portuguese - 580X - 362 pgs
ISBN - 978-0-933146-94-5

Punjabi - 765X - 358 pgs
ISBN - 978-0-933146-32-7

Romanian - 585X - 354 pgs
ISBN - 978-0-933146-91-4

Russian - 590X - 334 pgs
ISBN - 978-0-933146-92-1

Somali - 830X - 320 pgs
ISBN- 978-0-933146-52-5

Spanish - 600X - 400 pgs
ISBN - 978-0-933146-99-0

Swahili - 835X - 308 pgs
ISBN - 978-0-933146-55-6

Tagalog - 770X - 332 pgs
ISBN - 978-0-933146-37-2

Thai - 780X - 354 pgs
ISBN - 978-0-933146-35-8

Turkish - 615X - 348 pgs
ISBN - 978-0-933146-95-2

Ukrainian - 620X - 337 pgs
ISBN - 978-0-933146-25-9

Urdu - 790X - 360 pgs
ISBN - 978-0-933146-39-6

Vietnamese - 795X - 366 pgs
ISBN - 978-0-933146-96-9

All languages are two-way:
English-Language / Language-English.
More languages in planning and production.

Order Information

To order our Word to Word® Bilingual Dictionaries or any other products from Bilingual Dictionaries, Inc., please contact us at (951) 296-2445 or visit us at **www.BilingualDictionaries.com**. Visit our website to download our current Catalog/Order Form, view our products, and find information regarding Bilingual Dictionaries, Inc.

Bilingual Dictionaries, Inc.

PO Box 1154 • Murrieta, CA 92562 • Tel: (951) 296-2445 • Fax: (951) 461-3092
www.BilingualDictionaries.com

Special Dedication & Thanks

Bilingual Dicitonaries, Inc. would like to thank all the teachers from various districts accross the country for their useful input and great suggestions in creating a Word to Word® standard. We encourage all students and teachers using our bilingual learning materials to give us feedback. Please send your questions or comments via email to support@bilingualdictionaries.com.